내면이 단단해지는 상호존중의 공감 수업

교사와 부모를 위한

긍정★훈육

내면이 단단해지는 상호존중의 공감 수업

교사와 부모를 위한
긍정★훈육

김성환 추천
김선희 옮김

제인 넬슨Jane Nelsen 지음

POSITIVE
DISCIPLINE

다블북

"널 사랑해. (　　　) 안 돼."

(　　　) 안에 들어갈 말로, 대부분의 교사와 부모는 '그러나'를 떠올린다. 왜 '그러나'를 떠올릴까? 어쩌면, 사랑하면 '괜찮아', '좋아' 등 긍정적인 답변을 해야 한다고 생각한다. 하지만 긍정 훈육에서는 괄호 안에 '그리고'를 넣어보라고 제안한다. '널 사랑해'는 부드럽게 사랑하는 것이고 '안 돼'는 단호하게 사랑하는 것이다. 안 된다고 말하면 상대가 상처를 받을까? 불편한 상황이 생길까? 두려움이 있던 나에게는 참 인상적이었다.

어떤 상황에서도 변함없이 사랑하는 것은 부드러움이다. 그리고 잘못된 것을 바로잡고, 상황과 상대를 존중하도록 교육하는 것은 단호함이다.

시소와 같이 때로는 부드러움에 치우치고 때로는 단호함에 치우치기도 하지만, 긍정 훈육은 이 둘을 동시에 갖는 방법을 제안한다. 또 훈육은 시소와 같아 이리저리 흔들리지만, 긍정 훈육은 아이 교육에 있어 장기적인 관점을 선물한다. 마치 자전거를 멀리 보고 타면 덜 흔들리는 것처럼 긍정 훈육은 요동치는 나의 마음을 다잡아주고 때로는 위로해 주며 때로는 효과적인 해결책을 선물했다.

『교사와 부모를 위한 긍정 훈육』은 단순히 한 저자의 아이디어가 아닌, 아들러, 드레이커스, 린 로트로 내려오는 개인심리학을 어떻게 육아에 적용하는지를 담고 있는 책이다. 아이를 바라보는 관점, 아이들의 행동의 목적, 효과적인 훈육 방법이 체계적으로 정리된 육아서의 고전이다.

저자 제인 넬슨과의 만남은 2013년에 시작되었다. 나는 제인 넬슨의 책을 읽고 정말 부드러우면서도 단호한 훈육이 가능한지 궁금해졌고, 그래서 그녀에게 메일을 보냈다. 제인 넬슨은 워크숍이 열리는 영국으로 나를 초대했고, 워크숍에서 나는 역할극을 통해 아이의 마음을 온전히 경험하였다. 제인 넬슨은 부드러우면서도 단호하게 워크숍을 진행하였다. 한국에서 온 나를 따뜻하게 맞아주는 부드러움과 워크숍을 일정대로 진행하는 단호함은 매우 인상적이었다. 아이의 입장이 되어, 왜 아이들이 그렇게 행동하는지, 교사나 부모의 훈육이 아이들에게 어떻게 영향을 미치는지를 생각해보았다. 무엇보다 인상적이었던 부분은 제인 넬슨의 딸이 한 말이었다.

"저의 어머니는 긍정 훈육으로 저를 키우셨고, 저 또한 긍정 훈육으로 저의 자녀를 키우고 있습니다."

책에 실린 내용을 세대를 걸쳐 실천하는 모습을 보면서 긍정 훈육에 대한 확신과 신뢰를 조금씩 가지게 되었다. 학급과 가정에서 긍정 훈육을 실천하며 학생과 자녀를 대하는 나의 관점과 방법이 변했고, 그로 인해 그들과의 관계에서도 많은 변화를 경험하게 되었다. 무엇보다 놀라운 변화는 관계의 변화였다.

제인 넬슨의 저서 중 가장 핵심을 담아낸 『교사와 부모를 위한 긍정 훈육』이 최신 완역판으로 출간되어 더없이 기쁘다.

변화는 머리에서 생각하고 가슴으로 느끼고 발로 실천하며 완성된다. 이 책은 그 시작인 머리가 될 것이다. 이 책을 읽다 보면 칭찬과 격려, 자연적 결과와 논리적 결과, 우월성과 삶의 우선순위 등 어려운 개념을 다소 접하게 되겠지만, 이 개념들을 제대로 이해했을 때 그만큼 달콤한 결과가 당신을 맞이할 것이다.

『교사와 부모를 위한 긍정 훈육』으로 아이의 내면이 단단해지는 상호존중의 공감 수업이 이루어지길 바란다. 가슴으로 느끼고 발로 실천하기 위해서는 책의 내용을 교사와 부모가 함께 나누며 실천해야 한다.

2022. 8
(사)한국긍정훈육협회 이사, 대한민국 1호 PD&PDC 트레이너
김성환

제3판 서문

『교사와 부모를 위한 긍정 훈육』이 오랫동안 꾸준히 팔려, 현재 고전으로 평가받고 있다는 사실에 가슴이 설렌다. 수많은 교사와 부모로부터 이 책이 가정과 학교에서 자신들의 삶을 바꾸어놓았다는 이야기를 들을 때면 가슴이 벅차다. 다음의 두 후기는 그동안 내가 들어왔던 수백 가지 찬사를 대표하는 말로, 가장 기억에 남는다.

"25년 동안 교사생활을 한 뒤 교직을 그만둘 생각이었습니다. 아이들이 너무 많이 변했거든요. 하지만 『교사와 부모를 위한 긍정 훈육』이 제게 큰 힘이 되었습니다. 변화에 적절히 대응할 수 있게 해주었어요. 지금은 교사로서 자부심을 느끼며 아이들을 가르치고 있어요."

"제 아이들은 완벽하지 않습니다. 저 역시 마찬가지고요. 하지만 저는 지금 즐거운 마음으로 아이들과 함께하고 있다고 당당히 말할 수 있답니다."

그렇다면 당신은 의아할 것이다. 이런 성공을 거두었는데 '왜 굳이 개정판을 내는 것일까?' 하고 말이다. 지난 오랜 세월 동안 내가 더 많은 것을 배웠다면 그 이유가 될까? 나는 행운아였다. 워크숍과 강연을 통해 수천 명의 부모, 교사와 함께할 수 있었기 때문이다. 그들은 각자의 성공담과 고군분투기를 내게 들려주었다. 그 과정에서 나는 무엇이 더 효과적이었는지, 무엇이 좀 더 정교하게 수정되어야 하는지, 무엇을 좀 더 강조해야 하는지 알게 되었다. 그래서 그 새로운 아이디어를 이 책에 포함시켜야 했다.

1장에서 나는 효과적인 훈육의 네 가지 기준을 소개할 것이다. 많은 교사와 부모가 다양한 훈육 방법을 이해하는 데 이 기준이 유용하다고 했다. 그리고 무엇이 아이에게 장기적이고 긍정적인 효과가 있는지 알게 되었다고 했다. 여기에 나온 네 가지 기준은, 아이를 배려하지도 않으며 장기적으로 별 효과도 없는 훈육의 관행을 없애는 데 도움이 될 것이다.

나는 '만약 처벌과 자유방임의 싸움이 영원히 지속되면 어쩌나' 하는 걱정이 일 때가 있다. 많은 사람이 이 양극단의 방법만을 생각하는 것 같기 때문이다. 처벌이 정당하다고 생각하는 사람들은, 흔히 처벌의 유일한 대안이 자유방임밖에 없다고 생각한다. 이 때문에 처벌을 사용한다. 흔히 처벌을 거부하는 사람들은 지나치게 극단적으로 치달아서 자유방임적 태도를 취하곤 한다. 긍정 훈육은 처벌도, 자유방임도 아닌 중간지대를 찾아내도록 할 것이다. 긍정 훈육은 부드러우면서도 단호하게, 가치 있는 사회적 기술과 삶의 기술을 가르치는 도구를 옹호한다.

이번 개정판에서 나는 부드러우면서도 단호한 행동을 특히 강조한다. 많은 교사와 부모가 여전히 이 개념을 어려워하는 것 같다. 이거 아니면 저거밖에 없다는 이분법적인 생각 때문이다. 만약 우리가 숨을 들이쉬기만 하고 내쉬지 않으면 어떻게 될까? 또는 숨을 내쉬기만 하고 들이쉬지 않으면 어떻게 될까? 답은 분명하다. 부드럽게 행동하느냐 아니면 단호하게 행동하느냐는 사느냐 죽느냐의 문제가 아니다. 하지만 부드러우면서도 단호하게 행동하는 것이야말로 성공과 실패를 결정짓는다. 부드럽게 행동하면 지나치게 단호할 때 나타나는 문제들(반항, 분노, 자존심의 손상)을 상쇄할 수 있다. 그리고 단호하게 행동하면 지나치게 부드럽게 행동할 때 나타나는 문제들(자유방임, 상대방에 대한 조종, 버릇없는 아이, 자존심 상함)을 상쇄할 수 있다.

나는 이 책에서 어른과 아이 모두에게 효과적인 삶의 기술로써 '긍정적 타임아웃' 활용의 예를 많이 들었다. 갈등의 순간에, 우리는 파충류의 머리(원초적인 두뇌)로 돌아간다는 것을 기억해야 한다(파충류는 자기 새끼를 잡아먹는다). 그곳에서 유일한 대안은 싸움뿐이다. 기분이 좋아질 때까지 긍정적 타임아웃의 시간을 갖는 이유는 거리감과 적개심 대신에 친밀감과 신뢰를 바탕으로 문제를 해결하기 위함이다.

마음을 가라앉히고 잘못을 사과하고 나면, 부드러우면서도 단호하게 행동하는 것이 훨씬 쉽다. 이런 이유 때문에 나는 긍정적 타임아웃의 중요성을 강조했다. 그렇게 되면 아이와 어른의 기분도 좋아지고, 더 바람직하게 행동할 수 있다.

'해결 방법에 초점을 맞추기' 또한 이번 개정판의 주제이다. 수년 동안 나는 논리적 결과에 초점을 맞추는 데 관련해서 깊은 실망감 느꼈다. 많은 교사와 부모가 이 세상에는 오직 '논리적 결과'와 '타임아웃'이라는 두 가지 훈육 도구만 있다고 생각하는 것 같다. 타임아웃은 언제나 '처벌적인' 것이었다. 논리적 결과는 흔히 엉성하게 위장된 처벌이었다. 그래서 어른들에게 처벌을 포기하기란 그리 쉽지 않았다.

나는 종종 이런 말을 한다.

"아이를 바르게 가르치기 위해서 먼저 아이의 기분을 상하게 해야 한다는 그 어리석은 생각은 도대체 어디에서 온 걸까?"

교사와 부모는 이것이야말로 정말로 말도 안 되는 생각이라는 것을 너무도 잘 안다. 그런데도 아이의 그릇된 행동을 맞닥뜨렸을 때, 어른들은 슬그머니 처벌에 의지하려 든다.

해결 방법에 초점을 맞추는 것은 나에게 에피퍼니(평범한 사건이나 경험을 통하여 직관적으로 진실의 전모를 파악하는 일-옮긴이)로 다가왔다. 당시 나는 학급회의를 참관하고 있었다. 아이들은 수업 시간에 늦게 들어온 한 학생의 행동과 관련해 '결과'에 초점을 맞추고 있었다. 나는 아이들이 제안한 모든 '결과'가 처벌적이라는 것을 알아차렸다. 그래서 나는 타임아웃을 요청하고 이렇게 물었다.

"만약 너희가 이 문제와 관련해서 결과 대신에 해결 방법에 초점을 맞춘다면 어떻게 될까?"

아이들은 즉각 내 말뜻을 '알아들었다.' 그러고는 곧장 유용한 여러 해결 방법을 제안했다.

여러분이 이 책에서 발견하게 될 또 다른 변화는 아이가 보여주는 행동의 문제와 관련한 어른의 책임이다. 내가 이 책을 쓰면서 가장 크게 염려스러웠던 점은 혹시나 이것이 비난처럼 들리지는 않을까 하는 우려였다. 중요한 것은 올바른 인식과 책임이다. 다시 말해, 어른의 생각과 태도가 먼저 바뀌면 그동안 교사와 부모가 맛보았던 좌절감은 쉽게 사라질 것이다. 솔직히, 자녀 때문에 이런저런 고통을 겪고 있다고 불평하는 어른의 푸념에 신물이 난다. 내가 보기에는 아이의 '그릇된 행동'은 상당 부분 어른에게서 비롯된 것이다.

10장은 이번 개정판에서 새롭게 추가한 장이다. 어른의 성격이 아이에게 어떤 영향을 미치는지 살펴보았다. 많은 어른이 자신의 성격이 어린 시절의 경험에 기초해 형성되었으며, 이제는 이것이 아이에게 영향을 미치고 있다는 사실을 제대로 이해하지 못한다.

지난 25년 동안 교육 방식에 수많은 변화가 있었다. 가장 큰 변화는 많은 아버지가 지금 내 강의와 워크숍에 참석하고, 아이들 교육에서 상당한 역할을 담당하고 있다는 점이다. 부모가 긍정 훈육에 세심한 주의를 기울인다면, 현대사회의 몇몇 변화들(물질주의와 과잉보호 등)은 큰 문제가 되지 않을 것이다. 예를 들어, 어른이 아이에게 지나치게 많은 것을 해주고, 아이와 함께 충분한 시간을 보내지 않고, 아이가 사달라는 대로 모조리 사주고, 아이 대신 숙제를 해주고, 잔소리하고, 강요하고, 고함치면, 이것이야말로 아이에게 큰 손해를 입히는 꼴이 된다.

건강한 자존감의 기초는 '나는 할 수 있어'라는 신념을 기르는 것이다. 부모가 긍정적으로 행동할 때 아이 또한 이런 신념을 기를 수 있다.

오늘날, 가족회의와 학급회의는 보편화되었지만 아직도 갈 길이 멀다. 아이들이 1장에서 언급할 '일곱 가지 중요 능력'을 기를 기회를 갖는 것은 바로 이런 회의를 통해서다. 하지만 별다른 경험이나 훈련 없이도 아이들이 이것을 익힐 수 있다고 믿는 교사와 부모가 아직도 많은 것 같다.

최근에 나는 한 잡지 편집자와 인터뷰를 한 적이 있다. 그 편집자는 "현대인 대부분이 아이들에게 처벌이 별다른 효과를 미치지 못한다고 믿는다"고 말했다. 나 또한 이것이 진실이기를 바란다. 그러나 이것이 진실이 되기까지 여전히 해야 할 일이 많다.

내 꿈은 가정과 교실에서의 평화를 통해 세상에 평화를 만들어내는 것이다. 우리가 아이들을 존중하고 배려할 때, 그리고 아이들에게 훌륭한 인격 형성을 위한 소중한 삶의 기술들을 가르칠 때 아이들은 이 세상에 평화를 널리 퍼뜨릴 것이다.

훈육에 관한 책 중에는 부모를 위한, 그리고 교사를 위한 책도 있다. 그런데 나는 이 책을 교사와 부모 모두를 위해 썼다. 그 이유는 다음과 같다.

• 교사와 부모에게 필요한 개념은 동일하다. 다른 점이라면, 개념을 적용하는 환경이다.

많은 교사가 부모이기도 하다. 교사들은 이 개념을 가정과 학교에서 활용하고자 한다.

• 교사와 부모가 힘을 합쳐 아이들에게 긍정 훈육 방법을 적용할 때, 가정과 학교 사이의 이해와 협력이 늘어난다.

긍정 훈육의 원칙은 퍼즐과 같다. 조각을 모두 다 맞추기 전에는 전체 그림을 보기 어렵다. 어떤 개념은 다른 개념 또는 태도와 결합하기 전까지는 별다른 의미가 없는 경우도 있다.

우리가 맞추어야 할 퍼즐 조각들

• 그릇된 행동의 네 가지 목표 이해하기
• 부드러우면서도 단호하게 행동하기
• 상호 존중하기
• 실수를 배움의 기회로 삼기

- 사회적 책임 갖기
- 가족회의와 학급회의
- 문제 해결에 아이들을 참여시키기
- 격려하기

뭔지 모르게 제대로 움직이지 않는다면, 이들 중 한 조각이 빠지지는 않았는지 확인해보자. 예를 들어 어른 또는 아이가 실수가 배움의 기회라는 것을 제대로 이해하지 못하면, 문제 해결이 그다지 효과적이지 않을 수도 있다. 상호 존중과 사회적 책임을 배우기 전까지, 가족회의 또는 학급회의는 효과적이지 않을 수도 있다. 지나치게 부드러운 태도는 자유방임이 될 수 있고, 지나치게 단호한 태도는 통제가 될 수도 있다. 그릇된 행동에 초점을 맞추는 대신에, 인간관계를 먼저 회복해야 한다. 상대방을 격려해주어야 한다. 격려는 그릇된 행동을 미연에 방지해준다. 그런데 아이의 그릇된 행동 뒤에 숨어 있는 의도를 어른이 미처 제대로 이해하지 못하면, 격려는 별 효과가 없기도 하다.

이 책을 통해서 가정과 학교에서 긍정 훈육의 원칙이 얼마나 효과적으로 활용되었는지 수많은 사례를 살펴볼 것이다. 일단 원칙을 이해하면, 여러분 자신의 삶에 적용할 수 있을 것이다. 수많은 교사와 부모가 연구 모임을 통해 긍정 훈육의 개념을 익히도록 서로를 돕고 있다. 이런 모임에서, 전문가는 아무도 없다. 모두 자유롭게 자신의 실수를 공유한다. 신기하게도 우리는 다른 사람의 문제에 있어서는 그 해결 방법을 꽤 쉽게 찾아낸다. 다른 사람들의 경험에서 올바른 시각, 객관성, 창조적 아이디어를 얻는다. 그런데 자신의 문제에 대해서는 감정적이 되는 경우가 흔하다. 그래서 통찰력과 상식을 완전히 잃어버리곤 한다. 연구 모임을 통해 교사와 부모는 자신이 혼자가 아니라는 사실을 깨닫는다. 그리고 누구도 완벽하지 않다는 걸 배운다. 모두가 비슷한 관심사가 있다는 것도 배운다. 연구 모임에 참석한 교사와 부모들의 보편적인 반응은 아래와 같다.

"나 혼자만 좌절을 겪고 있는 게 아니라니, 정말 다행이에요!"

다른 사람들도 자신과 같은 배에 타고 있다는 걸 알면 위안이 된다.

연구 모임에서 모임 참석자들은 자신이 전문가가 아니라는 사실을 분명하게 밝힌다. 누구도 전문가 역할을 내세우지 않으면, 모임은 보다 효과적으로 흘러간다. 모임을 이끄는 사람이 참석자에게 질문하고 모임이 이어지도록 책임을 질 뿐, 질문에 대한 답을 제공해주지는 않는다. 모임에 참석한 사람 중 누구도 질문에 대한 답을 모른다면, 이 책에서 그 답을 찾아보도록 하자.

모든 원칙을 한꺼번에 다 받아들일 필요는 없다. 그 순간, 가장 그럴 듯한 원칙을 활용하자. 어떤 원칙은 당신에게 적절해 보이지 않을지도 모른다. 그렇다 할지라도 그것을 내동댕이치지는 말자. 지금 당장은 받아들이거나 이해하기 어려운 개념이라 하더라도 나중에는 이해가 될 수도 있으니 말이다. 어떤 모임에 참석한 어머니는 아들에게 몇 가지 원칙을 시도해봤지만 제대로 되지 않았다고 했다. 그런데 아들과의 관계에서 긍정적인 변화를 발견하고는 깜짝 놀랐다고 했다. 이 어머니는 나중에 부모 연구 모임의 강사가 되었다. 자신에게 무척 유익했던 방법을 공유하고 싶었기 때문이다.

낡은 습관을 바꾸기 위해 노력하는 과정에서 자신에 대해, 그리고 자녀에 대해 참을성이 있어야 한다. 기본 원칙을 잘 이해하면 할수록 실제 적용하기가 훨씬 쉬워질 것이다. 인내, 유머 감각, 용서는 여러분의 학습 과정을 향상할 것이다.

　한 가지 주의할 것이 있다. 한 번에 새로운 방법을 하나씩만 시도해 보자. 이 책에서 여러분은 수많은 개념과 방법을 배우게 될 것이다. 성공적인 적용을 위해서는 실행이 따라야 한다. 하지만 스스로 너무 많은 것을 기대하면 혼란스럽고 실망에 빠질 수도 있다. 한 번에 하나의 방법만을 적용하자. 그리고 천천히 앞으로 나아가자. 실수란 배움의 멋진 기회라는 걸 기억하자.

　많은 교사와 부모가 말하길, 아이들이 완벽해지지는 못했을지라도 이런 개념과 태도를 적용하면서 서로 즐거웠다고 했다. 이것이 바로 내가 여러분에게 바라는 바다.

| 차례 |

1장 ✦ 훈육에 대한 새로운 접근법

2장 ✦ 긍정 훈육을 하기 전에 알아두어야 할 몇 가지 기본 개념

3장 ✦ 아이를 이해하려면 출생 순위의 특성을 알아야 한다

4장 ✦ 그릇된 행동에 대한 새로운 시각

5장 ✦ 논리적 결과에 대해 제대로 알자

6장 ✦ 해결 방법에 초점을 맞추자

7장 ✦ 칭찬이 아니라 격려가 아이를 바꾼다

8장 ✦ 교사를 위한 성공적인 학급회의 이끄는 법

9장 ✦ 부모를 위한 성공적인 가족회의 이끄는 법

10장 ✦ 어른의 성격이 아이에게 어떤 영향을 미칠까?

11장 ✦ 내 아이에게 맞는 방법을 고르자

12장 ✦ 완벽함보다는 사랑과 기쁨을 가르치는 훈육법

POSIT VE
DIS IPLINE

훈육에 대한
새로운 접근법

당신은 교사인가? 그렇다면 아이들이 얌전하게 줄을 서서 시키는 대로 말을 잘 듣던 때를 기억하는가? 당신은 부모인가? 그렇다면 아이들이 감히 부모에게 말대꾸하지 않고 부모의 말을 잘 따르던 때를 기억하는가? 장담하건대, 하늘이 두 쪽이 나도 그런 일은 절대 없었을 것이다.

오늘날 많은 교사와 부모는 좌절감을 맛본다. 오늘날의 아이들은 '좋았던 옛 시절'의 아이들처럼 행동하지 않기 때문이다. 그동안 무슨 일이 있었던 걸까? 왜 오늘날의 아이들은 예전 아이들과 달리 책임감과 동기를 익히지 않는 걸까?

해체된 가정, 과도한 텔레비전 시청, 게임 중독, 맞벌이 가정 등 여러 가지 설명이 가능하다. 오늘날 우리가 살고 있는 사회의 너무도 흔한 현상이다. 따라서 이것이 오늘날 우리가 당면한 문제의 원인이라면, 현재의 상황이 그리 밝지만은 않을 것이다(그럼에도 불구하고 효과적인 육아 방법을 활용해 자녀를 아주 훌륭하게 키우고 있는 한부모·맞벌이 가정이 무척 많다). 하지만 루돌프 드레이커스_{Rudolf Dreikurs}는 다르게 생각했다.

지난 몇 년에 걸쳐, 오늘날 아이들의 특징을 보다 직접적으로 설명해 줄 수 있는 중대한 변화가 발생했다. 전망은 밝다. 우리가 이런 변화를 인식하고 바꾸려는 의지만 있다면 얼마든지 보완할 수 있기 때문이다. 더불어 해체된 가정, 과도한 텔레비전 시청, 게임 중독, 맞벌이 가정으로 야기되는 문제의 상당 부분을 해결할 수 있다.

첫 번째 중대한 변화. 어른들은 더 이상 아이들에게 순종과 복종의 모범 또는 모델을 제시하지 못한다. 어른들은 '좋았던 옛 시절'대로 자신들이 더 이상 행동하지 않는다는 사실을 잊었다. 엄마가 아빠의 말에 무조건 순종하는가? 아니, 엄마가 순종하는 척이라도 하던가? '좋았던 옛 시절'에는 아빠의 결정이 절대적이라는 생각에 거의 의문을 제기하지 않았다.

하지만 인권운동의 발전으로, 이제는 아무짝에도 쓸모없는 소리가 되었다. 루돌프 드레이커스는 이렇게 지적했다.

"남편이 아내를 통제하지 못할 때, 그 부부는 자녀를 통제하지 못하게 된다."

그러니 이제는 엄마가 자녀에게 더 이상 순종의 모델이 되지 않는다는 뜻이다. 이것은 진보다. '좋았던 옛 시절'에 관한 많은 것이 사실은 그다지 바람직하지 않다.

옛날에는 순종의 모델이 수없이 많았다. 아빠는 상사에게 복종했고 (상사는 아빠의 의견에는 관심이 없었다), 덕분에 아빠는 직장에서 잘리지 않을 수 있었다. 소수집단은 자신의 존엄성을 무참하게 짓밟혀가면서 순종적인 역할을 받아들여야 했다. 하지만 오늘날, 소수집단 모두가 완전한 평등과 존엄성에 대한 자신의 권리를 적극적으로 요구하고 있다.

살아가면서 열등하고 복종적인 역할을 자발적으로 받아들이는 사람은 거의 없다. 아이들은 그저 눈에 보이는 대로 따라 할 뿐이다. 아이들 또한 존엄성과 배려의 존재로 대접받기를 원한다.

평등이란 '완전히 똑같은 것'을 의미하지 않는다는 점에 주목하자. 25센트짜리 동전 4개와 1달러짜리 지폐 1장은 모양은 다르지만 결국 같은 액수다. 아이들은 분명 더 많은 경험과 기술, 성숙을 수반하는 권리를 완전하게 누릴 수가 없다. 따라서 어른의 리더십과 지도가 중요하다. 하지만 아이들도 존엄성과 배려의 존재로 대접받아 마땅하다. 또한, 아이들은 비난과 수치심, 고통의 환경이 아니라 부드러우면서도 단호한 분위기에서 자신에게 필요한 삶의 기술을 익힐 기회를 당연히 가져야 한다.

또 하나의 중대한 변화. 현대사회의 아이들은 책임감과 동기 부여를 배울 기회가 줄었다. 지금 우리는 더 이상 아이들이 경제적인 생존에 크게 이바지하는 존재라고는 생각하지 않는다. 아이들은 스스로 노력하거나 힘들이지 않고도 '사랑'이라는 이름으로 많은 걸 풍요롭게 누리고 있다. 자신들에게 그럴 권리가 충분히 있다고 믿는다. 너무도 많은 부모가 훌륭한 부모란 실망과 낙담에서 아이들을 보호하는 것이라고 믿고 있다. 그래서 자녀를 과잉보호하며, 결국 삶의 우여곡절에 대처할 수 있다는 자신의 능력에 대한 믿음을 키울 기회를 아이들에게서 빼앗아버린다. 일상생활이 바쁘다는 이유로, 또는 아이들에게 얼마나 중요한지 잘 이해하지 못해서 그 기회를 무시하는 경우가 많다. 이따금 우리는 책임감에서 우러난 의미 있는 방법으로 소속감과 중요성을 느낄 기회를 아이들에게서 빼앗아버린다. 그런데도 아이들이 책임감을 보이지 않는다며 불평을 늘어놓거나 비난을 퍼붓는다.

교사와 부모가 지나치게 엄격하고 모든 것을 통제하려 들 때, 반대로 교사와 부모가 지나치게 자유방임의 태도를 보일 때 아이들에게 책임감이 싹트지 않는다. 부드러움, 단호함, 존엄성, 배려의 분위기에서 훌륭한 인격 형성에 필요한 사회적 기술, 인생의 기술을 배울 기회를 갖게 될 때 아이들은 책임감을 키울 수 있다.

물론 '처벌을 하지 않는다'가 무엇이든 마음대로 다 해도 좋다는 뜻은 아니다. 우리는 아이들에게 자신이 누리는 특권이 책임과 직접적으로 관련이 있다는 사실을 느끼게 할 기회를 주어야 한다. 그렇지 않으면, 소속감과 중요성을 얻는 유일한 방법이 자신이 원하는 대로 다른 사람들을 조종하는 것이라고 믿는 '의존적인 아이'가 되고 만다. 어떤 아이들은 '누군가 나를 돌봐주지 않으면, 난 사랑받지 못하는 거야'라고 믿는다. 어떤 아이들은 자신이 아무것도 이룰 수 없으니, 아무것도 하려 들지 않는다. 아이들이 '난 글러먹었어'라는 생각을 드러낼 때 난 가장 슬프다. 이런 아이들은 훈련을 통해 발전의 기회를 갖지 못하기 때문이다. 그러면 스스로 할 수 있다는 자신감을 고취시킬 수 없다. 이런 아이들은 반항 혹은 회피적인 행동에 너무 많은 에너지를 써버린다.

아이들의 지력과 에너지가 조종, 반항, 회피로 향하게 되면, 통찰력과 요령을 기르지 못해 유능한 사람으로 성장하지 못한다. H. 스티븐 글렌과 나는 『독립심이 강한 아이로 키우는 부모의 지혜 Raising Self-Reliant Children in a Self-Indulgent World』라는 책에서 유능한 사람이 되는 데 필요한 '일곱 가지 중요 능력'을 다음과 같이 정의했다.

교사와 부모를 위한 긍정 훈육

일곱 가지 중요 능력

1. 자신의 능력에 대한 확고한 인식

   ▶ '난 할 수 있어.'

2. 기본적인 인간관계에서 자신이 중요하다는 확고한 인식

   ▶ '난 의미 있는 방식으로 보탬이 되고 있어. 그리고 나는 정말로 필요한 존재야.'

3. 삶에서 자신의 힘 또는 영향력에 대한 확고한 인식

   ▶ '내게 무슨 일이 벌어지든 난 이겨낼 수 있어.'

4. 마음을 통제할 수 있는 확고한 능력

   ▶ 자신의 감정을 이해하고, 그것을 자기수양과 자기통제를 기르는 데 활용할 수 있는 능력

5. 대인관계 능력

   ▶ 타인과 함께 일하고, 의사소통, 협력, 협상, 공유, 감정이입, 경청을 통해 우의를 다질 수 있는 능력

6. 상황 대응 능력

   ▶ 책임감, 적응력, 융통성, 성실성으로 일상생활의 한계와 결과에 대응할 수 있는 능력

7. 확고한 판단 능력

   ▶ 지혜를 활용하고, 적합한 가치를 바탕으로 상황을 판단할 수 있는 능력

옛날에 아이들은 부모와 함께 맡은 일에 성실하게 임하며 가족의 생계에 보탬이 되면서 이런 인식과 능력을 자연스럽게 키웠다. 그런데

'좋았던 옛 시절'의 아이들은 강인한 삶의 기술을 배울 기회가 있었지만, 그것을 활용할 기회가 거의 없었다는 것은 참으로 아이러니다. 이제 세상은 기회로 넘쳐나지만, 너무 많은 아이가 그 기회를 받아들일 준비가 되어 있지 않다. 오늘날 아이들은 자신이 꼭 필요하고 중요한 존재라고 느낄 자연스러운 기회가 별로 없다. 하지만 교사와 부모는 이런 기회를 치밀하고도 신중하게 제공해줄 수 있다. 교사와 부모가 자녀와 학생들이 건전한 인식과 능력을 기르는 데 도움이 되는 효과적인 방법을 익힐 때, 대부분의 그릇된 행동은 나타나지 않는다. 대부분의 그릇된 행동은 이와 같은 '일곱 가지 중요 능력'을 기르지 못해서 발생하기 때문이다.

왜 아이들이 과거의 방식대로 행동하지 않는지, 그 이유를 이해하는 것이 아이의 훈육 문제로 고민하는 교사와 부모가 제일 먼저 풀어야 할 과제다. 오랫동안 잘 작동해왔던 통제적인 방법이 왜 오늘날의 아이들에게는 효과가 없는지, 그 이유를 이해해야 한다. 아이들에게 책임감과

+ 어른과 아이의 상호 작용에 대한 세 가지 접근법 +

엄격함 (지나친 통제)	• 자유 없는 명령 • 선택의 여지가 없다. • "내가 하라면 무조건 해."
자유방임 (제한 없음)	• 명령 없는 자유 • 무제한적인 선택 • "네가 원하는 건 뭐든 해도 좋아."
긍정 훈육 (권위적: 부드러우면서도 단호하게)	• 명령 있는 자유 • 제한된 선택 • "모두를 배려하는 범위 안에서 네가 선택할 수 있어."

교사와 부모를 위한 긍정 훈육

동기 부여의 기회를 주는 것이 우리의 의무라는 점도 깨달아야 한다. 그리고 무엇보다도 상호 존중과 공동 책임에 바탕을 둔 협력이 권위주의적인 통제보다 훨씬 더 효과적이라는 점을 이해해야 한다.

이 세 가지 접근법 중 무엇을 선택하느냐에 따라 부모 또는 교사의 태도는 매우 다르게 나타난다.

엄격함 | "이것은 네가 반드시 지켜야 하는 규칙이다. 이 규칙을 어기면 벌을 받을 거다."

아이들은 결정의 과정에서 철저히 배제된다.

자유방임 | "규칙은 없어. 우리는 서로 사랑하고, 행복하다고 믿어. 너는 나중에 스스로 규칙을 선택할 수 있을 거야."

긍정 훈육 | "함께 규칙을 정하자. 우리 모두의 이익을 위해서 말이야. 문제가 생기면 서로에게 도움이 될 해결 방법이 무엇인지 함께 결정할 거야. 네 뜻과는 무관하게 내 판단만으로 결정해야 할 경우라도 나는 부드럽고도 단호하게, 단호함, 존엄성 그리고 배려의 태도를 최대한 유지할 거야."

이 세 가지 접근법 사이의 극단적인 차이점을 보여주기 위해 존 플랫John Platt 박사는 각기 다른 세 가정에서 세 살짜리 조니의 아침식사 이야기를 들려준다. 엄격한 집안의 경우, 엄마는 무엇이 최선의 선택인지 분명하게 알고 있다. 조니는 아침식사와 관련해 아무런 선택도 할 수 없다. 어느 춥고 비 오는 날, 위압적인 엄마는 조니가 하루를 잘 견뎌내기 위해서는 따끈한 옥수수죽을 먹어야 한다고 생각했다. 하지만 조니의 생각은 달랐다. 조니는 옥수수죽을 보고는 이렇게 말한다.

"윽! 나 이거 안 먹을 거야!"

100년 전만 해도 위압적인 엄마가 되는 것이 훨씬 더 수월했다. 엄마가 그냥 "먹어!"라고 말하면, 조니는 그 말을 순순히 따라야 했을 테니 말이다. 하지만 오늘날에는 그다지 쉬운 일이 아니다. 그래서 이 엄마는 조니가 말을 듣게 하려고 다음과 같은 4단계를 거친다.

1단계 | 엄마는 하루를 잘 견디기 위해 왜 따끈한 옥수수죽을 먹어야 하는지, 조니를 설득하려고 노력한다. "옥수수죽은 영양 만점이야!" 세 살짜리 아이가 따끈한 옥수수죽이 영양 만점이라는 말을 들었을 때 무얼 생각할지 생각해본 적이 있는가? 아이에게는 그 말이 귀에 들어오지 않을 것이다.

2단계 | 엄마는 옥수수죽을 더 맛있게 끓이려고 노력한다. 흑설탕, 계피, 건포도, 꿀, 메이플 시럽, 심지어는 초코칩까지 넣어가며 아이의 입맛에 맞추려 애쓴다. 조니는 한 숟갈 더 먹어보고는 이렇게 말한다. "윽! 나 이거 싫어!"

3단계 | 엄마는 아이에게 감사의 교훈을 가르치려 노력한다. "그래도 조니, 아프리카에 사는 아이들을 생각해보렴. 그 아이들은 먹을 게 없어서 굶어 죽어가고 있단 말이야!" 하지만 조니의 마음은 조금도 달라지지 않는다. "그럼, 그 아이들한테 이거 주면 되겠네."

교사와 부모를 위한 긍정 훈육

4단계 | 엄마는 이제 화가 나서, 유일한 대안은 아이에게 복종을 가르치는 것뿐이라고 생각한다. 엄마는 아이의 손바닥을 때리며 그럼 굶으라고 윽박지른다.

엄마는 이 상황을 꽤 잘 다룬 것 같아 30분 정도 기분이 좋다가 곧 미안한 마음이 든다. 아이를 먹이지 못했다는 것을 알았을 때 사람들은 무슨 생각을 할까? 게다가 조니가 진짜로 배를 쫄쫄 굶고 있다면?

조니는 미안한 마음이 들도록 오랫동안 밖에서 놀고 나서 집에 들어와 보챈다.

"엄마, 배고파 죽겠어!"

엄마는 이제 가장 흥미진진한 훈계를 하게 된다. 그러니까 "내가 배고플 거라고 그랬지"라는 잔소리 말이다. 잔소리가 끝나기를 바라며 조니가 허공을 물끄러미 바라보고 있다는 것을 엄마는 미처 눈치채지 못한다. 엄마는 자신의 훈계에 매우 흡족해한다. 이제 엄마 말이 옳다는 것을 아이가 알게끔 자신이 할 일을 다 했다고 생각한다. 아이에게 과자를 주고 다시 나가 놀라고 한다. 훌륭한 아침을 거른 것에 따른 영양 보충으로, 엄마는 부엌에 들어가 거위 간과 브로콜리를 손질한다. 자, 점심식사는 어떨 것 같은가?

다음은 자유방임적인 집안에서 흔히 일어나는 장면이다. 이 엄마는 미래의 무정부주의자를 훈련하고 있다. 이 집의 조니가 부엌에 들어서자 엄마가 말한다.

"우리 귀염둥이, 아침에 뭐 먹을까?"

조니는 3년 동안 이런 분위기에서 자랐다. 조니는 진짜 '귀염둥이'이기에 엄마를 자기 맘대로 휘두른다. 처음에는 토스트와 삶은 달걀을 달라고 한다. 엄마가 달걀 9개를 요리하도록 만든다. 엄마가 막 요리를 마쳤을 때, 조니는 이제 삶은 달걀이 먹고 싶지 않다. 그 대신에 프렌치토스트를 먹고 싶다. 엄마에게는 이제 달걀이 3개만 남아 있다. 엄마는 프렌치토스트를 재빨리 만든다. 그러는 동안 조니는 텔레비전을 보고 있다. 조니는 운동선수들이 '챔피언의 아침식사'를 먹으며 엄청난 성과를 거둔다는 내용의 광고를 본다. 그걸 보고 조니가 엄마에게 말한다. "나 저거 밀 시리얼 먹을래, 엄마!" 하지만 그것을 한입 맛본 후, 이내 마음을 바꾼다. 이제 설탕 크리스피를 달라고 한다. 엄마에게는 설탕 크리스피가 없다. 하지만 가게에 가서 금방 사 온다. 조니는 죄책감을 느낄 필요가 없다. 조니에게는 하루 24시간 내내 자신을 위해 종종거리는 엄마가 있으니 말이다.

결코 과장된 이야기가 아니다. 실생활에서 흔히 일어나는 한 사례일 뿐이다. 한 엄마는 내게 자신의 아이가 포테이토칩 말고는 아무것도 먹지 않으려 한다고 말했다. 난 그 엄마에게 누가 포테이토칩을 사주는지 물어보았다. 그 엄마가 한탄하며 말했다.

"물론 제가 사다 주죠. 아이가 다른 건 전혀 먹지 않으려 하는데 어쩌겠어요!"

이렇듯 많은 아이가 폭군으로 자라고 있다. 이런 아이들은 다른 사람들을 자신의 요구대로 조종할 수 있을 때에만 자신이 중요한 인물이라고 느낀다.

이제 긍정 훈육이 이루어지는 가정으로 들어가보자. 이 집에는 아침식사 전, 두 가지 중요한 차이가 있다. 첫째, 이 집의 조니는 아침식사를 하러 오기 전에 옷을 입고 침대를 말끔히 정리해놓는다(어떻게 하면 이렇게 되는지 차차 알게 될 것이다). 두 번째 차이는 조니가 식구들의 일상

교사와 부모를 위한 긍정 훈육

생활에 보탬이 될 무언가를 한다는 점이다. 예를 들어, 식탁을 차린다든 가, 토스트를 만든다든가, 또는 스크램블드에그를 만드는 것 따위 말이 다(그렇다. 세 살짜리 아이들도 달걀을 마구 휘저어 익힐 수 있다. 이 점에 대 해서는 우리가 '집안일'의 분담을 논의할 때 자세히 살펴볼 것이다).

그날 아침은 시리얼을 먹을 차례다. 엄마는 조니에게 제한된 선택을 하도록 한다. "현미 플레이크 먹을래, 밀 시리얼 먹을래?"(이 엄마는 설 탕이 많이 든 시리얼은 아예 사놓지 않는다.)

이 집의 조니 역시 훌륭한 육상선수들이 무엇을 먹는지 텔레비전 광 고를 보았다. 그래서 조니는 밀 시리얼을 선택한다. 한 번 먹어보고는 마음을 바꾸어 이렇게 말한다.

"나 이거 안 먹을래!"

엄마는 대답한다.

"알았어. 시리얼을 다시 담을 수는 없어. 밖에 나가 놀렴. 점심때 보 자꾸나."

이 엄마는 앞에서 모든 것을 통제하는 엄마가 거쳐야 했던 단계들을 건너뛰었다. 아이를 설득하려 애쓰지 않았으며, 굶어 죽어가고 있는 아 이들에 대한 이야기도 구구절절 늘어놓지 않았고, 좀 더 맛있는 요리를 하려고 하지도 않았다. 물론 아이의 손바닥을 때리지도 않았다. 그저 단 순히 아이가 자신의 선택이 어떤 결과를 가져오는지 직접 경험하도록 했을 뿐이다.

엄마가 이렇게 한 건 처음이다. 2시간 후 조니가 배고파 죽겠다고 말 할 때, 엄마가 아이에게 부드럽게 대답한다.

"그래, 그럴 거야."

엄마는 "내가 그럴 거라고 말했지"라는 훈계를 피한다. 그 대신에 이렇게 조니를 위로한다.

"점심때까지 참을 수 있겠지."

조니의 이해와 협력으로 여기서 이야기가 끝날 수 있다면 멋질 것이다. 하지만 그런 일은 좀체 쉽게 일어나지 않는다. 조니는 엄마가 이렇게 행동하는 데 익숙하지 않다. 조니는 좌절한다. 자신이 원하는 것을 얻지 못했으니까. 그리고 화가 났으니까. 이 순간, 긍정 훈육이라는 것이 제대로 작동하지 않는다고 대부분의 엄마가 생각하는 것은 어찌 보면 당연하다고 할 수 있다.

아이들은 어른들로부터 특정한 반응을 얻는 데 익숙하다. 우리가 반응을 바꿀 때, 아이들은 분명 자신의 행동을 과장할 것이다(더 나쁜 쪽으로 말이다). 자신이 원하는 대로 우리가 반응하도록 노력할 것이다. 이것은 '자판기를 발로 차는 효과'라고 부른다. 자판기에 돈을 넣었는데 콜라가 나오지 않을 때, 우리는 자판기를 발로 차거나 손으로 두드려 우리가 기대한 대로 콜라가 나오도록 시도한다.

'엄격함'의 문제는, 그릇된 행동을 처벌하면 그 행동은 즉각 멈추지만 곧 다시 시작된다는 점이다. 그것도 계속해서 반복적으로 말이다. 하지만 아이를 배려함과 동시에 확고한 태도를 보여주면, 아이는 자신의 그릇된 행동이 예상한 결과를 가져오지 못한다는 것을 금방 깨닫는다. 게다가 아이는 자존심에 상처를 입지 않고도 자신의 행동을 바꿀 동기를 얻는다. 일단 이것을 깨닫게 되면 단기적으로 오히려 행동이 더 나빠지더라도, 지나치게 통제하는 접근법을 사용할 때 생겨나는 힘겨루기의 지루한 싸움보다는 차라리 이런 시련을 견뎌내는 게 훨씬 낫다는 걸 알게 된다.

조니가 화를 낼 때, 엄마는 '냉각기 기법'을 활용할 수 있다(나중에 설명하겠다). 엄마는 둘 모두 기분이 나아질 때까지 그 자리를 피한다. 관객이 없는데 화를 내는 건 별로 흥겹지 않다. 또는 둘 모두 더 나아질 수 있도록 '안아주기'를 시도해도 좋다(7장에서 자세히 다루겠다). 그러고 나서 아이가 문제 해결 과정에 참여할 수 있을 만큼 충분히 자랐다면, 함께 문제의 해결 방법을 모색해볼 수 있다. 그보다 어린 아이들의 경우, 그저 기분이 좋아지기도 하고 또는 단순한 오락거리만으로도 행동을 바꾸기에 충분한 경우가 많다.

지금까지의 이야기는 어른과 아이의 상호 작용에 대한 세 가지 접근법의 차이점, 그리고 장기적으로 효과적인 결실을 얻기 위해 긍정 훈육을 활용하는 것이 얼마나 효과적인지를 잘 보여준다. 하지만 긍정 훈육의 장기적인 장점에 대해 확신을 갖기에는 아직 갈 길이 많이 남았다.

많은 어른은 여전히 지나치게 통제적인 역할을 하려고 한다. 그 이유는 지나친 통제의 유일한 대안이 자유방임이라고 오해하기 때문이다. 이러한 믿음은 아이는 물론이고 어른에게도 매우 해롭다. 자유방임적으로 자란 아이들은 세상이 자기를 위해 존재한다고 믿는다. 그런 아이들은 어른들을 조종하고 괴롭혀 자신의 바람을 들어주게끔 에너지와 지력을 모두 쏟아붓는다. 독립심과 능력을 키우기보다는 책임에서 벗어나기 위해 많은 시간을 허비한다.

무엇이 효과적인 방법인지 주목하자

• •

엄격함과 처벌이 효과적이라고 믿는 사람이 아주 많다. 물론 나도 동의한다. 처벌이 효과가 없다고 말한 적은 없다. 처벌은 그릇된 행동을 즉시 멈추게 하는 데 효과적이다. 하지만 장기적인 측면에서도 효과적일까? 우리는 흔히 즉각적인 결과에 속는다. 장기적인 효과가 부정적이라면, 무엇이 정말 효과적인지 주의해야만 한다. 처벌의 장기적인 효과는 아이들이 흔히 '처벌의 네 가지 R' 중 하나 혹은 모두를 채택하는 것이다.

처벌의 네 가지 R

1. Resentment(분노)
   ▶ '이건 불공평해. 난 어른들 못 믿겠어.'
2. Revenge(보복)
   ▶ '어른들이 지금은 이겼지만, 복수하고 말겠어.'
3. Rebellion(반항)
   ▶ '난 정반대로 행동할 거야. 그래서 어른들이 원하는 방식대로 하지 않는다는 걸 증명하고야 말겠어.'
4. Retreat(후퇴)
   ▶ a. 비열 - '다음번에는 걸리지 말아야지.'
   ▶ b. 자존감의 몰락 - '그래, 난 어쩔 수 없이 나쁜 놈이야.'

처벌에 대한 반응으로 아이들이 어떻게 행동할지 알 수 없다. 하지만 앞으로 보일 행동은 이러한 무의식적인 결심에 바탕을 두고 있다. 예를 들어보자.

어떤 아이는 이렇게 마음먹을 수도 있다.

'난 나쁜 놈이야.'

그러고는 정말 나쁜 놈으로서의 역할을 계속할 것이다.

자신이 나쁜 놈이라고 생각한 어떤 아이는 '남의 눈치를 보는 사람' 이 되어 사랑을 찾아 헤매는 경우도 있다. 이런 이유 때문에 어른들은 단기적인 효과에 그저 멍하니 빠지는 대신에 장기적인 효과를 분명히 깨달아야 한다.

아이를 바르게 가르치기 위해서 먼저 아이의 기분을 상하게 해야 한 다는 그 어리석은 생각은 도대체 어디에서 온 걸까?

최근 치욕적이었다거나 불공정한 대접을 받았던 순간을 떠올려보 자. 서로 도와가며 더 잘해야겠다는 생각이 들었던가? 눈을 감고, 누군 가 당신의 기분을 상하게 하면서 당신에게 동기를 부여해주려 했던 가 장 최근의 순간(또는 어린 시절)을 떠올려보자. 무슨 일이 있었는지, 당신 이 어떻게 느꼈는지 되돌아보자. 당신 자신에 대해, 다른 사람들에 대 해, 그리고 미래에 무엇을 할 것인지에 대해 어떤 결정을 내렸는지 생 각해보자(대체로 당신이 무언가를 결정했다는 사실을 그 당시에는 자각하지 못했을 것이다). 더 잘해야겠다고 동기 부여되었는가? 그랬다면, 그것이 좋은 느낌이었는가, 아니면 자신 또는 다른 사람에 관한 부정적인 감정 에 바탕을 둔 것이었나? 포기하거나 감추려는 동기를 얻었는가? 그래 서 당신은 다가올 치욕을 피할 수 있었는가? 아니면 '남의 눈치를 보는 사람'이 되기를 원했는가? 다시 말해, 다른 사람들을 만족시키기 위해 당신의 중요한 무언가를 포기했는가? 처벌로 인해 느끼는 감정과 무의 식적인 결심으로 아이들은 긍정적인 성격을 절대로 기르지 못한다.

지나친 통제 혹은 자유방임을 그다지 좋아하지는 않지만, 그것 말고 는 달리 어떻게 해야 할지 모르는 교사와 부모는 이 효과적이지 못한 두 대안들 사이에서 이리저리 우왕좌왕하면서 혼란을 겪을지도 모른 다. 지나친 통제의 방법을 사용하다 결국 자신이 폭군이라는 말을 견디지 못한다. 그러면 곧바로 자유방임적인 태도로 돌변한다. 그러다 결국 버르장머리 없고 투정 부리는 아이를 더 이상 참지 못한다. 그래서 다시 지나친 통제로 되돌아가는 것이다.

일부 아이에게는 지나친 통제가 잘 작용하는 것처럼 보이는데 이 경우, 그 대가는 무엇일까? 조사에 따르면, 가혹한 처벌을 경험한 아이들은 반항적이 되거나 또는 두려움에 벌벌 떨면서 복종적인 모습을 보인다고 한다. 긍정 훈육은 비난, 수치심 혹은 고통(육체적이거나 감정적 모두)도 행동의 동기에 포함되지 않는다. 반면, 자유방임적 태도는 어른과 아이 모두에게 수치스럽고, 자립심과 협력 대신 바람직하지 않은 '동반 의존성'을 끌어낸다. 긍정 훈육의 목표는 지금 당장의 책임감과 협력은 물론이고 장기적으로 긍정적인 효과를 끌어내는 것이다.

많은 교사와 부모가 지나친 통제와 엄격함을 포기할 경우, 그 유일한 대안은 자유방임이라고 믿는다. 이 때문에 훈육을 어떻게 정의하는가가 중요하다. 종종 훈육이라는 단어를 잘못 사용할 때가 있다. 많은 사람이 훈육을 처벌과 같은 것으로 생각한다. 또는 적어도 처벌은 훈육을 성취하는 데 유용한 방법이라고 믿는다. 하지만 훈육은 discipulus 혹은 disciplini라는 라틴어에서 나왔다. 이것은 진리, 원칙을 따르는 사람, 또는 존경받는 리더를 뜻한다. 아이들이 '내적인 통제'로부터 동기를 부여받지 못한다면 진리와 원칙을 따르는 사람이 될 수 없다. 다시 말해, '자기수양'을 배우지 못한다면 그렇다는 말이다. 처벌과 보상은 둘 다 '외적인 통제'에서 나온다.

통제도 자유방임도 아닌 접근법

· ·

긍정 훈육은 지나친 통제 또는 자유방임이 포함되지 않은 접근법이다. 그렇다면 다른 훈육 방법과 어떻게 다른 것일까? 한 가지 다른 점은, 긍정 훈육이 아이 또는 어른에게 수치심을 일으키지 않는다는 것이다.

긍정 훈육은 상호 존중과 협력에 바탕을 둔다. 부드러움과 단호함을 겸비하고 있으며, '내적인 통제'에 기초해 인생의 역량을 가르치는 초석이다.

지나친 통제를 가할 때, 아이들은 '외적인 통제'에 의존한다. 아이들의 행동을 끊임없이 관리하는 것은 어른의 책임이다. 교사와 부모가 사용하는 지나친 통제의 가장 대중적인 형태는 보상과 처벌 시스템이다. 이 시스템 안에서 어른은 아이들이 무엇을 잘하고 있는지 찾아야 한다. 그래야 보상을 줄 수 있다. 그리고 아이들이 무엇을 잘못하고 있는지 찾아내야 한다. 그래야 처벌을 내릴 수 있다. 그렇다면, 누가 책임을 지는가? 분명 그건 어른의 몫이다. 이런 경우, 어른이 주변에 없을 때 무슨 일이 벌어질까? 아이들은 자신의 행동을 책임지는 법을 배우지 못한다.

통제적인 어른들이 자신이 아이들을 무책임하게 만들고 있다는 걸 깨닫지도 못하면서 아이들의 무책임에 대해 어찌나 자주 불평을 늘어놓는지 정말 신기할 따름이다. 자유방임 또한 어른과 아이 모두 책임을 포기하기에 무책임을 가르치는 결과를 낳는다.

긍정 훈육의 경우, 규칙을 만드는 과정에 아이들을 참여시키면 아이들은 그 규칙을 훨씬 더 자발적으로 따르려 한다. 가족 및 교실, 사회의 구성원들에게 이바지하는 법을 배울 때, 아이들은 건전한 자아 개념을 갖춘 효과적인 정책결정자가 된다. 이런 것들이야말로 긍정 훈육 접근법의 장기적인 결실이다. 이것은 다음과 같이 요약할 수 있다.

효과적인 훈육의 네 가지 기준

1. 부드러우면서도 단호하게 아이들을 대하는가? (배려와 격려)
2. 아이들이 소속감과 중요성을 느끼도록 도와주는가? (상호 연결)
3. 장기적으로 효과적인가? (처벌은 단기적으로는 효과를 발휘하지만 장기적인 효과에서는 부정적이다.)
4. 훌륭한 인격 형성에 필요한 사회적 기술, 삶의 기술을 가르치는가? (상대방에 대한 존중과 배려, 문제 해결, 책임, 공헌, 협력)

처벌은 이런 기준 중 그 어떤 것도 충족시키지 못한다. 하지만 긍정 훈육으로 가르치면 이 모든 것을 충족시킬 수 있다. 첫 번째 기준, 즉 부드러우면서도 단호하게 아이들을 대하는 것은 긍정 훈육에서 가장 기본적인 개념이라고 할 수 있다.

부드러우면서도 단호하게

· ·

루돌프 드레이커스는 아이와의 관계에서 부드러우면서도 단호하게 행동하는 것이 얼마나 중요한지 잘 보여주었다. 부드러운 태도는 아이에 대한 배려를 드러내기 위해 중요하다. 단호한 태도는 우리 자신에 대한 존중, 그리고 상황의 필요성을 드러내기 위해 중요하다. 권위주의적 방법은 부드러움이 부족하다. 자유방임적인 태도는 단호하지 못하다. 부드러움과 단호함은 긍정 훈육에서 핵심적인 요소다.

많은 교사와 부모는 여러 이유로 이 개념을 어려워한다. 그중 하나는 아이가 '자신을 화나게 할 때', 흔히 부드럽게 대하지 못하기 때문이다. 다시 한번, 나는 이렇게 질문하겠다.

"아이들이 자신의 행동을 절제하기를 진정 원한다면, 어른이 먼저 자신의 행동을 절제하는 법을 배워야 하는 게 지나친 요구일까?"

그러니까 어른 역시 스스로 기분 좋게 '느끼고', 기분 좋게 '행동할 수 있게' 될 때까지 '긍정적인 타임아웃'을 가져야 한다(6장에서 자세히 다루겠다).

어른들이 부드러우면서도 단호하게 행동하는 게 어려운 또 다른 이유는 어른들 자신이 부드러움과 단호함이 어떤 것인지 제대로 모르기 때문이다. 어른들은 화가 났을 때 지나치게 단호해지는 악순환에 빠질지도 모른다. 아니면 그 밖에 달리 어떻게 해야 할지 모르기 때문이다. 그러다 보면, 지나치게 단호한 것을 벌충하기 위해 지나치게 부드러워진다.

많은 교사와 부모는 부드러운 태도에 대한 그릇된 관념에 사로잡혀 있다. 긍정 훈육을 하겠다고 결심했을 때, 교사와 부모가 범하는 가장 큰 실수는 지나치게 자유방임적이 되는 것이다. 아이에게 벌을 주고 싶지 않기 때문이다. 사람들은 자신이 아이들을 기쁘게 해줄 때, 또는 아이들을 온갖 실망에서 구원해주고 보호해줄 때, 그것이 바로 부드러운 태도라고 잘못 믿고 있다. 이것은 부드러운 것이 아니라 자유방임적인 태도에 불과할 뿐이다. 아이를 부드럽게 대한다는 것은 아이와 당신 모두를 배려한다는 뜻이다. 아이들을 응석받이로 키우는 것은 배려하는 태도가 아니다. 아이들을 좌절에서 구원해주는 게 배려하는 태도가 아니다. 그렇게 되면 아이들은 '실망에 대한 맷집'을 키울 기회를 갖지 못한다. 아이들의 감정을 있는 그대로 인정해주는 것이야말로 배려하는 태도다.

"네가 실망했다는 거(화난 거/흥분했다는 거 등) 잘 알아."

그리고 아이들이 실망을 극복하고, 그 과정에서 '능력에 대한 자신감'을 키울 수 있다는 믿음을 갖는 것, 그것이 바로 배려하는 태도다.

이제 당신 자신을 존중한다는 게 무슨 뜻인지 살펴보도록 하자. 아이가 당신에게(또는 다른 사람들에게) 버릇없이 굴게 그냥 내버려 두는 것은 절대 부드러운 태도가 아니다. 버릇없이 굴지 않게 하는 데 꼭 처벌만 있는 것일까? 처벌은 존중이 부족하다. 그렇다면 당신은 이 상황을 어떻게 해결할 것인가?

한 아이가 말대꾸하는 상황을 가정해보자. 이 상황에 대처하는 부드러우면서도 단호한 방법 중 하나는 당장 그곳에서 벗어나는 것이다. 물론 당신은 이렇게 이의를 제기할지도 모르겠다.

"하지만 그렇게 하면 아이가 벌을 모면하는 게 아닌가요?"

좀 더 자세히 검토해보자. 다른 사람이 당신을 존중하도록 강요할 수는 없다. 하지만 스스로를 존중할 수는 있다. 아이가 말대꾸할 때 그곳에서 벗어나는 행동은 스스로를 존중하는 방법이다. 그리고 이것은 아이들에게도 강력한 모델이 된다. 당신은 언제든 나중에 상황을 정리할 수 있다. 모두 기분이 나아져 더 나은 행동을 할 수 있을 때까지 말이다.

나중에 이런 모습을 보일 수도 있겠다.

"얘야, 네가 너무 화가 나서 유감이구나. 난 네 감정을 존중한단다. 하지만 네가 네 감정을 다루는 방법은 존중해줄 수 없어. 네가 버릇없이 굴 때마다 난 잠시 자리를 비울 거야. 난 너를 사랑하고, 너와 함께 있고 싶어. 그러니 네가 준비되면 내게 알려줘. 그러면 네가 화를 다스릴 방법을 찾도록 기꺼이 도와줄게. 우리 둘 모두에게 바람직한 해결 방법을 찾는 데 초점을 맞출 수 있을 거야."

모두가 차분해졌을 때, 당신이 무엇을 하려고 하는지 아이가 스스로 깨닫게 해주는 것이 최선이다.

많은 부모가 흥분한 상태에서 문제를 서둘러 해결해야겠다고 마음 먹는다는 사실을 염두에 둘 필요가 있겠다. 흥분 상태로는 절대로 문제를 잘 해결할 수가 없다. 흥분해 있을 때, 사람들은 자신의 '원초적인 두뇌'에 의존한다. 그런 상태에서 할 수 있는 것이라고는 힘겨루기 또는 도피(회피와 의사소통의 부족)다. '원초적인 두뇌'로는 합리적으로 생각할 수가 없다. 나중에 분명 후회하게 될 말을 뱉어버린다. 문제를 다루기에 앞서 '합리적인 두뇌'에 의지할 수 있도록 마음을 가라앉히는 것이 바람직하다. 이것은 아이를 가르칠 때 중요한 기술이다. 아이에게 뭔가를 시키려고 하기보다는 '당신이 무엇을 할지 결정하는 것'이 더 나을 때도 있다(5장에서 자세히 다루겠다). 적어도 당신이 힘겨루기 대신 협력을 불러일으킬 수 있을 때까지 말이다. 그러니 기억하자. 부드러운 태도는 상대방을 존중한다는 뜻이다.

이제 단호함에 대해 솔직하게 이야기해보자. 대부분의 어른은 단호함이 처벌과 훈계 따위의 통제를 의미한다고 생각하는 경향이 있다. 하지만 그렇지 않다. 부드러움과 결합한 단호함이란, 아이를, 당신 자신을, 상황을 배려한다는 뜻이다.

아이의 행동에 특정한 제약이 있는 상황을 떠올려보자. 대부분의 부모는 어떤 제약을 할지 결정하고, 그러고 나서 그 제약을 적용할 책임을 지고 있다. 하지만 제약의 목적을 생각해보자. 그 목적은 아이를 안전하게 보호하고, 아이가 사회생활에 적응하도록 하는 것이다. 어른이 아이의 행동에 제약을 정하고, 그러고 나서 그것을 처벌, 훈계, 통제로 강요할 경우, 반항과 힘겨루기를 불러올 뿐이다. 그렇게 되면 아이를 안전하게 보호하지도 사회생활에 적응하도록 하지도 못한다. 그러니 제약을 정하고 그 제약을 따르는 결정의 과정에 아이들을 참여시키자. 예를 들어, 텔레비전 시청, 야간 통행금지 시간, 집밖에서의 놀이 시간 또는 숙제 등에 대해 어떤 제약이 있어야 하는지 아이와 함께 머리를 맞대고 논의하자. 왜 이런 제약이 중요한지, 어떤 제약이 있어야 하는지, 그리고 왜 이런 제약을 따르는 게 모두에게 책임이 있는지, 아이와 함께 토론하는 것이다(토론한다는 것은 아이가 적어도 당신만큼 이야기를 한다는 뜻이다). 예를 들어, 당신이 아이에게 왜 숙제가 중요한지 물어볼 때, 아이는 이렇게 답할 것이다.

"그래야 배울 수 있으니까요."

"그래야 좋은 점수를 받을 수 있으니까요."

그렇다면 아이는 자신에게 얼마나 많은 시간이 필요한지, 그리고 언제 숙제하기 가장 좋은 시간인지 결정할 수 있다(부모는 흔히 자녀가 학교에서 돌아오자마자 곧바로 숙제했으면 한다. 하지만 아이들은 흔히 먼저 쉬고 싶어 한다. 자기에게도 나름대로 선택권이 있을 때, 아이들은 자신에게 권리가 있다는 느낌을 받는다). 일단 아이가 자신에게 가장 좋은 시간을 정하면, 아이와 당신은 몇 가지 제약을 정할 수 있다. 예를 들어, "텔레비전은 하루에 1시간만, 그리고 숙제를 다 끝내고 나서 볼 수 있어. 나는 7~8시 사이에만 널 도와줄 수 있어. 그 밖의 다른 시간에는 네가 아무리 도와달라고 해도 도와주지 못해."

아이는 왜 이런 제약이 필요한지, 자신이 어떻게 책임을 지는지, 그리고 자신이 이런 제약을 정하는 과정에서 나름대로의 역할을 하고 나면, 훨씬 더 자발적으로 따르려 할 것이다.

물론, 네 살 이하의 아이들의 경우에는 규칙을 정하는 게 그리 쉽지 않다. 부모는 아주 어린 아이에게도 제약을 정할 필요가 있다. 그러나 아이를 부드러우면서도 단호하게 다루어야 한다.

규칙을 어겼다고 해서 훈계하거나 야단치지 말자. 아이를 계속해서 존중해주자. 어떤 일이 벌어졌는지, 그래서 어떻게 해야 하는지 따위를 가르치려 들지 말자. 애정 어린 질문을 하자.

"무슨 일이 있었던 거니? 네 생각에 왜 그런 일이 일어난 것 같아? 지금 이 문제를 해결하려면 어떻게 하면 좋을까? 이번 일을 통해 무얼 배웠어?"

경고하겠다.

만약 아이가 훈계와 처벌에 익숙해 있다면, 아이는 이렇게 말할지도 모른다.

"나도 몰라요."

이제 당신이 이렇게 말할 차례다.

"넌 정말 훌륭한 문제 해결사야. 그 문제를 진지하게 생각해보면 어떨까? 30분 후에 다시 이야기하자. 네 생각이 정리되면 내게 말해줘."

교사와 부모는 습관적으로 훈계하고 무언가를 요구하려 든다. 이에 대한 반응으로 아이들은 흔히 거부 또는 반항의 반응을 보인다. 다음과 같은 '부드러우면서도 단호한' 문장은 무지한 언어를 피하고 협력을 끌어내는 데 도움이 될 것이다.

- 이제 네 차례야.
- 난 네가 진지하게 말할 수 있다는 거 알아.
- 난 네가 걱정스러워. 우리 둘 모두 이 대화를 계속 이어갈 수 있도록 서로 차분해질 때까지 기다릴 거야.
- 난 네가 유익한 해결 방법을 생각해낼 수 있다는 거 알아.
- 말이 아니라 행동으로 보여주자. (예를 들어, 조용하고 침착하게 아이의 손을 잡고, 아이에게 어떻게 해야 하는지 보여주자.)
- 나중에 이 문제를 이야기하자. 지금은 차에 타야 할 시간이야.
- (아이가 화나 있을 때) 우리는 지금 가게를 나가야 해. 나중에(또는 내일) 다시 와보자꾸나.

벌을 주지 않기로 했다면, 당신은 새로운 요령을 행동에 옮겨야 한다. 그리고 아이가 상호 존중과 문제 해결 능력을 배울 수 있도록 훈련의 시간을 줘야 한다.

부모가 서로 상반된 경우

• •

상반된 철학을 지닌 두 사람이 결혼하는 걸 보면 참 흥미롭다. 한 사람은 조금 지나칠 정도로 관대한 경향이 있다. 다른 한 사람은 조금 지나칠 정도로 엄격한 경향이 있다. 이 경우, 관대한 부모는 지나칠 정도로 엄격한 배우자를 벌충하기 위해 자신이 좀 더 관대해야 한다고 생각한다. 엄격한 부모는 우유부단할 정도로 관대한 배우자를 벌충하기 위해 자신이 좀 더 엄격해야 한다고 믿는다. 이렇게 부부는 더욱더 동떨어진

교사와 부모를 위한 긍정 훈육

길을 걷게 된다. 그리고 누가 옳고 그른지 다툰다. 사실, 둘 모두 별다른 효과는 없다.

아이와 부모가 의사소통을 익히는 효과적인 방법은 정기적인 가족 회의이다. 일주일 단위로 회의를 하며 문제 해결을 위해 허심탄회한 대화를 나누고, 모두를 존중하는 해결 방법을 선택할 기회를 갖는다. 해결 방법에 초점을 맞추면 '정반대의 성향을 지닌 사람들'이 긴밀해지고, 배우자와 자녀에게 도움이 될 수 있다. 이것은 6장에서 좀 더 상세하게 살펴볼 것이다.

아이가 소속감과 중요성을 느끼게 돕자

소속감과 중요성은 모든 사람들, 특히 아이들의 최우선적인 목표다. 친밀감(또는 그것의 결여)은 아이들이 학교에서 학습뿐만 아니라 교우관계에서 얼마나 잘 해낼 것인가를 결정하는 중요한 지표다. 이것은 매우 중요하다. 동료 학생과 교사를 힘들게 하는 학생들은 대부분 소속감과 자신의 중요성을 느끼지 못한다.

처벌은 소속감과 중요성을 느끼게 하는 데 전혀 도움이 되지 못한다. 이 때문에 장기적인 관점에서 봤을 때 처벌은 아무런 효과도 없다. 긍정 훈육의 방법은 아이들이 소속감과 중요성을 느끼도록 돕는다. 또한, 이것은 이 책을 통해 지속적으로 강조할 주제이기도 하다. 소속감과 중요성을 느끼지 못할 때, 아이들이 왜, 어떻게 그릇된 행동을 하는지 4장에서 상세하게 살펴보겠다.

장기적으로 효과가 있는가?

• •

교사와 부모가 계속해서 처벌을 선호하는 중요한 이유는 효과가 있기 때문이다. 단기적으로 봤을 때 그렇다는 말이다. 처벌은 보통 그릇된 행동을 당장 멈추게 할 수가 있다. 안타깝게도 어른들은 처벌의 장기적인 효과를 이해하지 못한다. 벌을 받는 아이들은 절대로 이렇게 생각하지 않는다.

'아, 감사합니다. 이건 정말 유익해요. 당장 도움이 필요해요.'

그 대신에 아이들은 반항을 생각한다(기회가 된다면 곧바로 반항한다). 또는 자존감이 엄청나게 무너진 상태에서 처벌을 받는다.

어른들이 처벌을 하는 또 다른 이유는 처벌 말고 할 수 있는 게 자유방임이라고 생각하기 때문이다. 통제를 포기하면, 교사와 부모로서 자신이 할 일을 할 수 없게 되리라 두려워한다. 게다가 처벌은 훨씬 더 용이하기도 하다. 어른들에게 벌을 어떻게 주는지 말해줄 필요도 없다. 이미 잘 알고 있으니 말이다. 처벌은 보통 '반응이 빠르다.' 하지만 효과적인 훈육을 위해서는 꾸준한 노력과 정교한 기술이 필요하다.

장기적으로 봤을 때 효과가 별로 없음에도 불구하고 어른들이 처벌을 선호하는 마지막 이유는, 처벌 이외의 다른 방법을 모르기 때문이기도 하다. 이 책에는 처벌의 대안, 즉 장기적으로 효과적인 방법이 가득 있다.

유용한 '삶의 기술'을 가르치자

• •

대부분의 교사와 부모에게 이것이 새로운 개념일 수도 있다. 훈육을 통해 사회적 기술, 삶의 기술을 가르칠 수 있다는 점을 생각해보지 못했기 때문이다. 처벌의 장기적인 효과에 대한 연구조사를 확인해보면, 처벌이 폭력, 비열함, 자기비하, 그 밖의 수많은 부정적인 기술을 가르친다는 사실을 알게 될 것이다. 긍정 훈육의 방법을 연구해보면, 훈육의 그 모든 도구가 그릇된 행동을 멈추게 할 뿐만 아니라, 훌륭한 인격을 형성할 수 있는 사회적 기술, 삶의 기술도 가르친다는 것에 주목하게 될 것이다.

긍정 훈육의 목적지

• •

긍정 훈육으로의 여행을 시작할 때, 마음속에 목적지를 염두에 두면 큰 도움이 된다. 교사와 부모가 아이에게 진정으로 원하는 것이 무엇인가? 아이가 함양했으면 하는 특성의 목록을 작성해보라고 하면, 보통 다음의 자질들을 적어 낸다.

긍정적인 자아상   공부에 대한 흥미

책임감   예의범절

자기수양   정직

협력   자제력

열린 마음   인내

객관적인 사고방식	유머 감각
자신과 타인에 대한 존중	타인에 대한 배려
동정심	문제 해결 능력
자신과 타인에 대한 인정(認定)	내면의 지혜
삶에 대한 열정	정직

이 목록에 여러분 각자가 생각하는 특성을 추가해보자. 긍정 훈육의 방법을 배우면서 이런 특성을 마음속에 새겨두면 좋다. 아이가 상호 존중, 협력, 해결 방법에 초점을 맞추도록 돕는 긍정 훈육에 적극적으로 참여할 때, 아이는 분명 이런 특성들을 배우게 될 것이다.

리뷰

긍정 훈육의 도구들

01. 처벌하지 않는다.

02. 무조건 내버려 두지도 않는다.

03. 부드러우면서도 단호하게 행동하자.

04. 아이들이 '일곱 가지 중요 능력'을 기를 수 있도록 기회를 주자.

05. 무엇이 효과적인지 주의하자. (처벌은 장기적으로 볼 때 부정적인 결과를 불러온다.)

06. 아이들을 바르게 가르치기 위해서 먼저 아이들의 기분을 상하게 해야 한다는 어리석은 생각을 버리자.

07. 규칙을 정하는 과정에 아이들도 함께 참여시킨다.

08. 애정 어린 질문을 하자.

09. 부드러우면서도 단호한 말을 사용하자.

질문

01. 오늘날의 아이들이 '좋았던 옛 시절'에 당연하게 여겼던 것을 따르지 않는 중요한 이유 두 가지는 무엇인가?

02. '일곱 가지 중요 능력'은 무엇을 지칭하는가? 이것이 부족할 때 아이들에게 어떤 그릇된 결과를 가져올까?

03. 훈육의 세 가지 접근법은 무엇인가? 이들 사이의 차이점은 무엇인가?

04. 긍정 훈육과 기타 교육 방식 중에서 중요한 차이점 두 가지를 이야기해보자. 이런 차이가 장기적인 효과 면에서 중요한 이유는 무엇인가?

05. '무엇이 효과적인지 주목하자'는 말은 무슨 뜻인가?

06. '처벌의 네 가지 R'은 무엇인가? 이 중 한 가지, 당신이 개인적으로 경험했던 것을 이야기해보자. 왜 그렇게 느꼈는지, 그 이유도 말해보자.

07. 엄격한 부모 밑에서 배우고 자란 아이들이 보이는 장기적인 효과는 무엇인가? 왜 그런 결과가 나올까?

08. 긍정 훈육을 통해 자란 아이들에게 장기적인 효과는 무엇인가? 왜 그런 결과가 나올까?

09. 왜 어떤 것은 더 좋아지기 전에 일시적으로 더 나빠지기도 할까?

교사와 부모를 위한 긍정 훈육

10. 부모 혹은 교사로서의 당신과 아이들 사이의 상호 작용의 결과로, 당신은 아이들이 어떤 특성을 내면화하는 걸 원하는가?

11. 효과적인 훈육의 네 가지 기준은 무엇인가? 그것이 어떻게 처벌과 다른가? 그것이 장기적으로 봤을 때 효과적인 이유는 무엇인가?

12. 부드러우면서도 단호함을 드러내는 말에는 어떤 것들이 있을까?

2장

긍정 훈육을 하기 전에
알아두어야 할 몇 가지 기본 개념

이 책에는 벌을 주지 않고도 훈육을 할 수 있는, 실제 적용 가능한 수백 개의 아이디어가 들어 있다. 하지만 방법론으로 들어가기에 앞서 '왜 그렇게 해야 하는지' 그 이유를 아는 게 중요하다. 무척이나 많은 교사와 부모가 장기적인 효과를 끌어내지 못하는 방법을 아이들에게 사용한다. 그것은 바로 인간 행동의 핵심 개념을 제대로 파악하지 못했기 때문이다. 이번 장과 다음 2개의 장에 걸쳐 설명하는 아들러 학파의 기본적인 개념은 (실제로 적용 가능한 수많은 제안과 더불어) 교사와 부모가 인간 행동에 대해 보다 많은 것을 이해할 수 있도록 해준다. 왜 아이들이 그릇된 행동을 하는지, 왜 긍정 훈육법이 아이를 행복하고도 사회에 공헌하는 일원이 되는 데 필요한 삶의 중요한 기술과 태도를 배울 수 있도록 하는지, 그 이유를 설명해준다.

아들러 Alfred Adler 는 시대를 앞서간 생각을 품은 사람이었다. (프로이트와 결별한 이후에) 비엔나에서의 대중 강연과 공개 세미나에서 아들러는 모든 사람, 모든 인종, 여성과 아동의 평등을 옹호했다. 그러한 사고가 지금처럼 일반적이지 못하던 아주 오래전의 일이었다. 유대인 혈통의 오스트리아인인 아들러는 나치의 박해를 피해 연구를 계속하기 위해 자신의 모국을 떠날 수밖에 없었다.

루돌프 드레이커스는 아들러와 함께 아주 친밀하게 작업했다. 1937년 아들러의 사망 이후에도 아들러 학파 심리학을 개발하는 데 지속적으로 매달렸다. 드레이커스는 교사와 부모가 가정과 학교에서 아이들과의 관계를 향상하도록, 아들러 학파 이론의 실제적 적용을 돕기 위해 책을 저술하거나 공저로 펴냈다.

드레이커스는 자신의 제안을 실천하려 했던 많은 어른이 기본적인 개념을 제대로 이해하지 못하는 현실이 걱정스러웠다. 이해를 제대로 못 하면 기술을 제대로 활용할 수 없기 때문이다. 아이들 스스로 올바른 선택을 하도록 도와주기보다는 아이들을 휘어잡는 데 그 기법을 활용할 수도 있기 때문이다. 어른들이 통제적이고 처벌적인 방법을 사용할 때 아이들을 휘어잡을 수는 있다. 어른들이 아이들을 배려하고 존중해줄 때(부드러우면서도 단호하게 행동하는 것), 그리고 협력하고 공헌할 수 있는 아이들의 능력에 대한 믿음을 보여줄 때, 아이들 스스로 올바른 선택을 할 수 있다. 그러기 위해서는 아이들을 끊임없이 격려하고, 아이들이 핵심적인 삶의 기술을 훈련할 수 있도록 공을 들여야 한다.

아이들을 제압하면 아이들이 패배자가 되어버린다. 패배는 아이들을 반항적으로 또는 맹목적으로 복종하게끔 만들기 쉽다. 그 어느 것도 바람직하지 않다. 스스로 올바른 선택을 할 수 있도록 도우면 아이들의 자발적인 협력을 얻어낼 수 있다.

어른들이 긍정 훈육의 기본 개념을 어떻게 오해하는지 일례를 들어보자. 아이들이 실수를 했을 때, 따끔하게 꾸지람을 들어야만 제대로 배울 수 있다는 어른들의 그릇된 믿음 때문에 아이들에게 수치심을 일으키는 어른들의 실수를 자주 본다. 수치심이 아이들에게 더 잘해야겠다는 동기를 부여해주는 경우도 없지는 않다. 하지만 그럴 경우, 자존감에 얼마나 큰 상처를 입을까? 자신의 가치는 다른 사람들의 인정에 달렸다고 여기며 '남의 눈치를 보는 사람'이 되지는 않을까? 아니면 더 잘해보려고 하지만 실패에 대한 두려움 때문에 세상에 겁을 집어먹지는 않을까? 비난, 수치심, 고통 그리고 어른들이 야기한 낙담을 배우게 되지는 않을까? 아니면 어른의 감정이입, 격려, 무조건적인 사랑 그리고 삶의 기술을 훈련하며 건강한 자존감을 배우게 될까?

자존감에 대한 오해

● ●

앞에서 자존심과 자존감을 언급했기에, 이 용어들을 정의하는 것이 중요하겠다. 비록 전문가들이 이 정의에 동의하지 않는다고 할지라도 말이다. 나는 '캘리포니아 자존감 태스크포스'의 일원으로 활동한 적이 있었는데, 그곳 회원들이 자존감의 정의를 놓고 토론하는 모습은 매우 흥미로웠다.

나는 '우리가 아이들의 자존감을 지켜줄 수 있다'는 생각 때문에 아이들을 학대해왔다고 생각한다. 칭찬, 행복 스티커, 미소 짓는 얼굴 그리고 아이들을 '그날의 중요 인물'로 만듦으로써 아이들에게 자존감을 심어주려고 한 적이 있었다. 이 모든 것이 흥미롭고 아무런 해를 미치지 않을 수도 있다. 아이가 자신의 자존감이 다른 사람들의 의견에 달려 있다고 판단하지 않는다면 말이다. 그런데 자칫 아이들이 '남의 눈치를 보는 사람'이 될 수도 있다. 자신의 행동이 괜찮은 건지 판단할 때, 스스로 평가하는 법을 배우며 '내부적으로' 올바른 행동을 곰곰이 생각하는 대신에 다른 사람의 시선을 학습한다. 자신의 평가가 아닌 '다른 사람들의' 평가에 의존한다.

실체가 없는 가공의 자존감이 어떤 결과를 만들어내는지 본 적이 있는가? 어느 날, 당신은 스스로가 대단하다고 느낄지도 모른다. 그러고 나서 실수를 범하고, 스스로를 비난한다. 또는 누군가로부터 비난을 듣는다. 그리고 갑자기 자존감에 큰 상처를 입는다.

다른 사람의 칭찬과 의견에 흔들리는 대신 '자기평가'를 가르쳐주면 아이들은 큰 도움을 받는다(7장에서 자세히 다루겠다). 실수란 뭔가를 배울 수 있는 멋진 기회라는 걸 가르쳐주자. 실패를 경험하게끔 하면, 아이들은 문제가 생겼을 때 그 문제를 어떻게 풀어야 할지 스스로 깨닫는다. 스스로 일어서는 법을 배워 엄청난 혜택을 본다. 이렇게 아이들은 인생의 흥망성쇠를 다루는 방법을 배우는 것이다. 자신에 대해 좋은 감정을 느낄 기회가 많을 때, 그리고 가정, 학교, 공동체에서 뜻깊은 공헌을 할 때 스스로 큰 이득을 본다. 소속감과 중요성이 바로 핵심이다.

내가 가장 좋아하는 스누피 Peanuts 만화 중에는 루시가 라이너스에게 이렇게 질문하는 장면이 나온다.

"오늘 학교 어땠니?"

라이너스가 대답한다.

"학교 안 갔어. 내가 교실 문을 열고 물어봤어. '거기 누구, 나 필요한 사람 있어요?' 그런데 아무도 대답하지 않더라고. 그래서 그냥 집으로 왔어."

아이들은 자기가 필요한 존재라고 느껴야 한다.

1장에서 언급한 '일곱 가지 중요 능력'과 관련해 힘을 기를 때 아이들은 자존감을 느끼게 된다. 그리고 자존감에 대한 환상을 다룰 수가 있을 것이다. 어른들은 아이들을 제압하려고 애쓰기보다는 스스로 올바른 선택을 할 수 있도록 긍정적인 학습 환경을 만들어주면서 이것을 시작할 수 있다.

아이들 스스로 올바른 선택을 하게 하자

• •

자신의 견해가 이해받고 있다고 느낄 때 아이들은 용기를 얻는다. 자신이 이해받고 있다고 느끼면 보다 더 자발적으로 타인의 의견에 귀 기울이려 한다. 더불어 문제에 대한 해결 방법을 찾으려 노력한다. 다음의 '서로가 승리하는 협력 전략 4단계'를 활용하면 그와 같은 분위기를 조성할 수 있다.

서로가 승리하는 협력 전략 4단계

1. 당신이 아이의 감정을 이해하고 있다는 걸 표현하자. 당신의 이해가 올바른지 아이와 함께 확인해보도록 하자.

2. 모른 척 외면하지 말고 감정이입을 드러내자. 감정이입은 당신이 동의하거나 용서한다는 뜻이 아니다. 아이의 생각을 이해하고 있다는 뜻이다. 당신이 겪었던 유사한 경험과 감정을 아이에게 들려주는 것도 좋은 방법이다.

3. 당신의 감정과 견해를 들려주자. 만약 처음 두 단계가 진지하고 우호적인 분위기에서 이루어졌다면, 아이는 당신 말에 귀 기울일 준비가 되어 있을 것이다.

4. 아이가 해결 방법에 초점을 맞추게끔 하자. 문제가 다시 일어나지 않으려면 앞으로 어떻게 하는 것이 좋은지 아이에게 물어보자. 만약 아이에게 또렷한 방안이 없다면, 합의에 이르게끔 몇 가지 제안을 제시하자.

이 단계에서 우호적인 태도, 보살핌, 배려는 매우 중요하다. 협력을 이끌겠다는 결심으로 여러분에게 긍정적인 감정을 만들어내는 것만으로도 충분하다. 처음 두 단계 이후에 아이도 달라진다. 세 번째 단계를 활용할 때, 아이는 이제 당신 말에 귀 기울일 준비가 되어 있다. 배려의 분위기를 만들어놓았기에 네 번째 단계는 분명 효과가 있을 것이다.

마르티네스 부인이 자신의 경험담을 들려주었다. 부인의 딸, 린다는 학교에서 집으로 돌아와 선생님이 같은 반 친구들이 모두 보는 앞에서 자기에게 버럭 고함을 질렀다며 투덜거렸다. 마르티네스 부인은 아이의 어깨를 잡고 책망하는 목소리로 물었다.

"네가 무슨 짓을 했기에 그래?"

린다는 눈을 내리깔고 화난 듯 대답했다.

"난 아무 짓도 안 했단 말이야!"

마르티네스 부인이 말했다.

"아니, 무슨 일 있었지? 선생님이 아무 일도 아닌 일로 학생한테 고함칠 리가 없어. 도대체 네가 무슨 짓을 한 건데?"

린다는 시무룩한 표정으로 소파에 털썩 주저앉아 엄마를 노려보기

교사와 부모를 위한 긍정 훈육

만 했다. 부인은 비난의 목소리로 말을 이어갔다.

"그래, 이제 어떡할래?"

린다는 당돌하게 대답했다.

"몰라!"

이 순간, 부인은 '서로가 승리하는 협력 전략 4단계'를 떠올렸다. 부인은 심호흡을 한 번 하고 자신의 태도를 고쳐 친근한 목소리로 말했다.

"다른 아이들 앞에서 너한테 고함을 쳤다니, 무척 창피했겠구나." (1단계. 아이의 감정에 대한 이해를 드러낼 것)

린다는 의심스러운 눈빛으로 엄마를 올려다보았다. 마르티네스 부인은 자신의 경험담을 들려주었다.

"내가 4학년 때, 나한테도 그런 일이 한 번 있었어. 수학 시험을 볼 때였어. 연필을 깎으려고 일어났었거든. 그런데 학생들이 전부 보는 앞에서 선생님이 나한테 크게 소리쳐서 난 너무 창피하고 화가 났었어." (2단계. 비난하지 말고 감정이입을 드러낼 것. 그리고 유사한 경험을 들려줄 것)

린다는 이제 흥미가 생겼다.

"정말요? 난 그냥 연필을 빌리려고 했단 말이에요. 그거 때문에 선생님이 나한테 소리를 지르는 건 말도 안 돼요."

마르티네스 부인이 말했다.

"나도 네 기분이 어땠는지 잘 이해할 수 있어. 앞으로 그런 창피를 당하지 않으려면 어떻게 하면 좋겠니?" (아이가 해결 방법을 찾도록 유도할 것. 이 경우에는 3단계는 필요하지 않다.)

린다가 대답했다.

"연필을 한 자루 이상 가지고 다녀야겠어요. 그래야 연필 빌릴 필요가 없잖아요."

마르티네스 부인이 말했다.

"정말 좋은 생각이구나."

마르티네스 부인의 목표는 린다가 선생이 화내지 않게, 실망하지 않게 행동하는 것이었다. 부인이 문제를 해결하기 위해 처음 린다에게 어떻게 하는 게 좋겠느냐고 물었던 것을 주목하자. 린다는 너무 적대적인 기분이었기에 협력할 수 없었다. 일단 엄마가 격려를 해주자('서로가 승리하는 협력 전략 4단계'를 통해) 린다는 거리감과 적개심 대신 친밀과 신뢰를 느꼈다. 그리고 자발적으로 해결 방법을 생각해보려고 했다. 엄마가 린다의 관점에서 사건을 볼 수 있게 되었을 때, 린다는 더 이상 자신을 방어할 필요가 없었다.

존스 부인 또한 여섯 살짜리 아들 제프가 물건을 몰래 훔치고 있다는 사실을 알았을 때 '서로가 승리하는 협력 전략 4단계'를 활용했다. 부인은 주변에 아무도 없는 조용한 시간을 골라 제프를 무릎 위에 앉히고는 이야기를 꺼냈다. 제프가 가게에서 껌 한 통을 훔쳤다는 이야기를 들었다고 말했다(아들이 물건을 훔쳤다는 걸 알았을 때 무슨 짓을 했냐고 다그치면서 야단치려 하지 않았다는 데 주목하자). 그런 다음 존스 부인은 자신이 5학년 때 가게에서 지우개 하나를 훔쳤던 이야기를 아들에게 들려주었다. 그렇게 하지 말았어야 하는 걸 알았기에 죄책감에 시달렸으며, 다시는 그러지 말아야겠다는 결심을 했다고 들려주었다.

제프는 방어하듯 말했다.

"하지만 가게에는 껌이 많은걸요."

존스 부인은 제프를 대화로 이끌었다. 가게 주인이 가게 임대 비용을 내고, 직원 임금을 주고, 물건 비용을 지불하고, 생계비를 벌기 위해 얼마나 많은 물건을 팔아야 하는지 돌아보게 했다. 제프는 그런 건 생각

교사와 부모를 위한 긍정 훈육

해보지 못했노라고 했다. 둘은 다른 사람이 자기 물건을 몰래 가져가버리면 얼마나 속상한지에 대해서도 이야기를 나누었다. 제프는 더 이상 물건을 훔치지 않겠다며 자신의 감정을 솔직하게 드러냈다. 그리고 자기가 훔친 껌 값을 지불하겠다고 했다. 존스 부인은 제프를 위해 함께 가주겠노라고 했다.

존스 부인은 비난하거나, 책망하거나, 훈계하지 않고 제프가 스스로 선택할 수 있도록 해주었다. 제프는 자신의 행동 때문에 스스로 나쁜 놈이라는 느낌을 받을 필요가 없었다. 그리고 그런 행동을 다시는 하지 말아야 할 사회적인 이유를 자발적으로 알아갔다. 또한, 제프는 해결 방법을 찾는 과정에 함께 참여했다. 비록 창피하기는 했지만, 앞으로의 행동을 위해서 아주 가치 있는 삶의 교훈이었다. 자기 엄마가 공격과 방어의 대상이 아닌 든든히 지원자라는 느낌이 들었기에 제프는 이렇게 할 수 있었다.

말과 행동과 뒤에 숨어 있는 감정

· ·

말과 행동보다 그 뒤에 숨어 있는 감정이 더 중요하다. '무엇을' 하는가는 '어떻게' 하는가와 비교해 결코 중요하지 않다. 행동 뒤에 숨어 있는 느낌과 태도가 '어떻게'를 결정한다.

"이번에 느낀 점은 뭐니?"

똑같은 말이더라도 어른은 비난과 창피함을 불러일으키는 말투로, 아니면 감정이입과 관심을 드러내는 목소리로 물어볼 수 있다.

어른이 분위기를 만들어낼 수 있다. 친밀함과 신뢰를 불러일으킬 수도 있고, 거리감과 적개심을 불러일으킬 수도 있다. 친밀함과 신뢰 대신 거리감과 적개심을 불러일으키고 나서, 아이에게 긍정적인 영향을 줄 수 있다고 믿는 어른이 얼마나 많은지 정말 놀라울 따름이다(그 사람들은 정말 그렇게 믿고 있는 걸까? 아니면 아무 생각 없이 그렇게 행동하는 걸까?).

말 뒤에 숨어 있는 감정은 우리의 목소리로 가장 분명하게 드러난다. 수치심을 불러일으키는 말은 상호 존중이라는 기본적인 개념을 깬다. 이런 말은 결코 장기적으로 긍정적인 효과를 불러오지 못한다. 어떤 아이가 바닥에 우유를 쏟았다면, 그 논리적 결과(또는 해결 방법)는 아이로 하여금 바닥을 깨끗이 닦도록 하는 것이다. 어른이 아이에게 부드럽지만 단호한 어조로 이야기하는 한 논리적 결과(또는 해결 방법)가 된다. 이렇게 말이다.

"이런, 이제 네가 어떻게 하면 좋을까?"

아이에게 '어떻게 하라'고 말하는 대신 '어떻게 하면 좋을까' 하고 물었다는 점에 주목하자. 어떻게 하라고 말하는 대신에 어떻게 하면 좋을지 물어보는 것이 효과가 큰 긍정 훈육법이다(6장에서 자세히 다루겠다). '어떻게 하라'고 지시하면 저항과 반발을 불러일으키게 된다. 아이를 존중하고 문제 해결 과정에 참여시키면, 아이는 자신의 능력을 유용한 방향으로 활용할 수 있다는 느낌을 받는다. 어른들이 존중의 뉘앙스를 담은 목소리로 부드럽게 대하지 않는다면, 또는 수치심을 불러일으킨다면, 그것은 처벌이 된다. 이렇게 말이다.

"어쩜 그렇게 형편없니? 지금 당장 깨끗이 치우도록 해. 그리고 다음부터는 나한테 우유 따라 달라고 해. 제대로 하는 게 하나도 없잖아!"

아들러 학파 심리학은 아이들과 우리 자신에 대한 이해력을 증진시키는 데 도움을 주는 기본적인 개념 틀을 제공하는데, 이것은 단순한 이론 이상이다. 기본적인 개념은 격려의 태도, 이해, 배려 없이는 아무 소용이 없다. 만약 이런 태도를 제대로 이해하지 못하면, 세부적인 기술은 일방적인 조종으로 축소되거나 변형될 것이다. 스스로에게 언제나 이렇게 물어본다면, 우리는 아이들을 좀 더 효과적으로 대할 수 있다.

"내가 지금 이 아이의 사기를 북돋워 주고 있는 걸까, 아니면 기를 죽이는 걸까?"

아들러 학파의 기본 개념

• •

1. 아이들은 사회적 존재다

행동은 사회적 맥락 안에서 결정된다. 아이들은 타인과의 관계망 속에서 자신을 보며, 다른 사람들이 자신을 어떻게 생각하는지에 따라 자신의 행동을 결정한다. 자신과 세상에 대해, 그리고 자신이 성장하기 위해 필요한 것을 끊임없이 결정하고 각자의 믿음을 형성해간다는 사실을 명심하자. '성장할 때', 아이들은 1장에서 말한 '일곱 가지 중요 능력'의 모든 측면에서 힘을 키우고 있는 중이다. 아이가 '생존 모드'에 있을 때(어떻게 소속감과 중요성을 느낄지 발견하려고 노력하는 것), 어른들은 흔히 이것을 그릇된 행동으로 잘못 해석하곤 한다. 그것을 '생존 모드'의 행동으로 생각한다면 그릇된 행동이 달라 보일 것이다.

2. 행동은 목표를 지향한다

행동은 목표를 바탕으로 하고, 이것은 사회적 맥락 안에서 이루어진다. 최우선적인 목표는 소속감을 느끼는 것이다. 아이들은 이러한 목표를 성취하고 싶다는 점을 자각하지 못한다. 때때로 자신이 원하는 것을 이루는 방법을 오해하곤 한다. 그래서 목표와는 정반대의 방향으로 행동한다. 예를 들어, 소속감을 원하지만 미숙하게 이 목표를 이루려다가 오히려 잘못된 행동을 하기도 한다. 이것은 악순환된다. 자신의 행동이 고통과 짜증을 일으킬수록 아이들은 소속감을 느끼고 싶어서 더욱더 불쾌한 행동을 일삼는다.

드레이커스는 이렇게 설명했다.

"아이들의 이해력은 훌륭하다. 하지만 그것을 해석하는 데는 서툴다."

아이들만 이런 문제가 있는 건 아니다. 어떻게 이런 일이 일어났는지 다음의 상황이 아주 잘 설명해주고 있다.

두 살짜리 아델은 엄마가 갓난아이를 안고 병원에서 퇴원해 집에 돌아왔을 때, 엄마가 아기에게 얼마나 많은 관심을 쏟는지 즉각 알아차린다. 불행하게도, 엄마가 자기보다 아기를 더 사랑한다고 아델은 잘못 해석한다. 물론 이건 사실이 아니다. 하지만 아델이 믿는 것과 비교해 사실이 무엇인지는 그다지 중요하지 않다. 아델의 행동은 사실보다는 자신이 진리라고 믿는 것에 달려 있기 때문이다. 아델의 목표는 엄마와의 관계에서 자신의 특별한 위치를 되찾는 것이다. 이 목표를 이루기 위해 아기처럼 행동해야 한다고 오판한다. 그래서 자기에게도 우유병을 달라고 하고, 팬티에 똥을 싸고, 더 많이 울어댄다. 이때 엄마가 사랑과 애정을 보여주지 않고 실망을 드러내거나 아델의 요구를 거부할 경우, 아델은 자신의 목표와 정반대의 것을 얻게 된다.

교사와 부모를 위한 긍정 훈육

3. 아이의 최우선적인 목표는 소속감을 느끼고 자신이 중요한 존재라고 느끼는 것이다

모든 행동의 목표는 사회적 환경 안에서 소속감과 중요성을 이루는 것임을 알게 되면, 처음 두 가지 개념은 이제 하나로 귀결된다. 앞에서 살펴본 경우처럼, 그릇된 행동은 소속감과 중요성을 얻을 수 있는 방법에 대한 오해에서 비롯된다.

4. 그릇된 행동을 하는 아이는 의기소침한 아이다

그릇된 행동을 하는 아이는 우리에게 이렇게 말하려고 애쓰는 중이다.

'나는 소속감을 느끼지 못해. 중요한 존재라는 생각이 안 들어. 그런데 나는 어떻게 하면 그것을 이룰 수 있는지 잘못 알고 있단 말이야.'

아이가 그릇된 행동으로 짜증 나게 할 때, 어른들 대부분은 그릇된 행동 자체가 아니라 그 뒤에 숨어 있는 진짜 의도와 메시지, 즉 '난 단지 소속되고 싶을 뿐이라고'의 뜻을 이해하지 못하는 것일까?

이 개념을 이해하는 것이 그릇된 행동을 하는 아이를 보다 효과적으로 도와주는 첫 번째 단계다. '암호 해독자'가 되어야 한다. 아이가 그릇된 행동을 할 때, 그런 행동을 하나의 암호로 여기고 자문해보자.

'이 아이가 나한테 정말 하고 싶은 말이 뭘까?'

기억하자. 아이는 자신의 암호화된 메시지를 자각하지 못한다. 아이의 행동에 즉각 반응하지 말고 그 뒤에 숨어 있는 의도를 제대로 다루어준다면, 아이는 자신이 충분히 이해받고 있다고 느낄 것이다. 아이의 그릇된 행동 뒤에는 소속되기를 원하지만 어떻게 하면 이 목표를 사회적으로 유용한 방법으로 달성하는지 혼란스러워하거나, 제대로 할 줄 모른다는 사실을 기억하자. 또한, 당신의 행동이 혹시라도 아이에게 그런 메시지를 보여주고 있는 건 아닌지 주의 깊게 살펴보자. 이상 네 가지 개념은 4장에서 보다 상세하게 다루겠다.

5. 사회적 책임 또는 공동체 의식

아들러의 또 하나의 중요한 공헌은 'Gemeinschaftsgefuhl'이라는 개념이다. 이것은 아들러가 직접 만들어낸 독일어다. 이걸 영어로 옮기기에 똑떨어지는 단어는 없지만, 아들러는 결국 사회적 관심social interest이라는 영어 단어를 선택했다(나는 사회적 책임social responsibility이라는 단어를 사용한다). 이 단어에는 상대방에 대한 진정한 관심, 사회에 공헌하고자 하는 진지한 열망이 담겨 있다. 다음의 이야기는 크리스틴 팬서Kristin R. Pancer가 〈개인 심리학자The Individual Psychologist〉 1978년 12월호에서 들려준 내용이다. 이 이야기는 사회적 책임의 의미를 잘 보여준다.

형제 둘이 함께 농장을 경영하고 있었다. 형제는 척박한 땅과 가뭄 때문에 생계를 유지하기 힘든 시기를 겪고 있었다. 하지만 둘은 모든 이윤을 공평하게 반반 나누어 가졌다. 형은 부인과 아이 다섯이 있었고, 동생은 비혼이었다. 어느 날 밤, 형이 잠을 이루지 못했다. 형은 이리저리 뒤척였다. 둘의 약속이 불공평하다는 생각이 들었기 때문이다. 형은 이렇게 생각했다.

'내 동생은 나이가 들면 집에 데려다주거나 자신을 돌봐줄 자식이 없어. 동생에게는 절반 이상이 필요해. 내일 내가 동생에게 우리 이윤의 3분의 2를 가지라고 제안하겠어. 그렇게 하는 게 훨씬 더 공평해.'

같은 날 밤, 동생 또한 잠들지 못하고 있었다. 동생도 자신들의 50 대 50 약속이 공평하지 않다고 생각했기 때문이다. 동생은 이렇게 생각했다.

'내 형은 아내도 있고, 먹여 살려야 할 자식도 다섯이나 있어. 형 식구들이 우리 농장에서 나보다 훨씬 더 많은 일을 하고 있어. 형은 절반 이상을 가질 자격이 충분해. 내가 내일 형에게 3분의 2를 가지라고 제안해야겠어.'

다음 날, 형제는 만나서 보다 공평한 조건에 대한 자신들의 계획을 서로 들려주었다. 이것은 사회적 책임의 한 사례이다.

아들러에게는 '14일 치료 플랜'이라는 프로그램이 있었다. 아들러는 자신이 하라는 대로 하면, 정신적 질환이 있는 사람 누구라도 14일 만에 치료할 수 있다고 주장했다. 어느 날, 엄청나게 의기소침한 한 여자가 아들러를 만나러 왔다. 아들러는 그 여자에게 말했다.

"난 당신의 우울증을 단 14일 만에 치료해드릴 수 있습니다. 당신이 내 조언을 그대로 따라준다면 말입니다."

여자는 그 말에 그다지 열정적이지 못했다.

"선생님은 내가 어떻게 했으면 좋겠어요?"

아들러가 대답했다.

"당신이 14일 동안 매일매일 다른 사람들을 위해 한 가지 일을 한다면, 마지막 날 당신의 우울증은 사라질 겁니다."

여자는 이의를 제기했다.

"내가 왜 다른 사람들을 위해 무언가를 해야 하는데요? 다른 사람들은 나한테 아무것도 해준 게 없는데 말이에요."

아들러는 익살스럽게 대답했다.

"글쎄요, 어쩌면 21일이 걸릴지도 모르겠는걸요."

그러더니 덧붙여 이야기했다.

"당신이 다른 사람들을 위해 자발적으로 무언가를 할 수 없다고 생각한다면, 그런 느낌이 들 때 당신이 할 수 있는 게 뭔지 생각해보세요."

아들러는 만약 그 여자가 다른 누군가를 위해 무엇을 할지 생각해볼 수 있다면, 그 여자는 이미 나아지고 있는 것임을 잘 알고 있었다.

아이들에게 사회적 책임을 가르치는 것은 매우 중요하다. 어린아이들이 사회에 이바지하는 구성원이 되는 법을 배우지 못한다면 학문적인 배움이 무슨 소용이란 말인가? 드레이커스는 이런 말을 자주 했다.

"아이가 스스로 할 수 있는 일은 아이 스스로 하게 하자."

아이들을 위해 지나치게 많은 것을 해주면, 스스로 경험을 통해 자신이 능력 있는 사람이라는 믿음을 키울 기회를 빼앗아버리게 된다. 아이들은 자신이 보살핌을 받아야 한다거나 자신은 당연히 특별한 보호를 받을 자격이 있다는 믿음을 키운다.

사회적 책임을 가르치기 위해서는 첫 번째, 자립심을 키워줘야 한다. 그러면 아이들은 다른 사람들을 도와줄 마음가짐을 갖춘다. 그리고 다른 사람을 도와주었을 때, 자신이 매우 유능하다고 느낀다. 어른들이 슈퍼맘, 슈퍼교사의 역할을 떠맡을 경우, 아이들은 세상을 위해 자신이 무언가를 하기보다는 세상이 자신을 위해 무엇을 해줄까 하는 기대를 익힌다. 그리고 이것이 자신의 뜻대로 되지 않을 때 불공평하다고 생각한다. 다른 사람들이 자기에게 봉사하지 않을 때 그것을 유감스럽게 생각한다. 또는 해롭거나 파괴적인 방법으로 보복하려고 한다. 보복의 방법을 찾을 때 훨씬 더 많은 상처를 입게 된다.

극단적으로 너무 바빠 아이에게 훌륭한 인격 형성을 위한 사회적 기술, 삶의 기술을 가르칠 시간이 없는 교사와 부모의 경우도 있다. 이런 어른들은 아이가 '스스로 행동하지' 않을 때 화를 낸다. 이런 사람들은 아이가 과연 어디에서 존경받는 행동을 배울 수 있다고 생각하는지, 나는 도저히 모르겠다. 너무 많은 사람이 아이의 그릇된 행동의 방정식에서 스스로 책임을 통감하는 대신 아이를 '책망하고' 있으니 말이다.

긍정 훈육은 사회적 책임을 고무시킴으로써 아이와 어른 모두에게 이와 같은 악순환을 끝낼 수 있도록 돕는다. 교사와 부모는 아이들이 스스로 할 수 있는 일임에도 불구하고 자신이 아이들을 대신하고 있다는 걸 자각하지 못하는 경우가 많다. 어떻게 하면 가정과 학교에 공헌할 수 있는지, 아이들을 가르치려 들지 않는다. 목록을 작성해보자. 교사여, 교실에서 아이들이 할 수 있는 일인데도 얼마나 많은 것들을 대신해주고 있는가? 부모들이여, 편리하다는 이유만으로 얼마나 많은 것을 아이들을 위해 대신해주고 있는가? 아이들이 스스로 할 수 있다는 걸 느끼도록 도와주지 않고 말이다.

『학습긍정훈육법Positive Discipline in the Classroom』이라는 책에서 나와 공저자들은 교실에서 필요한 모든 일에 관한 브레인스토밍에 학생들을 참여시키는 것이 매우 중요하다고 강조했다. 교사는 브레인스토밍에 참여할 수 있다. 하지만 아이들을 그 과정에 포함시킬 경우, 아이들이 얼마나 많은 것들을 생각해낼 수 있는지 알면 깜짝 놀랄 것이다. 목록을 다 작성했으면, 자원자들에게 각자 할 일을 나눠주자. 학생들에게 적어도 한 가지 이상의 일을 주자. 심지어 '일을 모니터링하는 일'도 맡길 수 있다. 학생들의 참여 아래, 서로 돌아가며 일을 하도록 하는 게 중요하다. 그래야 어느 누구도 별로 달갑지 않은 일을 아주 오랫동안 하지 않아도 된다. 일을 나누어 하면 소속감이 늘어나고, 삶의 기술을 배울 수 있으며, 사회적 책임을 경험할 수 있다.

6. 평등

인간은 누구나 평등하다는 것에 오늘날 많은 이가 동의한다. 하지만 그 대상이 아이라면?

"어떻게 아이들이 평등할 수 있어요? 아이들은 어른과 똑같은 경험, 지식, 책임이 없는데 말이에요?"

이렇게 묻는다.

1장에서 강조했듯이, 평등은 '똑같은 것'을 의미하지는 않는다. 아들러는 평등이란 모든 사람이 존엄성과 존경에 있어 평등하다는 뜻으로 사용했다. 대다수의 어른은 가치의 측면에서 자신과 아이들이 평등하다는 데는 기꺼이 동의한다. 이 때문에 긍정 훈육에서는 수치심을 배제한다. 아이를 수치스럽게 만드는 것은 평등과 상호 존중의 개념과 정반대이기 때문이다.

7. 실수는 배움의 멋진 기회다

우리 사회는 실수를 부끄럽게 여기게끔 가르치고 있다. 우리는 모두 불완전한 존재다. 그러므로 불완전함에 대한 우리의 고정관념을 바꾸려면 용기가 필요하다. 매우 고무적인 일인데도 우리 사회에서 이루기에는 꽤 어렵다. 이 세상에 완벽한 인간은 없다. 그럼에도 불구하고 모든 사람이 자신과 다른 사람들에게 완벽함을 요구하고 있다. 특히 아이들에게 말이다.

눈을 감고 어렸을 적, 교사와 부모가 우리에게 심어주었던 실수의 이미지를 떠올려보자. 어떤 이미지였는가? 이 훈련을 좀 더 분명하게 하기 위해 그 내용을 글로 적어봐도 좋다. 실수를 하면 어리석고, 부족하고, 나쁘고, 실망스럽고, 바보 같다는 느낌을 받지 않았던가?

다시 눈을 감고, 기억을 되살려보자. 실수를 저질러 꾸지람을 받던 그때를 떠올려보자. 당신 자신에 대해, 그리고 앞으로 무엇을 할 것인지에 대해 어떤 다짐을 했던가? 기억하자. 당신이 어떤 다짐을 했다는 것을 그 당시에는 느끼지 못했을 것이다. 하지만 되돌아보면, 그때 당신은 분명 뭔가 결심을 했다. 어떤 이들은 스스로가 나쁜 사람이거나 부적격한 사람이라고 단정 지어버린다. 어떤 이들은 자신의 노력이 완벽하지 않을 경우 받게 될 수치가 두려워 위험을 감수하지 않기로 마음먹는다. 앞에서 이미 말했듯이, 너무 많은 아이가 '남의 눈치를 보는 사람'이 되기로 작정하고, 자존감을 걸고 어른들을 기쁘게 해주기 위해 노력한다. 그리고 실수를 숨기기로 마음먹는 아이도 있다. 그래서 실수가 드러나지 않도록 온갖 수단과 방법을 가리지 않는다. 이런 것들이 생산적인 삶을 위한 기술을 배우도록 고무하는 건전한 메시지이자 결정인가? 물론 아니다.

교사와 부모가 아이들의 실수에 부정적인 메시지를 전하는 건 대부분 아이를 위한 행동이다. 아이들이 더 잘하도록 채찍질을 하려는 것이다. 하지만 그런 어른들은 그 방법이 가져올 장기적인 효과를 생각할 시간이 없다. 이 때문에 대다수의 교사와 부모는 더 잘하도록 아이들을 '이끌지' 못하면 자신이 일을 제대로 하지 못하는 건 아닐까 두려워한다. 아이들이 무엇을 배우는가보다는 주변 사람들이 어떻게 생각할까에 더 큰 관심을 갖는 사람이 너무 많다. 아이들에게 두려움과 수치심을 가르치지 못하면 아이들이 더 잘해내는 방법을 알지 못할까 봐 두려워한다. 대부분, 그 외에 다른 방법을 모르기 때문에 두려운 것이다. 비난, 부끄러움, 고통을 가하지 않는다면 아이들이 자유방임적으로 행동할 것이라고 두려워한다.

하지만 다른 방법이 분명히 있다. 진정으로 아이들이 더 잘할 수 있도록 동기를 부여한다. 비굴하지 않고, 자존감에 상처를 입지 않고 말이다. 우리는 실수를 배움의 기회로 바라볼 수 있도록 (우리도 배우고) 아이들을 가르쳐야 한다. 만일 어른이 아이에게 이렇게 말한다면 얼마나 멋질까?

"너희는 실수를 했어. 멋진걸. 그 실수에서 '우리'는 뭘 배울 수 있을까?"

그렇다. 나는 여기서 분명 '우리'라고 말했다. 아이들이 저지른 실수 대부분에 우리도 책임이 있다. 우리가 훈련과 격려의 시간을 갖지 못했기 때문에 많은 실수를 저지른다. 우리는 흔히 개선책을 끌어내기보다는 반항을 불러일으킨다. 불완전함을 자연스러운 것으로 받아들이는 모범을 보이자. 그래야 아이들이 실수란 배움의 기회라는 것을 당신으로부터 배울 수 있다.

아이들은 가정과 교실에서 실수를 배움의 기회로 바라보며 연습한다(8장과 9장에서 자세히 다루겠다). 가족들이 저녁식사 시간에 모여 그날 어떤 실수를 했는지, 그 실수를 통해 무엇을 배웠는지 함께 이야기하면 매우 유용하다. 일부 교사는 학교에서 일주일에 한 번, 모든 학생이 실수와 그 실수로부터 무엇을 배웠는지 이야기하는 시간을 마련한다. 아이들은 실수의 가치를 매일 드러내 보여야 한다. 그리고 안전한 환경에서, 실수로부터 배워야 한다.

이 책의 가장 중요한 주제는 실수를 배움의 기회로 활용하는 방법을 배우는 것이다. 이에 대해 귀가 따갑도록 듣게 될 것이다. 하지만 무엇보다도, 어른들은 실수에 대한 부정적인 믿음을 바꾸어야 한다. 그래야 루돌프 드레이커스가 '불완전할 수 있는 용기'라고 칭한 모델로서의 역할을 할 수 있다. 다음의 내용은 '불완전할 수 있는 용기'의 모델이 되는 훌륭한 방법이다.

실수에서 회복하는 세 가지 R

1. Recognize(인정)
   ▶ "이런! 내가 실수를 저질렀네."
2. Reconcile(화해)
   ▶ "내가 사과할게."
3. Resolve(해결)
   ▶ "함께 해결 방법을 찾아보자."

실수를 무언가 나쁜 것으로 보는 것이 아니라 배움의 기회로 바라볼 때, 그 실수에 책임을 지는 일이 훨씬 더 쉬워진다. 실수를 부정적으로 바라보면, 우리는 스스로를 부적격한 존재라고 생각해 낙담하는 경향이 있다. 그리고 방어적이고, 책임 회피적이고, 이것저것 따지며 우리 자신은 물론 다른 사람들을 비판적으로 바라본다. 반면 실수를 배움의 기회로 바라보면, 실수를 인정하는 게 흥미진진한 모험처럼 보일 것이다.

'내가 이번 실수를 통해 무얼 배우게 될지 정말 궁금해.'

자기용서는 회복의 첫 번째 R에서 중요한 요소다.

우리가 자발적으로 사과하려고 할 때의 아이들 반응을 본 적이 있는가? 아이에게 미안하다고 말해본 적이 있는가? 그랬을 경우, 아이가 어떻게 반응했던가? 나는 이 질문을 전 세계를 돌아다니며 강연 중에 매번 물어본다. 반응은 보편적이다. 어른들이 진지하게 용서를 구할 때 아이들은 대부분 언제나 이렇게 말한다.

"괜찮아요, 엄마(아빠/선생님)."

아이들은 한순간 화가 나고 원망스러운 느낌을 받을 수 있지만(그리고 어른들은 분명 그런 대접을 받을 만할 것이다), 어른들이 "미안하구나"라고 말하는 순간, 곧바로 완전한 용서의 모드로 확 바뀐다.

회복의 처음 두 가지 R, 즉 인정과 화해는 세 번째 R, 즉 해결 방법을 찾는 작업을 위한 긍정적인 분위기를 만든다. 적대적인 분위기에서 해결 방법을 찾으려 노력한다면 아무런 성과도 거둘 수 없을 것이다.

대부분의 어른과 아이처럼 이 분야의 전문가인 나도 항상 아는 대로 실천하지는 못한다. 인간으로서 우리는 감정에 사로잡혀 이성을 잃어버리는 경우가 흔하다. 그럴 때 우리는 심사숙고해 행동하기보다는 아무 생각 없이 반응한다. 내가 긍정 훈육의 원칙을 좋아하는 이유는 제아무리 많은 실수를 저지른다고 할지라도, 내 실수로 인해 아무리 큰 곤경에 처한다고 하더라도, 나는 언제나 원칙으로 되돌아가 실수로부터 배우고 내가 불러일으킨 곤경을 깨끗이 정리할 수 있다는 점 때문이다. 그리고 이전보다 훨씬 더 잘해나갈 수 있다.

수많은 실수를 저지르기에, 나는 이 '실수에서 회복하는 세 가지 R'이라는 개념을 꽤 좋아한다. 다음은 내가 자주 인용하는 사례. 당시 여덟 살짜리 딸아이에게 내가 이렇게 말한 적이 있다.

"메리, 이 버르장머리 없는 녀석 같으니라고!"

(이 말이 부드럽고, 단호하고, 존엄성과 존중을 지닌 말처럼 들리는가?)

메리는 '실수에서 회복하는 세 가지 R'에 매우 익숙해 있었다. 그래서 이렇게 되받아쳤다.

"나한테 나중에 미안하다는 말 하지 마세요."

나는 이렇게 말했다.

"걱정할 필요 없어. 그런 말 안 할 테니까."

메리는 자기 방으로 달려가서 문을 쾅 닫아버렸다. 나는 곧 이성을 찾았다. 내가 무슨 짓을 저질렀는지 깨달았다. 그리고 딸아이 방으로 가서 사과했다. 딸아이는 여전히 토라져 있었다. 사과를 받아들일 준비가 되어 있지 않았다. 딸아이는 이 책의 구판을 한 권 가지고 있었는데, 검정색 펜으로 그 책에 밑줄을 긋느라고 아주 분주했다. 나는 딸아이의 어깨너머로 보았다. 딸아이가 책 한 귀퉁이에 '거짓말'이라고 써넣고 있었다.

나는 방을 나오며 생각했다.

'이런, 분명 언젠가는 또 한 권의 『존경하는 어머니 Mommie Dearest』*가 히트하겠군.'

내가 아주 커다란 실수를 저질렀다는 것을 뼈저리게 느꼈다.

약 5분이 지난 후, 메리가 내게로 다가왔다. 자기 손을 내 팔에 쭈뼛쭈뼛 올려놓으며 이렇게 말했다.

"미안해요, 엄마."

나는 이렇게 말했다.

"얘야, 나도 미안해. 사실 너를 버르장머리 없는 녀석이라고 불렀을 때, 내가 버르장머리 없는 사람이었단다. 엄마는 행동을 자제하지 못하는 너한테 화가 나 있었어. 하지만 나도 내 행동을 통제하지 못했구나.

---

* 할리우드의 여배우 조앤 크로퍼드는 1945년 「밀드레드 피어스」로 아카데미 여우주연상을 거머쥐었다. 하지만 그 후 알코올 중독과 거듭되는 이혼, 그리고 점점 인기를 잃어감으로 인해 우울증까지 걸렸다. 결국엔 입양한 딸 크리스티나 크로퍼드를 학대하기에 이르렀다. 이런 내용은 크리스티나가 자신을 학대했던 엄마에 대해서 쓴 『존경하는 어머니』에 고스란히 담겼다.

내가 너무 미안해."

메리가 말했다.

"괜찮아요, 제가 버르장머리 없이 굴었어요."

내가 말했다.

"음, 네가 그렇게 행동하도록 내가 만들었어."

메리가 말했다.

"음, 제가 무슨 짓을 했는지 알아요."

이런 일은 반복해서 일어났다. 어른들이 갈등을 초래한 자신의 행동에 책임질 때, 아이들은 보통 이처럼 자발적으로 따르려 한다. 그리고 스스로 책임을 지려 한다. 그러면서 책임감을 배운다.

며칠 후, 나는 메리가 전화기에 대고 친구에게 이렇게 말하는 걸 우연히 들었다.

"야 데비, 넌 정말 멍청해!"

메리는 자신이 무슨 말을 했는지 금방 깨닫고는 이렇게 말했다.

"미안해, 데비. 내가 너한테 멍청하다고 말했을 때, 그건 내가 멍청하다는 뜻이야."

메리는 실수로부터의 회복 원칙을 내면화했다. 그리고 실수는 배움의 멋진 기회라는 걸 깨달았다.

8. 사랑하는 마음을 확실히 전달하자

혼자 아이를 키우는 스미스 부인은 딸 마리아와의 문제로 도움을 청하기 위해 내게 전화를 걸어왔다. 스미스 부인은 마리아가 마약에 빠지지나 않을까 노심초사하고 있었다. 부인은 6개짜리 맥주 팩을 마리아 옷장 안에서 찾아내고는 맥주 팩을 들어 보이며 마리아를 다그쳤다.

"이게 뭐지?"

스미스 부인의 목소리는 분명 질문에 대한 답을 구하는 게 아니었다. 그건 아이를 꼼짝 못 하게 해 창피를 주려는, 이미 답이 정해진 질문이었다. 그 질문은 곧바로 거리감과 적개심을 불러일으켰다.

마리아가 빈정대며 대답했다.

"맥주잖아요, 엄마."

싸움이 고조되었다. 스미스 부인이 말했다.

"날 속이려 들지 마. 이게 뭐냐고?"

마리아가 아무렇지도 않다는 듯 말했다.

"엄마, 엄마가 지금 무슨 말 하는지 모르겠어요!"

스미스 부인은 이제 덫을 느슨하게 할 준비가 되었다.

"이 맥주를 네 옷장 바닥에서 찾아냈어. 사실대로 말하는 게 좋을걸."

마리아가 갑자기 뭔가 생각해낸 듯 말했다.

"아, 깜빡 잊고 있었네요. 친구한테 주려고 숨겨놨어요."

스미스 부인은 빈정대며 말했다.

"아, 그래! 나보고 지금 그 말 믿으라는 거냐?"

마리아가 화난 듯 대답했다.

"엄마가 내 말을 믿든 안 믿든 상관없어요."

그러면서 마리아는 자기 방으로 들어가 방문을 쾅 닫아버렸다.

나는 부인이 마음속 진심 어린 사랑의 메시지를 이해하도록 도와주고 싶어 이렇게 말했다.

"맥주를 발견했을 때, 왜 그렇게 화가 났었나요?"

부인이 어리석은 질문이라고 생각한다는 걸 알 수 있었다. 이렇게 분개하며 대답했으니 말이다.

"아이가 문제에 빠지는 걸 원하지 않았으니까요."

"왜 아이가 문제에 빠지는 걸 원치 않는데요?"

이것이 나의 다음 질문이었다.

스미스 부인이 내게 전화한 걸 후회하고 있다는 걸 알 수 있었다. 화가 나서 이렇게 대답했으니까.

"아이가 자기 삶을 망치는 걸 원하지 않으니까요!"

부인이 여전히 자신의 마음속 메시지를 발견하지 못했기에 나는 끈덕지게 되물었다.

"그렇다면 왜 아이가 자기 삶을 망치는 걸 원하지 않는데요?"

부인이 마침내 극에 달했다.

"딸아이를 사랑하니까요!"

스미스 부인이 큰소리로 외쳤다.

마지막 질문은 부드럽게 물어보았다.

"따님이 엄마의 그 마음을 안다고 생각하시나요?"

스미스 부인은 억울했다. 딸자식을 사랑하는 마음을 전혀 전달하지 못했다는 것을 깨달았다.

다음 주, 스미스 부인이 전화를 걸어와 '실수에서 회복하는 세 가지 R'의 결합, 그리고 '서로가 승리하는 협력 전략 4단계'를 어떻게 활용했는지 들려주었다.

그 일이 있고 난 다음 날 저녁 마리아가 집에 돌아왔을 때, 부인이 문에서 딸아이를 맞이했다. 그리고 사랑의 마음에서 우러나오는 질문을 했다.

"마리아, 우리 이야기 좀 할까?"

마리아는 사납게 물었다.

"왜 이야기하고 싶은데요?"

(아이들이 어른의 이야기를 듣고, 어른의 태도가 변했다는 걸 믿기까지는 시간이 좀 걸린다.)

스미스 부인은 딸아이의 반응을 이해했다. 딸아이의 퉁명스러운 태도에 맞대응하는 대신에 마리아의 세계로 들어가 딸아이가 어떻게 느낄지 생각해보았다.

"내가 지난밤 맥주 팩 때문에 너한테 고함쳤을 때, 너는 엄마가 네 입장을 전혀 고려하지 않는다고 생각했을 거야."

그 순간, 마리아는 이해받았다는 느낌에 서럽게 울음을 터트렸다. 목소리에 비난과 떨림을 담아 딸아이가 말했다.

"맞아요. 난 내가 아무것도 아닌 존재라고, 엄마를 괴롭히기나 하는 사람이라고 느꼈어요."

스미스 부인이 말했다.

"네가 왜 그렇게 느꼈는지 알아. 사랑을 조금도 보여주지 않고 내가 화만 냈는데, 네가 달리 어떻게 느낄 수 있었겠니?"

마리아의 호전적인 태도는 눈에 띄게 달라졌다. 사랑의 본심이 마침내 딸아이에게 전달되었다. 부인도 이걸 느낄 수 있었다. 부인은 계속 말을 이어갔다.

"어제 너한테 화냈던 거 정말 미안하구나."

거리감과 적대감은 이제 친밀감과 신뢰로 바뀌었다. 마리아는 이렇게 반응했다.

"괜찮아요, 엄마. 정말로 친구를 위해 그걸 숨겨놨어요."

그러자 스미스 부인은 이런 이야기를 들려주었다.

"마리아, 난 정말 너를 사랑한단다. 때때로 네가 스스로에게 상처 되는 일을 저지르면 어쩌나 겁이 나. 난 너무 두려웠어. 다 너를 사랑하기 때문이라는 걸 깜빡하고 자주 얘기하지 못했어."

스미스 부인은 마리아를 꼭 안아주며 말했다.

"나한테 기회를 한 번 더 줄래? 대화를 통해, 서로에 대한 사랑과 관심으로 둘이 함께 문제를 해결할 수 있지 않을까?"

마리아가 말했다.

"물론이고말고요. 정말 멋질 것 같아요."

스미스 부인은 그날 밤 둘이서 가족회의를 시작했다고 알려주었다. 부인은 기분이 좋았다. 사랑과 협력의 분위기가 확립되었고, 그것이 딸과의 관계를 완전히 바꾸어놓았기 때문이다.

이 장에서 보여준 사례들은 어른의 그릇된 행동이 자녀의 그릇된 행동에 어떻게 영향을 미치는지 잘 보여주고 있다. 어른이 자신의 행동을 바꿀 때, 아이도 행동을 바꾸게 된다. 그리고 어떤 경우든 어른이 사랑하는 마음을 확실히 전달되도록 할 때, 긍정적인 결과는 물론이거니와 훨씬 더 큰 기쁨을 누리게 된다.

지금까지 설명한 아들러의 여덟 가지 개념은 긍정 훈육법을 시행하는 데 필요한 행동을 이해하고, 태도와 방법을 익히는 기초가 된다. 또한, 아이들이 세상 속 모험에 필요한 삶의 기술, 인성 계발에 도움을 주는 태도와 기술을 어른들이 가르쳐주는 방법이기도 하다.

리뷰

긍정 훈육의 도구들

01. 아이들을 휘어잡기 위해 에너지를 낭비하는 대신에 아이들 스스로 올바른 선택을 하게 돕자.

02. 아이들이 자존감을 높일 수 있도록 '일곱 가지 중요 능력'을 익히고 훈련할 기회를 주자.

03. '요구하기'보다는 아이들이 문제 해결에 참여할 수 있도록 '물어보기' 시작하자.

04. '서로가 승리하는 협력 전략 4단계'를 활용하자.

05. 말과 행동 뒤에 숨어 있는 감정이 말과 행동보다 훨씬 더 중요하다는 것을 명심하자.

06. 꼭 해야 하는 집안일, 그리고 그 계획을 위한 브레인스토밍에 아이를 참여시키자.

07. 아이를 응석받이로 키우지 말자. 그래야 아이가 자신의 능력에 대한 믿음을 키울 수 있다.

08. 실수는 배움의 멋진 기회라는 걸 가르치고 실천하자.

09. '실수에서 회복하는 세 가지 R'을 가르치고 실천하자.

10. 사랑하는 마음이 확실히 전달되도록 하자.

교사와 부모를 위한 긍정 훈육

01. 아이들을 휘어잡는 것과 아이들 스스로 올바른 선택을 하도록 돕는 것의 차이점은 무엇인가?

02. '서로가 승리하는 협력 전략 4단계'는 무엇인가? 당신이 지금 아이와 겪고 있는 문제를 생각해보자. 이 상황에서 협력 전략 4단계를 어떻게 적용할 수 있을까?

03. 아이에게 효과적인 긍정적 접근법에 필요한 중요한 태도는 무엇인가?

04. 사회적 존재가 된다는 것은 무슨 의미인가?

05. 모든 행동이 지향하는 최우선적인 목표는 무엇인가?

06. 아이들이 때때로 자신의 최우선적인 목표를 성취하는 것과는 정반대로 행동하는 이유는 무엇인가?

07. 그릇된 행동을 하는 아이들은 그런 행동을 통해 우리에게 무엇을 말하려고 하는가?

08. 우리가 아이들의 그릇된 행동 뒤에 숨겨진 메시지를 기억할 경우, 우리의 행동은 어떻게 달라질까?

09. 사회적 책임이란 무엇인가? 아이들이 사회적 책임을 기르는 것이 왜

중요한가?

10. 아들러는 평등을 어떻게 보았는가?

11. 긍정적 접근법에서는 왜 수치심을 배제하는가?

12. 실수의 목표는 무엇인가?

13. 우리가 불완전한 존재라는 사실을 받아들이는 게 왜 중요한가?

14. 아이들에게 실수란 수치스러운 것이 아니며, 오히려 그것이 배움의 기회라는 걸 가르치는 것이 왜 유용할까?

15. '실수에서 회복하는 세 가지 R'은 무엇인가? 토론해보자.

16. 마음의 문을 활짝 열게끔 하는 가장 핵심적인 개념은 무엇인가? 당신이 사랑의 메시지로 시작했을 때, 아이들과의 관계가 어떻게 달라졌는지 사례를 들어보자.

3장

아이를 이해하려면
출생 순위의 특성을 알아야 한다

가족 내 자녀의 출생 순위가 얼마나 중요한지 알면 '아이의 세계'로 들어가 아이를 좀 더 제대로 이해할 수 있을 것이다.

아이들은 언제나 자신이 직접 겪은 경험을 해석해 결정을 내리고, 자신과 타인 및 세상에 대한 믿음을 형성해나간다. 또한, 이런 결정 그리고 자신의 생존과 성공에 필요하다고 믿는 것을 바탕으로 행동한다. 형제자매와 비교해봤을 때 형제자매가 특정한 분야에서 뛰어난 능력을 보인다면, 아이들은 다음과 같은 생존 전략을 선택한다.

- 전혀 다른 분야에서 능력을 계발한다.
- 다른 형제자매보다 더 잘할 수 있도록 경쟁한다.
- 반항적이 되거나 복수심에 불탄다.
- 경쟁 자체가 되지 않는다고 믿기에 아예 포기해버린다.

교사와 부모를 위한 긍정 훈육

한 식구로 살아간다는 것은 어찌 보면 연극에서 한 가지 역할을 담당하는 배우와 비슷하다. 출생 순위는 연극에서의 각기 다른 역할과 같다. 각자에게 명확하고 분명한 캐릭터가 부여된다. 그러므로 만약 한 아이가 이미 '착한 아이'의 역할을 맡고 있다면, 다른 아이는 반항적인 아이, 학구적인 아이, 운동 잘하는 아이, 사교성이 뛰어난 아이 등…… 다른 배역을 찾아야 한다고 생각한다.

이렇게 의문을 제기할지도 모르겠다.

"왜 그래야 하지요? 말도 안 돼요. 왜 모두가 다 함께 잘할 수 있다는 걸 모를까요?"

첫째, 일반 법칙에는 예외가 있다는 걸 주목해야 한다. 한 가족 안에서 모든 아이가 같은 분야에서 두각을 나타내는 경우도 있다. 특히 경쟁 대신 협력의 분위기가 조성된 가족의 경우가 그렇다. 하지만 대부분의 아이는 소속감을 느끼고 자신이 중요한 존재라는 느낌을 받기 위해서는 자신이 남달라야 한다고 믿는다. 이것이 이치에 맞는지 아닌지 따지는 건 도움이 되지 않는다. 아이들은 흔히 자신의 출생 순위를 바탕으로 특정한 결론을 내린다는 사실을 이해해야 한다.

출생 순위가 같은 사람들보다는, 같은 부모에게서 왔으니 형제자매끼리 비슷한 점이 더 많은 게 논리적으로 보일 수 있다. 하지만 현실은 정반대다. 한 집안의 형제자매가 극단적으로 다른 성격을 드러내는 경우가 비일비재하다. 제아무리 부모가 같고, 같은 집에 살고, 같은 이웃과 더불어 살아간다고 하더라도 말이다. 물론 한 가족이라고 하더라도 살아가는 환경이 완전히 똑같다고 할 수는 없다. 가족 내에서 가장 큰 요인은 각각의 아이가 자신을 둘러싼 환경을 어떻게 해석하는가 하는 점이다. 그리고 자신을 형제자매들과 어떻게 비교하느냐에 달려 있다.

우리가 2장에서 본 것처럼 대체로 아이들의 이해력은 훌륭하지만, 그것을 해석하는 데에는 서툴다. 이것은 출생 순위에 대한 연구에서 아주 분명하게 드러난다. 실제로 무슨 일이 벌어졌는가, 이것은 아이가 특정한 상황을 어떻게 받아들였느냐와 비교해 그다지 중요하지 않다. 행동은 해석에 따라 달라진다. 출생 순위가 같은 아이들은 자신에 대해, 그리고 소속감과 중요성을 느끼기 위해 어떻게 행동해야 하는지 비슷하게 해석하는 경향이 있다. 이 때문에 출생 순위가 같은 사람들이 유사한 개성과 행동을 보이는 것이다.

출생 순위만으로 인격 형성을 완전히 설명할 수는 없다. 하지만 출생 순위가 중요한 요소인 것만은 틀림없다. 사람들 사이의 유사성과 독특성을 이해하는 데 도움이 되는 여러 가지 이론이 있다. 그중 하나가 체스Chess와 토머스Thomas의 '아홉 가지 기질 이론'이다. 체스와 토머스는 아이들이 나름의 특정한 개성을 갖고 태어나며, 이것은 평생 지속된다고 주장한다. 이런 특성이 무엇인지, 이것이 긍정 훈육과 어떤 관련이 있는지는 『취학 전 아동을 위한 긍정 훈육Positive Discipline for Preschoolers』에서 구체적으로 다룬 바 있다. 이스라엘 심리학자 니라 케퍼Nira Kefir가 개발한 '삶의 우선순위 이론Lifestyle Priority theory'은 아이들의 개성에 영향을 미치는 요인을 설명해준다. 이 이론은 어른들이 스트레스를 받을 때, 행동에 동기를 부여하는 안락함, 통제, 타인의 시선, 우월성 등 삶의 우선순위를 어떻게 선택하는지 잘 보여준다. 이런 삶의 우선순위가 아이들의 결정과 행동에 어떤 영향을 미치는지는 10장에서 다루도록 하겠다.

출생 순위(또는 개성과 관련한 이론들)를 배우는 목적은 꼬리표를 붙여 분류하거나 고정관념을 심어주려는 것이 아니다. 오히려 우리 자신과 아이들에 대한 우리의 지식과 이해력을 향상하는 데 도움을 주기 위함이다. 그리하여 아이들과의 관계에서 좀 더 효과적으로 행동할 수 있게 하려는 것이다.

첫째

● ●

첫째에게 나타나는 비슷한 성격을 추측하기가 가장 쉽다. 첫째는 변수가 가장 적은 위치에 있기 때문이다. 예를 들어, 중간 아이가 될 가능성은 매우 크다. 셋째 중에 둘째, 일곱째 중에 중간(셋째나 넷째) 중 하나가 될 수 있으니 말이다. 막내는 첫째처럼 예측 가능한 유사성이 거의 없다. 외동은 막내처럼 응석받이로 자랐는지 또는 첫째처럼 책임감을 많이 지녔는지에 따라 첫째 또는 막내와 비슷한 점이 많다.

첫째들이 전부 같은 판단을 내리지는 않는다. 게다가 모두 다 똑같은 건 아니다. 이것은 모든 중간 아이들, 모든 외동 또는 모든 막내의 경우도 마찬가지다. 우리는 모두 독특하다. 그리고 유사성이 있는 것처럼 차이점도 많이 있다. 하지만 동일한 출생 순위의 아이들은 상당히 유사한 특성을 띠는 경향이 있다.

이 책을 더 읽어나가기 전에, 눈을 감고 당신이 첫째, 막내, 중간 아이를 묘사할 때 떠올리는 형용사를 생각해보자. 첫째를 묘사하는 건 쉽다. 예를 들어, 책임감 있고, 리더 기질이 있고, 보스 기질이 있고(비록 마음속으로는 다른 사람들이 자신의 이익을 위해 훨씬 더 잘하기를 바란다 할지라도), 완벽주의자이고, 비판적이고(자신과 다른 사람들에 대해), 순응주의자이고, 조직적이고, 경쟁적이고, 독립적이고, 위험을 무릅쓰지 않으려하고, 보수적이고 등……. 첫째는 제일 먼저 태어났기에, 자신이 중요한 존재가 되기 위해서는 첫 번째 혹은 최고가 되어야 한다는 그릇된 해석을 하는 경우가 많다. 이것은 여러 가지 다양한 방식으로 드러날 수 있다. 어떤 아이들에게는 학교 숙제를 제일 먼저 제출하는 게 가장 중요해 보일 수 있다. 비록 숙제를 얼렁뚱땅하더라도 말이다. 반대로, 어떤 아이들은 숙제를 맨 나중에 끝낼지도 모른다. 숙제를 가장 잘하기 위해 엄청난 공을 들이기 때문이다.

막내

보통 막내에 대해 처음으로 떠올리는 특성은 버르장머리가 없다는 것이다. 부모는 물론이고 다른 형제자매가 막내를 애지중지 보살핀다. 이것이 막내로 하여금 자신이 중요한 존재가 되기 위해서는 자신에게 유리하도록 다른 사람들을 지속적으로 조종해야 한다는 잘못된 해석을 하게끔 만들 수 있다. 막내는 흔히 다른 사람들이 자신을 위해 무언가를 하도록 부추길 수 있는 자신의 장점을 활용하는 데 상당한 기술이 있다. 막내들은 대부분 창조적이고 장난기가 많다. 창조성, 에너지 그리고 지력의 상당 부분을 능수능란하게 이용해 중요한 무언가를 이루어낸다.

흔히 막내는 부모의 사랑을 받고 형제자매의 질투를 받는 혼란스러운 위치에 있다. 응석받이로 자란 아이들에게 나타나는 가장 커다란 위험은 제대로 보살핌을 받지 못하거나 자신이 원하는 것을 얻지 못할 때, 삶을 불공평한 것으로 해석해버린다는 점이다. 막내들은 이런 불공평한 상황에 마음의 상처를 입는 경우가 많다. 그리고 자신이 버럭 화를 낼 권리가 있다고 생각한다. 스스로를 유감스러워하거나 다른 사람들에게 해를 가하고 상처를 입혀 보복하려 한다. 그래서 막내들은 이런 믿음을 쌓아갈지도 모른다.

"다른 사람들이 나를 돌봐줄 때 내가 사랑받고 있다는 느낌이 들어."

막내는 학교생활에 적응하는 데 문제가 있을 수 있다. 집에서 받던 대접을 선생님이 계속해주어야 한다고 느낄 뿐만 아니라, 선생님이 자신을 위해 제대로 알아야 한다고 생각할 수도 있다. 막내들은 의식적으로 이렇게 말한다.

"선생님, 내 신발 끈 좀 매주세요."

무의식적으로, 이런 행동을 통해서 이렇게 말하고 있는 거다.

'그리고 그렇게 하는 동안 제발 나에 대해 제대로 아세요.'

"난 할 수 없어요", "나한테 보여주세요"와 같은 말은 흔히 '나를 위해 그거 해주세요'라는 뜻이다.

초등학교 상담교사로서 나는 학습 환경에 적응하는 데 어려움을 겪고 있는 수많은 아이와 대화를 나눴다. 이런 아이들에게 나는 언제나 이렇게 물어보았다.

"아침에 누가 옷 입혀주었니?"

예상할 수 있듯, 거의 대부분 옷을 입혀주는 사람이 있었다. 엄마나 아빠, 아니면 언니나 오빠 말이다.

나는 유치원이나 놀이방에서 일하는 대학생들을 많이 알고 있다. 10년 동안 이 학생들은 자신이 일하는 곳의 아이들을 조사했는데, 그 결과 아침에 옷을 직접 입는 아이는 매우 드물었다.

아이들은 두 살 내지 세 살 정도부터 스스로 옷을 입을 수 있다. 입기 편한 옷이고, 옷 입는 법을 배웠다면 말이다. 부모가 아이들에게 세 살

이후에도 계속해서 옷을 입혀준다면, 그것은 아이들이 책임감, 자립심, 자신감을 발달시킬 기회를 빼앗아버리는 것이다. 아이들로 하여금 스스로 할 수 있다는 믿음을 키울 수 없게 만드는 것이다. 오히려 이런 아이들은 다른 사람들이 자신을 위해 무언가를 해줘야만 소속감을 느끼게 된다. 자신의 능력에 대한 믿음이 없다면, 아이들은 학교에서 훌륭한 학습자가 되지 못한다. 아울러 인생의 성공에 필요한 기술을 배우지 못한다.

과잉보호가 아이들에게 큰 해악을 끼침에도 불구하고, 왜 부모들은 과잉보호를 하는 걸까? 그것이 아이들에게 사랑을 보여줄 수 있는 최선의 방법이라고 많은 부모가 확신하고 있기 때문인 것 같다. 아이들이 냉정하고 잔인한 세상에 적응할 시간은 앞으로도 충분하니, 가능한 한 오랫동안 편안하고 신나게 살도록 내버려 두는 게 뭐가 이상하냐고 주장하는 사람들도 있다. 이렇게 생각하는 부모는 오랜 시간에 걸쳐 쌓아온 믿음, 습관, 개성을 한꺼번에 바꾸기가 얼마나 힘든지 제대로 알지 못한다. 아이 때 발달시킨 믿음은 어른으로서 우리 삶의 '청사진'이 되어버린다. 이런 믿음은 더 이상 아무런 의미가 없을 때까지도 버젓이 살아 있다.

부모가 아이를 과잉보호하는 또 다른 이유는 그쪽이 훨씬 수월하기 때문이기도 하다. 소위 '훌륭한' 부모가 해야 할 일이라고 생각한다. 자신이 경험했던 어린 시절의 어려움을 자식들만큼은 경험하지 않도록 해주기 위함이다. 그러나 그것은 소중한 삶의 기술을 배울 수 있는 기회를 아이들에게서 빼앗아버리는 것이다. 그리고 그것이 불러올 장기적인 효과를 진지하게 고민하지 못했기 때문이다. 아이가 스스로 하도록 내버려 둘 '시간이 없다'고 호소하는 부모를 만날 때마다 나는 번번이 놀라곤 한다. 이런 부모는 나중에 자녀가 더 나은 삶의 기술과 태도를 발달시키지 못한 것을 알고는 굉장히 낙담하고 좌절하고 말 것이다. 삶의 기술은 자동으로 길러진다고 여기는 것일까? 아이가 가장 좋은 것을 갖기를 바라는 부모라면 시간의 우선순위를 재검토해봐야 한다.

'슈퍼맘'이 아이들을 위해서는 그다지 바람직하지 않다는 걸 이해해야 한다. 자녀를 과잉보호할 때 우리는 아이들에게 커다란 피해를 끼친다. 2장에서 살펴본 대로 "아이가 스스로 할 수 있는 일을 아이를 위해 절대 해주지 마라"라고 드레이커스가 말한 이유가 바로 여기에 있다. 그렇다고 자녀를 위해 아무것도 해주지 말라는 게 아니다. 자신이 얼마나 능력 있는 사람인지 제대로 배우지 못하면 아이는 자신의 능력을 충분히 발휘하지 못한다.

부모가 훈련 시간을 갖은 뒤 이런 기술을 실천에 옮겨 아이들이 책임감과 자신감을 기를 수 있게 해줄 때, 아이들은 소중한 삶의 기술을 익힐 수 있다. 나중에 스스로 돌보는 법을 얼마든지 배울 수 있다고 생각하는 건 큰 오산이다. 지체되면 지체될수록 소속감과 중요성을 얻을 수 있는 방법에 대한 자신의 생각을 바꾸기는 더욱더 힘들어진다.

막내들 중 상당수가 삶에 대해 전적으로 다른 해석을 한다. 막내들은 자신이 중요한 사람이 되기 위해서는 자기보다 앞선 모든 사람을 따라잡아야 하고 그들을 뛰어넘어야 한다고 잘못 인식하고 있는 경우가 흔하다.

둘째

· ·

중간에 낀 아이들, 즉 둘째의 개성을 일반화하기는 매우 힘들다. 이 아이들의 위치가 제각각 다르기 때문이다. 이 아이들은 형이나 누나의 특권도 갖지 못하고 동생들이 누리는 혜택도 얻지 못한 채 어중간하게 가운데 끼어 있다는 느낌을 받는다. 이것은 자신이 중요한 인물이 되기 위해서는 어떤 식으로든 달라야 한다고 잘못 해석하는 그럴듯한 동기가 되기도 한다. 그래서 과잉성취 또는 과소성취와 같은 다른 형태를 취할 수도 있다. '파티에 잘 어울리는 사람' 또는 '파티에 잘 어울리지 못하는 사람', '이유 있는 반항' 또는 '이유 없는 반항' 등.

많은 아이가 형제자매보다 훨씬 더 느긋한 편이다. 둘째 대부분은 패자에 대한 감정이입이 강한 편이다. 패자와 자신을 동일시하기 때문이다. 이 아이들은 훌륭한 중재자가 되기도 한다. 보수적인 언니나 오빠에 비해 훨씬 더 자유분방한 경우도 많다.

외동

· ·

앞에서 설명했듯이, 외동은 첫째 또는 막내와 특징이 유사하다. 물론 몇 가지 차이점이 있다. 첫째와 비슷하다면, 완벽주의적인 성향이 덜할 것이다. 누군가 자신의 위치를 위협하며 뒤에서 자신을 따라오고 있다는 압박감을 느끼지 못하기 때문이다. 하지만 완벽주의가 약화되었다고는 하나 이 특징을 완전하게 없애지는 못한다. 외동은 흔히 자신에 대한 부모의 높은 기대를 한몸에 받고 있다. 가족 내에서 유일한 아이로 자라왔기 때문에 혼자 있기를 갈망하고 고독을 음미하는 경우가 많다. 아니면, 고독과 외로움을 두려워할지도 모른다. 그들에게는 첫째가 되는 것보다는 유일한 존재가 되는 게 더 중요할지도 모른다.

최초의 우주비행사들 모두가 첫째, 심리적 첫째 또는 외동 중 하나였다. 외동아들이었던 닐 암스트롱은 달 표면을 걸은 최초의 인간이라는 독특한 경험을 했다.

출생 순위에 대한 정보가 아이들을 이해하고 아이들을 보다 잘 다루는 데 어떤 도움이 될까? 아이들의 출생 순위를 알면, 아이의 견해와 세상을 보는 관점을 어느 정도 추측할 수 있다. 또한 교사와 부모는 과잉보호를 피할 수 있고, 첫째에게는 언제나 최고가 되지 않아도 괜찮다고 생각하게 해주고, 중간에 낀 아이들한테는 압박감을 덜 느끼게 도와줄 수 있다. 또한, 아이들 각각의 세계를 이해하는 게 얼마나 중요한지 알 수 있다.

예외의 상황들

이 규칙에는 여러 가지 예외적인 요인이 작용한다. 하나는 성性이다. 첫째와 둘째 아이의 성이 다를 경우, 둘은 모두 첫째의 특성을 드러낸다. 특히 가족 안에서 성 역할에 대한 명확한 구분이 있는 경우 그렇다. 둘은 모두 자신의 성 역할 안에서 첫째로서의 책임을 당연한 것으로 받아들인다. 예를 들어 첫째가 남자라면, 그 아이는 남자로서의 역할 안에서 맏아들로서의 특성을 띤다. 둘째가 딸아이라면, 그 아이는 여자로서의 역할 안에서 맏딸로서의 특성을 드러낸다.

만약 셋 이상의 형제자매가 있는 집안에서 첫째와 둘째가 동성이라면, 이 둘 사이의 차이는 매우 클 수도 있다. 동성의 첫째와 둘째는 완전히 정반대의 성향을 보이는 경우가 많다. 나이 차이가 덜 나면 덜 날수록 그 차이는 더욱더 확실해진다.

두 아이가 네 살 이상 차이 날 경우, 아이들은 서로에게서 영향을 덜 받는다. 나이 차이가 많이 날 경우, 아이들은 경쟁심을 덜 느낀다. 가족 내에 다섯 명의 아이가 있고 그 아이들의 나이 차이가 네 살 이상일 경우, 아이들은 각자 외동 또는 첫째에 가까운 특성을 드러내기도 한다. 이들은 '심리적인 첫째' 또는 '심리적인 막내'가 된다. 열아홉 살, 열일곱 살, 열다섯 살, 아홉 살, 일곱 살, 세 살, 한 살 이렇게 일곱 명의 아이가 있는 가족의 경우라면, 거기에는 한 명의 실제적 첫째가 있다. 아홉 살짜리와 세 살짜리 아이들은 심리적으로 첫째다. 그들보다 위에 있는 형제자매와는 네 살 이상 나이 차이가 나기 때문이다.

그리고 이 가정에는 한 명의 실제적 막내와 두 명의 심리적 막내가 있다. 열다섯 살짜리와 일곱 살짜리가 심리적 막내에 속하는데, 다음 형제자매가 태어나기 전에 4년 이상 막내로 자라왔기 때문이다. 아이가 4년 이상 같은 순위에 있게 되면, 그 아이는 삶과 자신에 대해, 그리고 어떻게 소속감과 중요성을 찾는지에 대해 나름대로의 해석이 이미 형성되었다.

물론 가족 구성원이 바뀔 때 이 또한 바뀔 수 있다. 하지만 완전히 바뀌지 않는 것이 보통이다. 언니, 오빠가 대학에 입학해 집을 떠날 때 어떤 일이 벌어지는지 관찰해보면 무척 흥미롭다. 둘째 아이가 크게 달라질 것이다. 더 많은 책임을 짊어지게 되지만 완벽주의의 정도는 덜하다. 다른 아이가 식구로 들어올 때 첫째 또는 막내가 자신의 위치를 잃게 되면 매우 당혹스러워한다. 한때는 첫째였던 아이가 갑자기 막내 또는 중간에 낀 아이로 역할이 바뀔 수 있기 때문이다. 어린아이가 가족 구성원으로 들어올 때 막내는 '응석받이'로서의 자신의 위치를 갑자기 잃어버릴 수도 있다. 만약 이런 아이들이 이해를 받고 있다고 느끼고 가족회의에 참여한다면 큰 도움이 된다(9장에서 자세히 다루겠다). 그러면 문제 해결 과정에 참여해 소속감과 중요성을 느낄 수 있다.

또 다른 예외로, 아이들이 전형적인 위치 캐릭터를 제멋대로 바꾸는 경우다. 둘째 아이가 열심히 노력해 첫째를 추월하면, 첫째는 포기하고 전형적인 첫째로서의 캐릭터를 내준다. 완벽주의에 대한 확실한 표시는 포기다. 이 아이는 이렇게 결심한다.

'최고나 첫째가 될 수 없는데, 뭐 하러 굳이 애를 써?'

이렇게 '포기'하고 둘째에게 자리를 내준 첫째 아이는 인생의 '낙오자'가 될지도 모른다. 많은 부모는 이런 설명이 둘째에 의해 권좌에서 내몰린 첫째의 입장을 이해하는 데 큰 도움이 되었다고 한다. 이런 점을 이해하면 첫째에게 분노와 좌절을 드러내는 대신, 따뜻하게 격려해줄 수 있을 것이다.

또 하나의 예외 요인, 가족의 분위기

또 하나의 예외적인 요인은 가족의 분위기다. 가족의 분위기는 차이를 극대화 또는 극소화할 수 있다. 경쟁이 높이 평가되는 가정 내에서라면(미국 내의 많은 가정처럼), 차이점은 늘어난다. 협력이 높이 평가되는 가정 내에서라면, 차이점은 줄어든다. 육아 방법에 대해 부부가 서로 의견이 다를 경우, 자신들이 경쟁적인 가족 분위기를 만들고 있다는 사실을 많은 부모가 깨닫지 못하고 있다. 반면, 육아 방법에 대해 부부간에 의견일치를 보이는 경우에는 협력적인 가족 분위기를 끌어낸다.

앞에서 언급했듯이, 거의 언제나 중요하게 여겨지는 일반 법칙은 '아이들의 성이 같고 나이 차이가 별로 나지 않는다면, 첫째와 둘째는 확연히 다르다'는 것이다. 하지만 이와 정반대의 경우도 있다.

자기보다 18개월 먼저 태어난 언니를 둔 한 여자와 인터뷰를 하며 처음에 나는 자매의 성격이 극단적으로 다를 것이라고 추측했다. 하지만 인터뷰를 통해 이런 추측이 잘못되었다는 것을 알게 되었다. 둘은 매우 비슷했다. 부모와 관련된 설문에 다다랐을 때, 나는 내가 먼저 알아맞혀도 되겠냐고 물어봤다. 그러고는 부모님이 서로를 무척 사랑하고 협력적일 것이라고 말했다. 부모는 자녀 육아 방법에 의견일치를 보이고, 아이들은 자신들이 사랑받고 있으며 공정하게 대우받고 있다고 느낄 거라 말했다. 그 여자는 깜짝 놀라며 그걸 어떻게 알았느냐고 물었다. 물론 이것은 가족의 분위기가 미치는 영향에 대한 지식에 기초한 것이었다. 18개월 나이 차이가 있는 자매가 정반대가 아니라 유사한 성격을 보인다면, 부모가 경쟁보다는 협력의 분위기를 만들어주었다는 것을 충분히 미루어 짐작할 수 있기 때문이다.

출생 순위에 따른 아이 격려하기

학교에서도 이 출생 순위에 대한 정보가 교육에 어려움이 있는 학급에 사용되어 도움이 되어 요긴했다. 이 경우 학급에 막내 또는 심리적인 막내가 많다.

어느 초등학교에서 한 무리의 아이들이 선생들을 당혹스럽게 만들었다. 이 아이들이 2학년이 되었을 때, 선생이 은퇴를 심각하게 고민할 정도였다. 이 아이들이 3학년이 되었을 때, 선생은 여름방학까지 도저히 견딜 수가 없었다. 마침내 4학년 선생이 출생 순위를 조사해봤더니, 이 아이들 중 85퍼센트가 막내라는 사실이 밝혀졌다. 그들 중 상당수가 오랫동안 특별한 관심을 갈구하고 있었다. 이에 선생은 학급회의를 활용해 아이들의 문제 해결 능력을 향상해주고, 아이들은 서로를, 그리고 자기 자신을 도울 수 있는 방법을 배우게 되었다.

5학년의 무어 선생은 출생 순위와 독서 그룹을 주제로 석사학위 논문을 썼다. 선생은 최고의 독서 그룹에 속하는 첫째와 외동, 최하의 독서 그룹에 속하는 막내의 비중이 상당히 크다는 사실을 발견했다. 무어 선생은 자신이 질문하는 동안 각각의 그룹에서의 반응을 기록했다. 상위 그룹 아이들은 서로 먼저 대답하려 경쟁하며 손을 들었다. 중간 그룹 아이들은 보다 느긋했다. 하지만 어떤 아이들은 자주 대답을 하곤 했다. 하위 그룹 아이들은 이해력 부족과 더 많은 도움이 필요하다는 것이 드러났다.

무어 선생의 학급에는 학습 능력이 가장 뒤처지는 학생이 한 명 있었다(이 아이를 존이라고 부르기로 하자). 선생은 존의 아이큐가 낮을지도 모른다고 생각했다. 그래서 먼저 심리테스트를 해보았다. 그러고는 면담을 통해 존이 막내라는 사실을 알아냈다. 더욱 흥미로운 점은 존에게는 조지아, 로베르타, 파울라라는 세 명의 누나가 있었고, 식구들 모두가 존을 '존 왕'이라고 부른다는 사실을 알아냈다. 이 정보를 바탕으로 무어 선생은 자신의 경험에 입각해 이 가족 내에서 존이 심한 응석받이일지도 모른다고 추측했다. 그렇다면 존이 무엇 때문에 무엇이든 자발적으로 하려고 하겠는가? 존이 천부적인 재능을 타고났다는 심리학자의 얘기를 들었을 때, 선생의 직감은 들어맞았다. 존은 자신의 모든 지능을 자신의 매력적인 조종 기술을 갈고닦는 데 활용해왔던 것이다.

선생은 존과 차분하게 마주 앉아 존이 매우 유능한 아이이며, 상위 독서 그룹에서 잘 해낼 수 있을 거라고 말했다. 선생은 존을 상위 그룹으로 옮겼고, 존은 선생의 기대를 저버리지 않았다. 더 이상 선생을 속일 수 없다는 걸 알았다.

존에게 게임이 끝났음을 알렸을 때 무어 선생의 태도를 주목해야 한다. 선생은 훈계조로 이렇게 말하지 않았다.

"난 네가 더 잘 할 수 있다는 거 알아."

하지만 이렇게 말했다.

"존, 네가 얼마나 유능한 아이인지 알게 되었어. 너를 상위 독서 그룹으로 옮길 거야. 나는 너의 능력을 전폭적으로 신뢰하고 있거든. 너는 거기서도 틀림없이 잘 해낼 거야."

부모가 이렇게 말했을 때 어떤 아이가 증오심을 품겠는가?

"네가 노력만 한다면, 넌 더 잘 할 수 있어."

이 말 뒤에 숨어 있는 태도는 흔히 훈계조이거나 실망했다는 뜻 중 하나다. 이런 태도는 아이들의 의욕을 꺾을 뿐이다.

첫째에게 노력만 하면 더 잘 할 수 있다고 말할 경우, 아이는 의욕을 상실할 수 있다. 첫째가 자신의 가능성만큼 해낼 수 없는 이유는 지나치게 완벽을 추구하고, 때때로 지나친 긴장을 불러일으키기 때문이다. 둘째들에게 노력하면 더 잘 할 수 있다고 하면, 의욕을 꺾게 만들 수도 있다. 그건 이미 그 분야에서 모든 것을 독점하고 있는 언니, 오빠만큼 잘 해낼 수 없다는 자신의 잘못된 해석 때문이다. 막내들은 자신이 더 잘 할 수 있다는 이야기를 별로 달가워하지 않는다. 다른 사람들이 자신을 돌봐줄 때 자신은 소속감과 중요성을 느낀다는 그릇된 해석 때문이다. 무어 선생의 접근법은 존에게 들어맞았다. 낙담 대신 격려의 태도로 일관한 선생의 방식 때문이었다.

출생 순위에 대한 지식은 부모 또는 교사인 당신이 아이의 세계로 들어가도록 돕는다. 당신이 아이를 이해할 수 있고 아이의 견해를 존중한다는 것을 아이가 알게 하는 것이야말로 최고의 격려가 되는 행동이다.

"네 기분이 어떤지 나도 잘 알아"라고 말하는 것은 "글쎄, 네가 그러는 건 당연해. 너는 첫째(둘째/막내/외동)니까"라고 비난하고 힐책하는 것과는 차원이 다르다.

다음의 마크와 아빠 이야기는 출생 순위에 대한 이해를 돕는 데 큰 도움이 될 것이다. 마크는 첫째로, 게임에서 지는 걸 견디지 못한다. 여덟 살이 될 때까지 아빠는 언제나 마크가 체스 게임에서 이길 수 있도록 해줌으로써 마크의 이런 태도에 일조했다. 아빠가 그렇게 한 이유는 마크가 화가 나 우는 모습을 보고 싶지 않았기 때문이다. 출생 순위의 중요성을 알고 난 뒤 아빠는 마크가 패배의 경험을 느껴보는 게 중요하다는 사실을 깨달았다. 그래서 게임에서 적어도 절반 이상은 이기기 시작했다. 마크는 처음에는 매우 기분이 나빴다. 하지만 곧 이기고 지는 법을 자연스럽게 배워나가기 시작했다. 아빠는 어느 날 중요한 시점이 되었음을 느꼈다. 마크와 공놀이를 하고 있을 때, 아빠가 공을 잘못 던졌다. 마크는 공을 놓치자 화를 내는 대신에 유머 감각을 발휘해 이렇게 말할 수 있었다.

"나이스 볼, 아빠. 내가 제대로 못 받았네요."

출생 순위와 결혼의 관계

결혼과 관련해 출생 순위 정보의 함축적 의미를 주의 깊게 살펴보면 매우 흥미롭다. 추측하다시피, 첫째와 막내 사이에는 서로 끌어당기는 힘이 존재하는 경우가 많다. 막내는 누군가 자신을 돌봐주는 걸 좋아하고, 첫째는 누군가를 돌보는 걸 좋아한다. 그러므로 환상의 짝꿍이라 할 수 있다. 하지만 아들러가 "배우자에 관해 불평을 말해보세요. 그러면 왜 처음에 그 사람과 결혼했는지 당신에게 말해줄 수 있어요"라고 말했듯이, 처음에 매력적으로 다가오던 특성이 나중에 오히려 분노를 불러일으키는 요인으로 작용하기도 한다.

이 경우 첫째는 배우자를 지나칠 정도로 책임져야 하는데, 그러다 보면 차츰 지치게 될지도 모른다. 그래서 배우자가 무책임하다고 비난할 수도 있다. 배우자의 바로 이런 점이 처음에는 매력적으로 보였다는 사실을 까맣게 잊은 채 말이다. 막내 또한 보살핌을 받는 것, 이것 해라 저것 해라 말을 듣는 것에 싫증을 낼지도 모른다. 문제는 배우자가 그것을 원할 때 첫째는 더 이상 해주고 싶지 않을 때이다.

첫째끼리 결혼할 경우, 그것은 스스로를 높이 평가하는 특징에 대한 존경 때문이다. 하지만 누가 책임을 질지, 또는 누가 정말로 최고의 방법을 알고 있는지 더 이상 의견일치를 볼 수 없을 때 문제가 불거지기 시작한다.

서로 비슷하다는 점 때문에 막내는 막내와 결혼할지도 모른다. 하지만 나중에 자신을 더 잘 돌봐주지 않는다고 상대에게 화를 낼 수도 있다.

둘째들은 그들이 얼마나 반항적이 되었는지, 또는 느긋하게 되었는지에 따라 어떤 상황에 적응하는 것이 가장 쉬울 수도 있고 가장 어려울 수도 있다.

이상의 모든 조합이 서로에 대한 이해, 상호 존중, 협력, 유머 감각을 지닐 때, 성공적일 수 있다. 내 둘도 없는 친구는 막내인데 막내와 결혼했다. 둘은 방학에 여행을 떠났는데 내 친구가 부인에게 모텔을 예약했는지 물었다. 부인이 대답했다.

"아니요, 당신이 하지 않았어요?"

둘은 모두 웃었다. 둘은 함께 모텔을 찾으며 즐거운 시간을 보냈다고 한다.

출생 순위에 따른 교육 방식

· ·

출생 순위에 따라 교육 방식이 달라질 수 있다. 첫째인 교사들은 책임지는 성향이 강하다. 흔히 학생들을 위해 흥미롭고 복잡한 프로젝트를 만들어내려고 한다. 구조와 질서를 선호한다. 그리고 아이들이 정리 정돈이 잘 된 교실에서 선생이 하라는 대로 할 때 가장 큰 행복을 느낀다. 하지만 이런 장면이 그리 흔하게 나타나지 않기에 많은 교사가 좌절하고 만다. 권위적이지 않으면서도 아이들이 질서를 유지하는 걸 돕게 하는 방법을 배우게 될 때까지 말이다. 첫째 교사들은 긍정적 접근법이 아이들과 자신을 위해 장기적으로 이득이라는 걸 재빨리 알아차린다.

둘째로서의 교사는 흔히 자기가 가르치는 아이들의 학문적인 성취만큼이나 심리적인 만족에 관심이 많다. 그들은 반항적인 아이에게 관심을 갖고, 그 아이들에게 보다 긍정적인 영향을 미치기를 바란다. 이런 교사들은 상호 존중과 이해를 바탕으로 질서를 유지하고자 노력한다.

막내인 교사들은 흔히 창조적이고, 장난을 좋아하고, 소란스러움과 무질서에 쉽게 적응한다. 이런 교사들은 아이들이 보다 더 많은 책임을 지기를 원한다. 그래서 자기가 모든 것을 직접 할 필요는 없다고 생각한다.

출생 순위에 대한 정보는 교사와 부모가 아이와 스스로를 보다 잘 이해할 수 있도록 돕는다.

소모임 활동

∙ ∙

다음의 훈련은 출생 순위가 같은 사람들 간의 유사성과 차이점을 경험할 수 있는 훌륭한 방법이다.

출생 순위가 같은 사람들끼리 모임을 세분화하자. 각각의 모임에 펜과 종이를 나누어주자. 모임의 사람들에게 다음과 같이 하도록 하자.

"모임의 구성원은 각자 한 인간으로서의 당신 자신을 묘사할 수 있는 형용사를 생각해보시오. 이 형용사 전부를 모임의 구성원과 논의하시오. 만약 대다수가 그와 같은 특성이 모두에게 적용된다고 동의한다면, 그것을 종이에 적으시오."

이 훈련을 위해 약 10분 정도의 시간을 주자. 그리고 나서 내용이 적힌 종이를 벽에 붙이자. 그다음, 당신은 이 장에서 이야기한 정보와 내용이 얼마나 잘 들어맞는지 논의할 수 있다. 다음의 요점을 논의해보도록 하자.

- 예외(와 독특성)를 설명할 수 있는 요인들
- 출생 순위의 긍정적인 특성을 강조하는 것이 중요한 이유
- 아이들과 우리 자신에 대한 이해를 향상하기 위해 이 정보를 활용할 수 있는 방법
- 이와 같은 꼬리표 또는 고정관념을 활용할 때 나타나는 문제점

또한 자기 자신에 대한 특정한 해석, 그리고 소속감과 중요성을 느끼기 위해서 필요한 것에 대한 그릇된 믿음을 형성하게 된 이유를 깨달은 사람이 있는지, 모임의 구성원들에게 질문해보자.

출생 순위에 관한 '넘버원'이라는 노래를 해보는 것도 좋은 방법이다. '넘버원'의 한 구절은 아래와 같다.

아, 넘버원이 되기는 정말 어려워.
요즘은 그게 전혀 흥미롭지 않아.
삶은 너무 멋져, 세 명이 있었을 때,
엄마와 아빠 그리고 나.

그런데 이제 또 하나가 생겼어.

나는 그 아이를 조금도 좋아하지 않아.

그 아이를 병원에 보내버려.

그러고 나서 그 아이를 그냥 잊어버리는 거야.

01. 출생 순위를 이해하는 가장 중요한 목적은 무엇인가? 아이들을 대할 때 출생 순위에 대한 정보가 당신에게 어떤 도움이 될 수 있는가?

02. 자신을 형제자매와 비교할 때 아이들이 내리는 몇 가지 공통적인 선택은 무엇인가?

03. 출생 순위를 잘못 활용할 수 있는 경우는?

04. 각각의 출생 순위가 지닌 전형적인 특징은 무엇인가?

05. 과잉보호는 어떤 위험이 있는가? 왜 어떤 부모는 자녀를 과잉보호하는가?

06. 출생 순위에 관한 일반 법칙의 예외 요인에는 어떤 것이 있는가?

4장

그릇된 행동에 대한 새로운 시각

POSITIVE
DISCIPLINE

나는 영화 〈크레이머 대 크레이머〉에서 화가 난 세스가 자기 아빠에게 "아빠 미워"라고 소리치는 장면을 좋아한다. 아빠는 아들을 번쩍 들어 올려 방으로 데리고 가 침대 위에 내던지고는 이렇게 되받아친다.

"나도 너 미워, 이 망나니 같은 놈아!"

이 아빠와 아들은 정말 서로 증오했을까? 물론 아니다. 둘은 서로 무척 사랑했다. 그런데 도대체 무슨 일이 벌어졌던 걸까?

세스는 마음의 상처를 입었다. 아빠가 일하느라 바빠 자기에게 관심을 주지 않았기 때문이다. 한창 마감에 쫓길 때, 작업 중인 프로젝트 위로 음료수가 쏟아지자 아빠는 너무도 화가 났다. 아빠는 비난과 수치와 고통과 더불어 세스를 야단쳤다. 무의식적으로 세스는 자신이 어디에도 속해 있지 않다고 느꼈다. 자신이 하찮은 존재라는 느낌이 들었다. 그래서 아빠를 미워한다고 말했던 것이다. 아빠 또한 복수로 반응했다. 그래서 둘은 '보복의 악순환'으로 빨려 들어가 버렸다. 아빠는 이 그릇된 행동 에피소드에서 커다란 역할을 했다. 비록 더 큰 책임이 있는 건 아니더라도 아빠 또한 똑같이 책임이 있었다.

책임은 비난 혹은 수치와 동격이 아니다

책임을 비난 또는 수치와 동일시하지 않으면, 그릇된 행동을 새로운 시각으로 바라보면 아이와 어른 모두에게 고무적인 결과를 끌어낼 수 있다. 책임이란 '자유롭게 하는 것'으로 보면 오히려 훨씬 더 유용하다. 원하기만 하면 무언가에 대해 죄책감을 느끼지 않고도 바꿀 수 있다. 여러분이 자녀 또는 학생의 그릇된 행동 방정식의 한 부분이라는 사실을 깨달을 때, 여러분의 역할을 어떻게 바꿀 것인지 알게 된다. 그리고 그렇게 하면 아이의 역할 변화에도 큰 도움이 된다.

그릇된 행동이란 무엇인가?

자세히 살펴보면, 그릇된 행동은 지식(또는 인식)의 결여, 효과적인 기술과 발육상의 적합한 행동의 결여에서 비롯된다. 어른들은 흔히 지식, 인식, 기술이 부족하다. 그리고 아이들과 마찬가지로 원초적인 두뇌에 기초해 행동하기도 한다. 그래서 어른과 아이들 사이에서의 힘겨루기가 흔하게 나타나는 것이다. 힘겨루기를 하려면 적어도 두 사람이 있어야 한다. 어른도 아이처럼 의기소침해지는 경우가 많다. 만약 그것을 '의기소침한 행동', '기술이 결여된 행동' 또는 '연령에 적합한 행동'이라고

교사와 부모를 위한 긍정 훈육

본다면, 당신 또는 당신 자녀의 그릇된 행동이 달리 보일까?

대부분의 경우 어린아이는 그릇된 행동을 하는 게 아니라 그저 '자신의 연령에 맞게 행동할 뿐이다.' 대부분의 어른과 교사는 인간의 행동과 아동발달에 관한 지식이 충분하지 않다. 그래서 나이에 맞는 정상적인 행동을 그릇된 행동으로 취급해버린다. 발육상 당연한 행동인데도 안타깝게도 그 행동 때문에 처벌받는 아이들이 많다. 예를 들면, 이제 걸음마를 배우기 시작하는 유아들은 자신에 대한 부모의 기대를 이해할 만큼 두뇌가 충분히 발달하지 않았음에도 불구하고 '말썽꾸러기'라는 이유로 벌을 받기도 한다. 이 아이들은 자신이 원하는 것을 얻을 수 있는 언어라든가 사회적 기술이 아직 형성되지 않았다. 특히 자신이 원하는 것이 어른들의 눈에는 비합리적이고, 불편하고, 적합하지 않는 것처럼 보일 때 그렇다. 유아가 원인과 결과에 대해 진정으로 이해할 수 있는 능력을 제대로 발달시키지 못했는데도 강압적인 타임아웃 등의 벌 받는 모습을 보면 정말 가슴 아프다.

피곤해서, 배고파서, 얼마나 자주 아이들이 그릇된 행동을 하는가? 이건 누구의 책임인가(때때로 아이에게 도움을 줄 수 없는 '환경' 때문이기도 하다. 그래서 그릇된 행동이라는 꼬리표를 붙이는 대신, 아이와 당신 스스로를 불쌍히 여기는 것이다)? 어쩌면 아이들은 일상적인 일정표를 정하는 과정에 제대로 참여하지 못하고 있을지도 모른다. 어쩌면 어른들은 애정 어린 질문들(그리고 다른 긍정 훈육 방법들)이 협력을 이끄는 반면, 명령조의 말투가 반항과 힘겨루기를 불러일으킨다는 사실을 제대로 깨닫지 못하고 있을지도 모른다. 그릇된 행동과 처벌 대신에 책임이라는 측면에서 생각해보고 해결 방법에 초점을 맞추면(그리고 실수를 배움의 기회로 삼으면) 매우 흥미로운 일이 될 것이다.

사회적으로는 부적합하지만 발육상으로는 적합한 행동(이것을 보통 그릇된 행동이라고 부른다)에 대해서 교사와 부모가 아무것도 하지 말라는 것처럼 들릴지도 모르겠다. 하지만 그렇지 않다. 교사와 부모는 성인이다. 우리는 아이들이 자신의 행동을 스스로 통제하는 법을 배우기를 바란다. 그렇다면, 우리 스스로 우리의 행동을 통제하는 법을 먼저 배워야 한다. 그렇게 되면 우리 자신의 행동에 책임을 지고, 아이들의 자존감에 상처를 주지 않으면서도 아이들의 행동을 고칠 수 있는 방법을 찾을 수 있다. 아이의 행동에 즉각적으로 반응하지 말고 사려 깊게 행동할 수 있게끔 우리 자신을 추스르는 사람이 되어야 한다. 아이의 그릇된 행동에 우리도 책임이 있다. 그러므로 장기적으로 고무적이며 효과적인 방법을 활용하는 걸 배워야 한다.

우리 자신은 물론 아이들의 행동을 제대로 이해하면 할수록, 우리는 교사와 부모로서의 역할을 보다 더 효과적으로 해낼 수 있다.

루돌프 드레이커스가 여러 차례 언급한 것처럼 "그릇된 행동을 하는 아이는 의기소침한 아이다." 드레이커스는 아이들이 의기소침할 때 선택하는 부적합하거나 잘못된 목표 네 가지를 발견했다. 이것들을 '그릇된 목표'라고 부른다. 그릇된 목표는 소속감과 중요성을 성취하는 방법에 관한 '그릇된 믿음'에 바탕을 두고 있다.

루돌프 드레이커스가 그릇된 목표 네 가지를 설명하면, 사람들은 흔히 이렇게 질문하곤 했다.

"어떻게 아이들을 이 네 가지 틀 속에 다 집어넣을 수 있습니까?"

그러면 드레이커스는 이렇게 대답했다.

"내가 아이들을 그 안에 집어넣은 것이 아닙니다. 아이들이 그 안에 있다는 걸 내가 알고 있을 뿐입니다."

그릇된 신념과 그릇된 행동의 네 가지 목표

1. 지나친 관심 끌기-그릇된 믿음
   ▶ '사람들이 나한테 관심을 보여줄 때, 나는 소속감을 느낄 수 있어.'
2. 힘의 오용-그릇된 믿음
   ▶ '내가 대장일 때 또는 적어도 다른 사람이 대장 노릇을 못 하게 할 때, 나는 소속감을 느낄 수 있어.'
3. 보복-그릇된 믿음
   ▶ '난 외톨이가 되었어. 받은 만큼 되갚아주고야 말겠어.'
4. 아무것도 못 하는 척하기-그릇된 믿음
   ▶ '난 소속감을 느낄 수 없어. 그러니까 포기하겠어.'

우리 인간의 최우선적인 목표는 소속감과 중요성을 느끼는 것이다. 아이들(그리고 많은 어른)은 이 네 가지 그릇된 목표 중 하나 이상을 채택하는데, 그 이유는 다음과 같이 믿기 때문이다.

- 지나친 관심 끌기와 힘의 오용이 소속감과 중요성을 성취하는 데 도움이 된다.
- 소속감과 중요성을 느끼지 못하는 사람에게 복수는 상당한 만족감을 준다.
- 포기가 유일한 선택이다. 자신이 부적합한 인간이라고 정말로 믿기 때문이다.

아이들은 자신의 그릇된 믿음을 자각하지 못한다. 만약 아이들에게

아이의 목표	교사와 부모의 감정 (만약 교사와 부모가 이렇게 느낀다면)	교사와 부모의 반응 (만약 교사와 부모가 이렇게 반응한다면)	아이의 반응 (만약 아이의 반응이 이렇다면)
지나친 관심 끌기	• 성가시다. • 짜증스럽다. • 걱정스럽다. • 죄책감을 느낀다.	• 상기시켜준다. • 아이를 타이른다. • 아이를 위해 무언가를 해준다.	• 순간적으로 행동을 멈춘다. 하지만 곧 똑같이 행동하거나 다른 방법으로 소란스럽게 행동한다.
힘의 오용	• 화난다. • 도전받는 느낌이다. • 위협을 느낀다. • 패배감을 느낀다.	• 싸운다. • 포기한다. '넌 벌 받아야 해' 또는 '본때를 보여주겠어'라고 생각한다. • 바로잡아준다.	• 더 심한 행동을 한다. • 명령에 반항한다. • 부모나 교사가 화내는 모습을 보고 승리감을 느낀다.
보복	• 상처받는다. • 실망스럽다. • 믿지 못하겠다. • 혐오스럽다.	• 보복한다. • 복수한다. • '네가 어떻게 나한테 이럴 수 있지?'라고 생각한다.	• 보복한다. • 다른 사람들에게 상처를 준다. • 물건을 깨부순다. • 복수한다. • 같은 행동을 한층 강화하거나 다른 무기를 찾는다.
아무것도 못 하는 척하기	• 체념한다. • 희망이 없다. • 어쩔 수 없다. • 부적절하다고 느낀다.	• 포기한다. • 지나치게 많이 도와준다.	• 더욱더 움츠러든다. • 수동적이 된다. • 더 나아지려 하지 않는다. • 아무런 반응을 보이지 않는다.

아이의 행동 뒤에 숨어 있는 믿음	교사와 부모가 올바로 격려해줄 수 있는 방법
• 내가 사람들의 관심을 받을 때 또는 특별한 대접을 받을 때, 나는 소속감을 느껴. • 당신이 나로 인해 분주할 때, 내가 중요한 사람이 된 것 같아.	• 아이가 유용한 일을 하도록 방향을 교정해주자. "난 너를 사랑해. 그러니 _____." (예: 나중에 함께 시간을 보낼 수 있을 거야.) • 특별한 시간을 계획하자. • 일정표를 짜자. • 훈련의 시간을 갖자. • 가족회의 또는 학급회의를 활용하자. • 말없이 꼭 안아주자. • 비언어적 신호를 정하자.
• 내가 대장일 때 또는 내가 통제할 때, 나는 소속감을 느껴. • '맘대로 나를 어쩌지 못할 거야.'	• 당신이 강제로 어쩌지 못한다는 걸 인정하고 도움을 요청하자. • 싸우지도 말고 포기하지도 말자. • 갈등의 순간에서 한발 물러나 냉각기를 갖자. • 부드러우면서도 단호하게 행동하자. • 말이 아니라 행동으로 보여주자. • 당신이 무엇을 할지 결정하자. • 일정표를 따르자. • 상호 존중의 태도를 기르자. • 제한된 선택을 하게 하자. • 아이들이 합리적인 제한을 만들게 도와주자. • 계속해서 꾸준히 노력하자. • 격려해주자. • 긍정적인 힘으로 방향 전환해주자. • 가족회의 또는 학급회의를 활용하자.
• 난 어디에도 속해 있지 않아. 그러니 내가 상처받은 만큼 다른 사람들에게 상처 주겠어. • 사람들이 나를 좋아하지 않아.	• 상처받은 감정을 토닥여주자. "네 행동을 보니 크게 상처받은 것 같구나. 무슨 일인지 나한테 이야기해줄래?" • 처벌과 보복을 피하자. • 귀 기울여 들어주자. • 고쳐주자. • 격려해주자. • 가족회의 또는 학급회의를 활용하자.
• 난 어떻게든 어디에 속할 수가 없어. 그러니 사람들이 나에게 아무 기대도 못 하게 해야겠어. • 난 어쩔 수 없는 무능한 인간이야. 해봐야 아무 소용이 없어. 내가 제대로 할 수 있는 게 아무것도 없으니까.	• 믿음을 보이자. • 작은 것부터 하나씩 하자. • 비난하지 말자. • 제아무리 사소하다 할지라도, 아이가 긍정적인 시도를 했으면 곧바로 격려해주자. • 장점에 초점을 맞추자. • 동정하지 말자. • 포기하지 말자. • 성공의 기회를 만들자. • 기술을 가르치고 시범을 보이자. • 아이와 즐거운 시간을 보내자. • 아이가 어떤 것에 관심을 갖는지 살펴보자. • 격려하고, 격려하고, 또 격려해주자. • 가족회의 또는 학급회의를 활용하자.

왜 그릇된 행동을 했느냐고 물으면 자기도 잘 모르겠다고 대답할 것이다. 아니면, 다른 변명을 늘어놓을 것이다. 나중에 나는 당신이 '숨은 의도 파악'을 활용해 아이들이 수치심을 느끼거나 겁을 먹지 않고 자신의 그릇된 행동을 스스로 깨닫게 하는 방법을 자세히 설명하겠다.

누구나 '관심'을 받고 싶어 한다. 그것이 잘못된 것은 아니다. 하지만 아이들이 지나치게 관심을 끌려고 할 때 문제가 일어난다. 다시 말해, 아이들은 유용한 방법이 아니라 사람을 괴롭혀가며 소속감을 찾으려 한다. 이런 행동은 어른을 짜증스럽게 한다. '사람들의 이목을 집중시킬 때 나는 소속감을 느낀다'라는 아이들의 무의식적인 그릇된 믿음에서 이런 행동이 나오기 때문이다. 이처럼 미처 자각하지 못하는 믿음 때문에 다른 사람을 힘들게 하는 행동을 끊임없이 한다. 이럴 땐 유용한 방향으로 그 관심을 돌려주는 것이 좋다. 그렇게 되면 아이들은 간절히 원하는 소속감을 다시 경험할 수 있다. 이와 동시에 좀 더 건설적으로 소속감을 얻을 수 있다.

만약 학생들 때문에 당혹스럽다면, 아이들에게 할 일을 할당해주자(교실을 청소하든가, 화단을 가꾸든가, 친구를 도와주든가 따위의 일). 어떤 엄마는 전화 통화 중에 네 살짜리 딸아이가 방해하며 성가시게 굴자 딸아이의 관심을 다른 데로 돌리는 방법을 이렇게 찾아냈다. 전화벨이 또 울리자 엄마는 전화를 건 상대방에게 잠깐 기다려 달라고 말하고, 딸아이에게 시계를 주며 말했다.

"여기 돌아가고 있는 초침 보이지? 이 초침이 세 바퀴 돌아갈 때까지 지켜봐. 그러면 통화가 끝날 거야."

아이는 초침을 주의 깊게 지켜보았다. 때때로 자기 엄마를 흘끗흘끗 쳐다보면서. 엄마는 3분이 지나기 전에 통화를 끝냈다. 그러자 딸아이

교사와 부모를 위한 긍정 훈육

가 말했다.

"엄마, 아직 시간 남았어, 아직 시간 남았어."

누구나 힘을 원한다. 힘이 무조건 나쁜 건 아니다. 그것이 어떻게 쓰이느냐에 따라 좋은 것일 수도, 나쁜 것일 수도 있다. 아이들이 자기가 대장일 때만 소속감을 느낀다는 그릇된 믿음을 지녔을 경우(다시 말하지만, 이건 무의식적이다), 아이들이 힘을 사용하는 건 그릇된 행동처럼 보인다. 아이들이 '힘의 오용'이라는 그릇된 목표에 따라 행동하면 자신의 힘을 유용하게 활용하는 법을 배우지 못한다. 그러니 아이의 힘을 사회적으로 유용한 방향으로 사용하게 전환해주어야 한다.

교사 또는 부모가 아이와의 '힘겨루기' 상태에 처해 있다면, 일단 그 싸움에서 물러서는 게 가장 효과적이다. 무슨 일이 벌어지고 있는지, 현실을 받아들이자.

"내가 볼 때 우리는 지금 서로 힘겨루기를 하고 있는 것 같아. 네가 무척 화가 난 거 알아. 하지만 난 네 도움이 필요하단다. 잠깐 진정할 시간을 갖자. 그러고 나서 서로를 배려하며 이 문제를 어떻게 풀지 생각해보자."

영화 〈크레이머 대 크레이머〉 속의 아버지처럼 상처를 입었을 때 되갚아주는 것이 인지상정인 듯하다. 그렇기에 '보복의 악순환'이 자주 일어난다. 다시 말하지만, 어른이 자신의 행동도 제대로 통제하지 못하면서 어떻게 아이들이 행동을 통제하길 바랄까? 자신의 행동을 통제해야 '보복의 악순환'을 끊을 수 있다. 상처를 입었다고 되갚아주려 하지 말자. 그 대신, 아이의 감정을 있는 그대로 받아들이자.

"마음이 많이 아팠겠구나. 나도 이해할 수 있어. 네 입장이라면, 나도 분명 똑같았을 거야."

자신이 인정받고 있다는 느낌이야말로 '보복의 악순환'을 끊는 강력한 방법이다. 하지만 문제 해결이 뒤따라야 한다.

"모두 기분이 좀 좋아졌을 때 다시 모여 이 문제를 이야기해보자."

무엇보다도 당신만이 아이에게 상처를 입힌 사람이 아닐지도 모른다는 것, 어쨌거나 아이는 상처를 입었다는 것을 알아야 한다. 그때 아프게 하는 게 아니라 도움을 주려고 한다는 의도를 말이다. 처벌은 '보복의 악순환'을 영속적으로 만든다(논리적 결과로 어설프게 위장되어 있을 때조차도 말이다).

'아무것도 못 하는 척하기'라는 그릇된 목표를 갖고 행동하는 아이들은 (자신의 능력에 대한 그릇된 믿음 때문에) 사람을 괴롭힌다. 그저 여러분의 관심을 끌기 위해 "난 할 수 없어"라고 말하는 아이들과는 달리, '아무것도 못 하는 척하기'라는 목표를 품고 행동하는 아이들은 정말로 자신이 할 수 없다고 믿는다. 모든 것을 한꺼번에 해내려고 서두르지 말자. 아이들을 위해 너무 많은 것을 해주면 아이들은 자신이 부적격자라는 인상을 받을 뿐이다.

여기 어떻게 말하는 것이 좋을지 한 가지 예를 보여주겠다.

"내가 동그라미 반을 그릴게. 그러면 네가 나머지 반을 그려."

또는 "네게 신발 끈 묶는 법을 보여줄게. 그러고 나서 배운 대로 한번 해봐. 도움이 더 필요하면 그때 말해줘."

그릇된 목표를 확인하는 것이 왜 중요할까? 그릇된 목표(그리고 믿음)를 알면, 어떻게 하면 아이들이 소속감과 중요성에 대한 인식을 바탕으로 진정한 목표를 가장 효과적으로 성취할 수 있는지 알게 된다.

행동과 그릇된 목표 뒤에 숨어 있는 믿음을 확인하는 게 늘 쉽지만은 않다. 아이들이 똑같은 행동만으로 그릇된 목표 네 가지 중 무엇을

교사와 부모를 위한 긍정 훈육

성취하려는 건지 알 수 없기 때문이다. 예를 들어, 아이들은 관심을 끌기 위해('나 좀 봐요, 나 좀 봐요'), 힘을 보여주기 위해('나한테 강요하지 못할걸'), 복수를 하기 위해('내 성적이 나보다 더 중요하단 말이지. 흠, 그럼 내가 되갚아주겠어'), 또는 자신이 부적격자라는 인식을 드러내기 위해('난 정말 못해') 숙제를 하지 않으려 하기도 한다.

목표를 이해해야 한다. 각각의 목표에 따라 효과적인 개입과 격려의 방법이 다르기 때문이다.

격려라는 단어를 주목하자. 그릇된 행동을 하는 아이는 의기소침한 아이이기 때문이다. 의기소침함은 용기를 잃은 믿음, 그리고 자신이 소속되어 있지 않으며 중요하지 않은 존재라는 인식에서 나온다. 그 믿음이 사실에 기초한 것인지, 아니면 상황에 대한 아이의 인식에 기초한 것인지 별로 중요하지 않다. 아이들은 사실이 아니라 자기가 사실이라고 생각하는 것에 바탕을 두고 행동하기 때문이다.

그릇된 믿음과 목표를 확인하는 유용한 실마리

어른들이 아이의 그릇된 목표를 확인하는 데 활용할 수 있는 실마리 두 가지가 있다.

첫 번째 실마리

아이의 행동에 대한 어른의 감정적 반응이다. 우선 이것이 낯설지도 모르겠다. 여러분의 느낌이 아이의 그릇된 목표를 알 수 있게 해준다니 의심스러울 것이다. 하지만 자신의 느낌을 확인하는 법을 연습하다 보면 어째서 그런지 깨달을 수 있다.

네 가지 그릇된 목표 각각에서 나오는 행동에 부딪히게 됐을 때, 어른들이 경험하는 일차적인 느낌은 대체로 다음과 같다(114~115페이지 표의 두 번째 칸을 보라).

만약 혼란, 걱정, 죄책감 또는 불쾌감이 든다면, 아이의 목표는 지나친 관심 끌기다. 만약 당신이 위협받고 있다고(당신은 아이와 마찬가지로 보스가 되기를 원한다), 도전받고 있다고, 화가 나고 또는 패배했다는 느낌이 든다면, 아마도 아이는 힘을 갖는 게 목표일 것이다. 이 경우 당신이 힘으로 반응한다면, 힘겨루기 상황에 빠져들게 된다. 만약 당신이 마음의 상처를 입었다면(당신이 좋은 부모 또는 교사가 되기 위해 이다지도 열심히 노력했는데 어떻게 아이가 이렇게 할 수 있단 말인가!), 실망스럽고 신뢰가 깨지는 느낌이 든다면, 아이의 목표는 보복일 것이다. 만약 당신이 부적격하다며(내가 어떻게 이 아이에게 다가가 아이에게 영감을 줄 수 있단 말인가!) 절망하고, 더 이상 아무런 희망도 없고 아무것도 소용없다는 느낌을 받는다면, 아이의 목표는 '아무것도 못 하는 척하기'일 것이다. 이 경우 당신이 감정에 굴복한다면, 아이와 마찬가지로 당신 또한 포기하게 된다.

아이의 행동에 어떤 느낌을 받았느냐는 질문을 해보면, 많은 어른이 분노와 좌절이라는 단어를 떠올린다. 이 두 가지는 모두 일차적인 감정적 반응에 대한 '이차적인 반응'이다. 여기에는 상당한 이유가 있다. 위협받고 상처받은 느낌, 또는 부적격하다는 느낌은 곧바로 분노라는 두 번째 반응으로 재빨리 덮여버리는 어쩔 수 없는 감정들이다. 화를 냄으로써 우리는 적어도 힘이 있다는 허위의식을 갖게 된다. 우리는 무언가를 할 수 있다. 비록 그 '무엇'이 단지 큰소리로 꾸짖고, 고래고래 고함

교사와 부모를 위한 긍정 훈육

을 질러대고, 채찍질하는 것에 불과할지라도 말이다. 좌절과 분노는 모두 일차적인 감정을 불러일으키는 상황을 우리가 통제할 수 없을 때 보이는 이차적인 반응이다. 일차적인 감정을 분노로 덮어버린다면, 아이의 감정을 인정해주지 않고, 어쩌면 '보복의 악순환' 속으로 빠져들게 될 수도 있다.

그러므로 스스로에게 이렇게 물어봐야 한다.

'나의 분노와 좌절 저 뒤편에는 과연 무엇이 놓여 있는가? 나는 상처 입었으며, 패배감에 사로잡혔고, 위협받고, 두려운가?'

(114~115페이지의) 그릇된 목표와 관련한 표를 살펴보자. 그리고 스스로 어떤 느낌인지 확인해보자. 많은 교사와 부모가 이 표의 복사본을 자기 책상 또는 냉장고에 항상 붙여놓고 유용한 자료로 참고하고 있다고 한다.

두 번째 실마리

아이에게 그만하라고 했을 때의 아이의 반응(114~115페이지의 표에서 네 번째 항목을 보라)이다.

지나친 관심 끌기 | 아이는 잠시 행동을 멈춘다. 하지만 곧바로 같은 행동을 반복하거나 관심을 끌 수 있는 또 다른 행동을 할 확률이 높다.

힘의 오용 | 아이는 그릇된 행동을 계속한다. 공공연히 거부의 뜻을 밝히고, 못된 짓 그만하라는 당신의 말에 반항할 것이다. 이렇게 되면 아이와의 힘겨루기가 쉽게 일어난다.

보복 | 아이는 뭔가 파괴적인 행동을 일삼거나 상처를 입히는 말로 복수한다. 이렇게 되면 여러분과 아이 사이의 '보복의 악순환'이 쉽게 고조된다.

아무것도 못 하는 척하기 | 아이는 보통 수동적으로, 여러분이 빨리 포기하고 자신을 그냥 내버려 두기를 바란다. 때때로 이런 아이는 공부에 부적격하다는 느낌을 숨기려 이상한 행동을 보일 수도 있다(어쩌면 학급의 어릿광대가 되려 할지도 모른다).

이러한 실마리는 아이가 자신의 행동을 통해 무엇을 말하고 있는지 '암호를 해독하는 데' 도움이 된다. 여러분이 익히 잘 이해하고 있다 하더라도, 암호 해독이 그리 호락호락한 일은 아닐 것이다. 그릇된 행동을 하는 아이와 직면했을 때, 잠시 시간을 내어 아이가 정말로 하려는 말이 무엇인지 생각하기보다는 분노와 좌절과 같은 이차적인 감정으로 반응하는 게 훨씬 더 흔하고 보편적이다.

긍정 훈육 워크숍에서 우리는 '정글'이라 부르는 실험활동을 한다. 이것은 존 테일러John Taylor가 자신의 책 『인간 대 인간Person to Person』에서 보여준 행동을 차용한 것으로, 이 활동에서 몇몇 어른이 의자 위에 올라서 있으면 다른 어른들이 아이 역할을 하며 위를 올려다보며 이렇게 말한다.

"난, 아이야. 그리고 난 정말 소속감을 느끼고 싶어."

'어른'은 '아이'가 그릇된 행동을 하고 있다고 생각하라는 지시를 받는다. 그리고 "나를 방해하지 마. 내가 바쁜 거 안 보여? 왜 너는 네 형처럼 행동하지 못하는 거니? 어쩜 그렇게 이기적으로 굴 수가 있어? 그리고 말이야, 왜 네 방을 치우고 숙제를 하지 않는 건데? 내가 몇 번이나 말해야 알아듣겠니?"처럼 가혹하고 의기소침하게 만드는 말을 한다.

그러고 나서 우리는 참가자들 모두에게 어떻게 느꼈는지, 무슨 생각을 했는지, 역할놀이를 통해 어른과 아이로서 어떤 결심을 하게 되었는지 질문한다. 이것은 감정적인 경험이다.

이 활동이 끝나고 나서 우리는 이렇게 질문한다.

"이 활동을 통해 무엇을 배웠습니까?"

사람들은 자신이 배운 여러 가지 교훈을 표현한다. 가장 중요한 것은 그릇된 행동을 하는 아이는 사실은 '난 아이이고, 난 단지 소속되고 싶을 뿐이에요'라고 말하고 있다는 점이다. 행동의 그릇된 믿음과 목표를 제대로 이해하지 못하면, 아이의 행동 뒤에 숨어 있는 믿음이 아닌 행동 그 자체에 반응하는 게 된다.

일단 그릇된 행동을 하면 아이가 의기소침하다는 사실을 진심으로 이해한다면, 아이를 격려해줄 방법을 실행에 옮길 준비가 된다. 격려는 행동을 바꿀 수 있는 가장 효과적인 방법이다. 격려를 받은 아이는 그릇된 행동을 할 이유가 없다.

다시 한번 더 반복하겠다.

격려를 받은 아이는 그릇된 행동을 할 이유가 없다.

그런데 이것은 교사와 부모가 이해하기에는 너무 어려운 개념이다. 우리는 흔히 처벌, 훈계 그리고 다양한 형태의 비난, 수치, 고통을 통해서 아이를 북돋아 주려고 애쓴다.

최근에 나는 친한 친구로부터 전화 한 통을 받았다. 그 친구는 무척 낙담해 있었다. 아이들이 실수를 하거나 제대로 해내지 못했을 때 북돋아 주는 방법은 아이들에게 부끄러움을 주는 것이라고 굳게 믿으며 열한 명의 자녀를 길렀다고 했다.

격려가 그릇된 행동에 대한 보상이 아닌데도 많은 사람이 크게 오해하고 있다. 하지만 격려는 그릇된 행동을 아예 할 필요도 없게 해준다.

그릇된 목표에 대한 효과적인 격려 방법

행동을 고치는 방법에는 한 가지만 있는 게 아니다. 연구 모임에 참석하는 교사와 부모는 이 책에서 설명하는 원칙에 기초해 현실적인 제안을 브레인스토밍할 수 있다. 그러고 나서 자신에게 가장 만족스러운 제안을 선택하면 된다.

많은 문제가 가족회의 또는 학급회의를 통해 가장 원만하게 해결될 수 있다. 긍정적인 해결 방법에 초점을 맞추는 것을 배우는 과정에서 아이들은 소속감과 중요성에 대한 올바른 인식을 형성할 수 있기 때문이다. 하지만 좀 더 즉각적인 행동을 바라거나 필요로 할 때, 긍정 훈육에 대안적인 도구와 방법이 많이 있다. 각각의 그릇된 목표에 대한 효과적인 반응에 관해 지금부터 이야기하는 일반 지침은 이 책 뒷부분에서 좀 더 자세하게 살펴보겠다. 여기서는 하나의 문제 또는 행동의 그릇된 목표에는 얼마나 많은 해결 방법들이 있는지 요점만 간략하게 언급하도록 하겠다.

염두에 두어야 할 것이 있다. 모든 방법은 앞 장에서 언급한 격려, 이해, 상호 존중이라는 기본적인 태도를 바탕에 깔고 있을 때에만 효과가 나타난다.

'지나친 관심 끌기'에 대처하는 방법

누구나 관심을 끌고 싶어 한다는 걸 기억하자.

- 아이들이 유익한 행동에 관심을 돌리게끔 유도하자. 교실이라면 아이에게 긍정적 관심을 쏟을 수 있는 임무를 주자. 집이라면 통화 중일 때 아이에게 스톱워치를 주는 등 유용한 일을 하도록 하자.
- 예상치 못한 행동을 하자(안아주는 것도 매우 효과적이다).
- 아이와 함께 규칙적으로 특별한 시간을 보낼 수 있도록 스케줄을 짜자.
- 당신의 메시지가 전해지도록 미소를 잃지 말자. 그러고 나서 이렇게 말하자. "6시에 우리의 특별한 시간을 기다리고 있을게."
- 아이와 함께 말이 필요 없는 신호를 미리 정해놓자. 한 손을 가슴 위로 올려놓으면 '사랑한다'라는 뜻이거나, 한 손을 귀에 동그랗게 대면 '그만 생떼를 부리면 이야기를 들어줄 준비가 되어 있다'는 표시이다.
- 평소와 다른 친절함은 피하자.
- 아이를 안심시키고, 아이에 대한 믿음을 보여주자("사랑한다, 난 네가 이것을 네 힘으로 잘 처리할 수 있다는 거 알아").
- 대화를 계속 이어나가자. 행동은 무시하자. 그렇다고 아이를 무시하라는 말은 아니다.
- 평상시에 다른 방법으로 행동할 수 있는 훈련과 역할놀이 시간을 갖게 하자.
- 입을 꾹 다물고 행동에 옮기자. 예를 들어, 생떼를 그만 받아주고

의자에서 일어나 아이 손을 잡고 화장실로 데리고 가 이를 닦도록 하자. 분위기가 단호하면서도 즐겁게 유지되도록 아이에게 약간의 간지럼을 피워도 좋다.

• 사랑과 관심을 말로 표현하자.

'힘의 오용'에 대처하는 방법

힘은 나쁜 것이 아니라는 점을 기억하자. 힘은 파괴적으로가 아니라 건설적으로 사용될 수도 있다.

• 힘겨루기에서 한발 물러나 냉각기를 갖자. 그러고 나서 다음의 것들을 시도해보자.

• 아이를 여러분 마음대로 할 수 없다는 것을 받아들이고, 둘 모두에게 좋은 해결 방법을 찾을 수 있도록 아이의 도움을 구하자.

• '서로가 승리하는 협력 전략 4단계'를 활용하자(2장 참조).

• 한 번에 한 가지씩만 얘기하자.

• 아이가 자신의 힘을 건설적으로 사용할 수 있도록 방향을 이끌어주자.

• 해결 방법을 찾는 과정에 아이를 참여시키자.

• 아이가 무엇을 하게끔 만들려고 애쓰지 말고 당신이 무엇을 할 것인지 결정하자("모두가 준비되면 수업을 시작할 거야", "빨래 바구니에 있는 옷만 세탁기에 넣고 돌릴 거야. 바닥에 아무렇게나 내팽개친 옷은 빨래 안 해줄 거야", "싸움 끝날 때까지 길 옆에 차를 세울 거야"). 이런 행동은 반드시 부드러우면서도 단호하게 이루어져야 한다. 입을 꾹 다물고

하면 특히 효과적이다. 훈계와 잔소리는 피하자.

- 학교에서는 정기적으로 혹은 이따금 아이들과 특별한 시간을 보낼 계획표를 짜자.
- 순서를 정하는 과정에 아이들이 참여할 수 있도록 하자. 그리고 나서 정해진 순서를 충실히 따르자.
- 제한된 범위에서 선택할 수 있도록 해주자.
- 문제를 학급회의 또는 가족회의 의제로 올리게끔 유도하자.
- 사랑과 관심을 말로 표현하자.

'보복'에 대처하는 방법

아이들은 보복을 통해(이것이 자신이 통제하고 있다는 인식을 심어준다) 상처받은 감정(이것이 아이들에게 무능하다는 느낌을 준다)을 감추려 한다는 걸 기억하자.

- 아이와 똑같이 반응하지 말고 '보복의 악순환'에서 벗어나도록 하자.
- 냉각기를 갖는 동안 다정한 태도를 유지하자.
- 무엇이 아이에게 상처를 주었는지 생각해보자. 그리고 감정이입을 보여주자. 아이의 상처받은 감정을 이해해주자.
- 솔직하게 당신의 감정을 알려주자: "나는 _____에 대해 _____하게 느끼고 있어. 왜냐하면 _____, 그래서 나는 _____하기를 바라."
- 귀담아듣도록 하자: 어떤 말을 들었는지 되짚어보면서 아이의 세계로 들어가자. "네가 마음이 무척 상한 것 같구나." 귀담아들을 때

에는 애정 어린 질문도 함께 한다. "나한테 더 하고 싶은 말 있니? 무슨 일이 있었는데? 그래서 어떤 기분이 들었는데?" 당신의 관점을 들려주는 걸 피하자. 아이의 관점을 이해하는 것이 중요하다.

• 만약 당신이 상처를 불러일으킨 것이라면 '실수에서 회복하는 세 가지 R'을 활용하자(2장 참조).
• '서로가 승리하는 협력 전략 4단계'를 활용하자(2장 참조).
• 한 번에 하나씩 문제 해결 과정에 아이를 참여시키자.
• 당신이 걱정하고 있다는 걸 보여주고 격려해주자.
• 학교에서는 정기적으로 혹은 이따금 아이들과 특별한 시간을 보낼 계획표를 짜자.
• 사랑과 관심을 말로 표현하자.

'아무것도 못 하는 척하기'에 대처하는 방법

아이들은 자신이 부적격자라는 믿음을 포기하기 전까지 계속해서 그렇게 행동한다는 걸 기억하자.

• 훈련의 시간을 갖도록 하자. 아이들이 성공을 경험하는 데 필요한 기초를 하나씩 쌓을 수 있게 하자.
• 아이들이 따라 할 수 있는 실례를 들어 가르쳐주자. "내가 원을 반만 그릴게, 네가 나머지 반을 그려보렴."
• 자그마한 성공을 준비하자. 아이들이 할 수 있는 것을 찾아보고, 자신의 기술을 들려줄 기회를 많이 갖자.
• 아무리 사소한 것이라도 긍정적인 시도라면 기꺼이 인정해주자.

- 완벽하리라는 기대를 버리자.
- 아이의 장점에 초점을 맞추자.
- 포기하지 말자.
- 아이와 정기적으로, 그리고 특별한 시간을 보내자.
- 교실에서는 단짝 친구의 도움을 받을 수 있도록 격려해주자.
- 사랑과 관심을 말로 표현하자.

똑같은 행동이더라도 네 가지의 그릇된 목표가 모두 나타날 수 있다. 숙제를 하지 않으려는 아이의 사례를 다시 살펴보겠다.

아이의 목표가 '지나친 관심 끌기'라면, 어른들은 보통 짜증을 내기 마련이다. 아이에게 할 일을 하라고 말하면 아이는 잠깐은 그렇게 할 것이다. 이런 아이들을 도와주기 위해 당신은 끝내지 못한 숙제를 못 본 체하고 아이들이 협력하는 분야에 대해 칭찬해줄 수 있다. 이렇게 하면 할 일을 하지 않는 게 관심을 끄는 좋은 방법이 아니라는 걸 알려줄 수 있다. 아이들에게 언제 숙제를 해야 할지 선택하게 해도 좋다. 숙제를 끝내고 나서 좀 도와달라고 부탁하며 아이들의 행동을 교정할 수도 있다. 또는 할 일을 하지 않는 걸 볼 때마다 아이들에게 윙크라든가 미소를 보내겠다고 말할 수도 있다. 당신이 '숨은 의도 파악'을 하고 난 뒤 이런 약속을 하면 가장 효과적이다. 윙크와 미소는 관심을 끌고자 하는 아이들의 욕구를 오히려 더 늘리는 것처럼 보일 수도 있다. 그러나 이것은 소속감과 중요성을 훨씬 더 잘 느끼게 해준다. 아이들은 곧 이런 식으로 관심을 끌 필요를 느끼지 못한다. 아이들이 숙제를 하지 않으면 어떤 결과가 나타나는지 알게 하는 방법도 있다. 그리고 나서 애정 어린 질문을 해도 좋다.

"무슨 일이 있었지? 그래서 기분이 어땠니? 이번 일로 뭘 배웠지? 어떻게 하면 좋을까? 원하는 걸 얻으려면 네가 어떻게 하면 좋겠니?"

만약 아이들의 그릇된 목표가 '힘의 오용'이라면, 당신의 힘이 위협받거나 패배했다고 느낄 것이다. 그리고 당신이 원하는 대로 아이들을 움직이게 할 수 있다는 걸 보여주고 싶을 것이다. 이런 아이들에게 숙제를 시키면 아이들은 숙제하지 않겠다며 대들지도 모른다. 또는 그냥 당신 말을 무시해버릴 수도 있다. 만약 벌을 내려 아이를 이기려고 한다면, 아이들은 '그렇게 못 해'라는 걸 증명하기 위해 더 많은 힘을 드러낼지도 모른다. 또는 보복으로 목표를 바꿀지도 모른다. 이럴 땐 힘겨루기에서 한발 뒤로 물러나는 것이 좋다.

힘에 의존하려는 아이들은 힘에 기대는 어른들에게 흔히 영향을 받는다. 이것은 전적으로 어른의 책임이다. 당신이 진정으로 상호 이해와 결정 과정의 참여에 기초한 상호 존중과 협력을 원한다면, 아이들은 그 차이를 금세 알아차릴 것이다. 이와 같은 변화를 신뢰하게 되면(이렇게 되기까지는 시간이 좀 걸린다) 아이들은 분명 쉽게 협조한다.

아이와 이야기를 나누며 그동안 당신이 힘겨루기를 했다는 걸 인정하자. 진정 아이와의 관계를 바꾸고 싶다는 것을 말로 표현하자. 그리고 상호 존중과 이해로 문제를 풀어나가기 시작하자. 둘 모두에게 만족스러운 해결 방법을 함께 찾고 싶다는 당신의 뜻을 전달하자. 아이들은 그 결정 과정에 참여하게 되면, 그 과정에서 나온 해결 방법을 자발적으로 따르려 든다.

가족회의와 학급회의는 힘의 오용 문제를 해결하는 데 꽤 효과적이다. 힘을 쓰려는 아이들은 훌륭한 리더십 자질을 갖춘 경우가 흔하다. 이런 자질을 당신이 높이 평가하고 있다는 것을 아이에게 알려줄 수 있

교사와 부모를 위한 긍정 훈육

다. 그리고 아이의 리더십을 유용하게 활용할 수 있도록 이끌어주어도 좋다.

교사들은 아이가 숙제를 하지 않을 경우, 낮은 점수를 주는 등 단순 무식한 행동을 보이기도 한다. 힘 대신 부드러우면서도 단호한 태도가 중요하다. 그리고 나서 아이에게 무슨 일이 있었는지, 스스로 원한다면 변화시킬 수 있는 힘이 있다는 것을 이해시키는 애정 어린 질문을 던진다.

아이의 목표가 '보복'이라면, 당신은 상처를 받거나 혐오감을 느낄 것이다. 부모 또는 교사로서 그렇게나 애를 썼는데 왜 아이가 숙제를 하지 않으려는지 이해할 수가 없다. 아이에게 숙제를 하라고 말할 때, 아이는 뭔가 상처를 주는 말을 할지도 모른다. 이렇게 말이다.

"엄마(선생님) 미워."

또는 종이를 찢는 등의 과격한 행동을 보일 수도 있다.

아이를 진정으로 돕고 싶다면 보복하려 들지 말자. 아이의 상처받은 느낌을 인정해주자. 이렇게 말하면서 친근함을 유지하자.

"네가 화난 거 알아. 그러니 지금은 이 문제를 이야기하지 말자. 나중에 얘기하자."

냉각기를 거친 후 '서로가 승리하는 협력 전략 4단계'를 활용할 수 있다. 또는 그 문제를 무시하고 특별한 관심을 공유할 수도 있다. 이 점에 대해서는 7장에서 다룰 것이다. 아이의 상처받은 기분을 이해하기 위해서는 '숨은 의도 파악'을 적극 활용해야 한다.

만약 아이의 목표가 '아무것도 못 하는 척하기'라면, 아이를 도울 수 있는 당신의 능력이 부족하다고 느낄 수도 있다. 아이에게 숙제를 하라고 했을 때, 아이는 풀죽은 표정으로 자신을 혼자 내버려 두었으면 좋겠다고 생각한다(이것이 '아무것도 못 하는 척하기'와 '관심 끌기' 사이의 매우 중요한 차이다. 관심을 끌고 싶어 하는 아이는 부적절하게 행동할지도 모르지만 당신이 관심을 가져주면 매우 기뻐한다. 하지만 자신이 부적격하다고 믿는 아이는 혼자 있기를 원한다).

도움이 되고 싶다면 숙제하는 방법을 아이가 알고 있다고 확신시켜 주자. 훈련 시간을 갖도록 하자. 이미 여러 차례 설명했으므로 아이가 이해할 수 있으리라는 생각이 들어도 말이다. 관심을 끌기 위해 숙제를 하지 않으려는 아이와 아무것도 못 하는 척하기 위해 숙제를 하지 않으려는 아이는 차이가 있다. 전자는 숙제를 어떻게 하는지 알고 있다. 그리고 당신이 자신에게 관심을 보여주지 않는 한, 소속되어 있지 않다는 그릇된 믿음을 품고 있기 때문에 당신이 숙제를 도와주도록 당신을 조종하려 할 뿐이다. 후자는 의기소침한 상태다. 자기가 정말로 해낼 수 없다고 생각하기에 당신의 관심을 원하지 않는다. 이처럼 목표가 다를지라도 비슷한 행동을 보이기 때문에 세심하게 살펴보아야 한다. 그래야 아이가 그저 당신을 바쁘게 만들려고 하는지, 아니면 정말로 혼자 있고 싶어 하는지 파악할 수 있다.

또 다른 선택은 아이에게 당신의 도움을 받고 싶은지, 아니면 다른 학생의 도움을 받고 싶은지 물어보는 것이다. 아이가 자격을 갖추고 있다고 느끼는 수준을 찾아내서 그 수준에 맞게 숙제를 하도록 할 수도 있다.

포기하지 말자. 아이는 그 순간을 모면하기 위해 숙제를 할지도 모른다. 이유가 무엇이든 만약 아이가 숙제를 한다면, 아이는 나름대로 성공을 거둘 것이고 자신이 격려받았다고 느낄 것이다. 아이와 특별한 시간을 보내는 것이 매우 중요하다.

교사와 부모를 위한 긍정 훈육

숨은 의도 파악하기

· ·

아이는 자신의 그릇된 목표를 자각하지 못한다. 따라서 아이에게 그릇된 행동의 진짜 목표를 파악하게끔 하는 것도 하나의 방법이다.

교사, 카운슬러 또는 전문적으로 훈련받은 부모가 이런 역할을 할 수 있다. 이 과정을 객관적이고 친근하게 진행해야 한다. 부모가 자기 자식에게 객관적이기는 무척 힘들다. 그러므로 부모에게는 이 방법이 제대로 작동하지 않을 수도 있다.

객관적이고 정감 어린 태도가 중요하다. 그러므로 갈등이 고조되었을 때는 시도하는 것은 금물이다. 최선은 혼자 있는 아이와 이야기를 나누는 것이다. 훈련받은 사람들은 흔히 청중 앞에서 아이의 진짜 목표를 드러내기도 한다. 아들러와 드레이커스는 청중 앞에서 아이의 '숨은 의도 파악'을 진행한 것으로 유명하다. 그래서 아이를 포함해 모든 사람이 이 과정을 통해 배울 수 있었다. 하지만 아이와 함께할 때는 둘 다 차분해져 있을 때 둘만의 시간을 가지라고 나는 추천한다.

먼저 아이에게 왜 특정한 행동을 하는지 묻는다. 그 특정한 행동을 구체적으로 언급해야 한다. 예를 들어, "메리, 가만히 자리에 앉아 있어야 하는데 왜 방 안을 이리저리 돌아다니는 거니?"

아이들은 흔히 이렇게 말할 거다.

"몰라요."

아이들이 의식적으로 정말 모르는 건 사실이다. 숨은 의도 파악은 아이들로 하여금 무슨 일이 벌어지고 있는지 이해하게 도와준다. 아이들이 몇 가지 이유를 갖다 붙여도 그건 진짜 이유가 아니다.

만약 아이들이 이유를 댄다면, 이렇게 말해보자.

"내 생각은 좀 다른데. 내 짐작을 말해봐도 괜찮겠니? 내 생각이 옳은지 그른지 네가 말해줄 수 있을 거야."

만약 아이가 모르겠다고 말한다면, 위에서처럼 추측해도 괜찮겠냐고 물어보라. 당신의 방법이 객관적이고 우호적이라면 아이는 당신이 무슨 생각을 하는지 호기심을 보일 것이다. 이렇게 물어보자.

- "네가 방 안을 이리저리 돌아다니는 것은, 내 관심을 끌고 내가 너 때문에 계속 바쁘길 바라는 마음 때문이 아닐까?" (지나친 관심 끌기)
- "네가 방 안을 이리저리 돌아다니는 것은, 원하는 건 네가 뭐든지 할 수 있다는 걸 내게 보여주려는 마음 때문이 아닐까?" (힘의 오용)
- "네가 방 안을 이리저리 돌아다니는 것은, 네가 마음의 상처를 받아서 다른 누군가에게 되갚아주려는 마음 때문이 아닐까?" (보복)
- "네가 방 안을 이리저리 돌아다니는 것은, 넌 제대로 할 수 있는 게 하나도 없다고 느껴서 시도조차 해보지 않으려는 마음 때문이 아닐까?" (아무것도 못 하는 척하기)

당신의 추측이 맞는지, 아이가 자신의 목표를 제대로 알게 되었는지를 확인할 수 있는 반응은 두 가지가 있다.

첫째는 아이의 반사적인 행동이다. 아이가 말로는 아니라고 말하면서도 무의식적으로 미소 지을 수도 있다. 만약 이런 반사적인 행동 없이 그냥 "아니요"라고 대답한다면 다음 질문으로 넘어가자. 하지만 반사적인 행동(아니라고 말하는 동안의 자연발생적인 미소)은 당신의 추측이 옳다는 뜻이다. 이와 다른 반응은 단순하게 "네"라는 답이다. 일단 긍정적인 반응을 얻었다면 다른 질문으로 넘어갈 필요는 없다. 이 경우에

교사와 부모를 위한 긍정 훈육

당신은 소속감과 중요성을 느낄 수 있는 방법을 아이에게 이야기해줄 수 있다. 만약 아이의 목표가 어른의 '관심'을 얻는 것이라면, 누구나 관심을 원한다는 걸 아이에게 설명하자. 그리고 나서 관심을 끌 수 있는 건설적인 방법에 아이가 초점을 맞출 수 있게 해주자. 예를 들어, "네가 다른 사람들을 도와주며 관심을 끌 수 있는 방법에 뭐가 있는지, 내가 생각할 수 있게 도와줄 수 있겠니?"

또한, 당신은 아이가 자신의 행동에 관심을 기울이도록 할 수 있다. 그리고 당신이 윙크라든가 미소를 보낼 것임을 아이에게 알려줄 수 있다. 아이가 당신의 관심을 받고 있다는 것을 알 수 있도록 말이다. 당신과 아이 사이에 이와 같은 특별한 약속을 정하자. 많은 사람에게 이것은 그릇된 행동을 보상하는 것처럼 보일 수도 있다. 사실 이것은 드레이커스가 '수프에 침 뱉기'라고 부른 것이다. 침 뱉었다는 걸 알면 식욕이 떨어지는 법이다.

아이의 목표가 '힘'이라면, 당신이 아이를 강제로 어떻게 해보기에는 역부족이다. 상호 존중과 협력의 계획을 세우도록 아이에게 도움을 요청하자.

"네 말이 맞아. 난 널 어떻게 할 수 없어. 어떻게 하면 우리 둘이 우리의 힘을 서로 존중하면서 이 문제를 풀 수 있을까?"

어른과 아이 모두를 힘겨루기에서 힘을 유용하게 사용하도록 방향을 돌릴 때, 아이에게 도움을 요청하자.

만약 목표가 '보복'이라면, 당신 또는 누군가가 아이에게 상처를 입혔다는 걸 당신이 알고 있음을 보여줄 수 있다.

"너를 아프게 했다는 걸 내가 미처 깨닫지 못했어. 미안해. 나를 용서해주겠니?"

또는 "네가 그런 상황에서 상처를 입었다니 유감이구나. 만약 그런 일이 내게 일어났다면, 나도 분명 너처럼 느꼈을 거야."

아무런 판단을 내리지 않고 충분히 귀담아듣는 것도 뛰어난 격려의 방법이 되기도 한다. 합리화하거나 설명하거나 또는 아이의 생각을 바꾸려고 애쓰지 말자. 귀 기울여 들어만 주어도 큰 도움이 된다. 이해받고 있다고 느끼면 아이는 보다 더 자발적으로 당신의 의견을 들으려 할 테고, 해결 방법을 찾으려 노력할 것이다.

만약 목표가 '아무것도 못 하는 척하기'라면, 아이가 어떻게 느끼는지 당신이 이해하고 있다는 것을 확신시켜주자. 당신 또한 가끔 낙담할 때가 있다고 말해주자. 그리고 나서 아이의 능력에 대한 신뢰를 표현하고, 성공을 불러오는 자그마하고 성취 가능한 계획에 착수하자.

"네가 할 수 있다는 걸 네가 믿지 않는 거 알아. 하지만 나는 네가 할 수 있다고 생각해. 네가 해낼 수 있게 돕는 일이라면 나는 무슨 일이든 할 의향이 있어."

아이의 목표가 무엇인지 드러내는 것, 이것이 그릇된 목표를 확인하는 세 번째 실마리다. 드레이커스가 한 아이를 인터뷰하는 영상 자료가 있다. 드레이커스는 아이의 목표가 '힘'이라고 확신하고 여러 가지 질문을 통해 아이의 반사적인 행동을 얻으려고 노력했다. 하지만 아이는 그저 계속해서 부정적으로 반응했다. 마침내 보복과 관련된 질문을 하기 시작했을 때, 결국 아이는 부모의 행동 때문에 자신이 상처를 입었다는 걸 인정했다.

교사가 아이에 대한 이해를 높이고 아이에 대한 관심을 드러내기 위해 그릇된 행동의 숨은 의도 파악하기를 활용해도 좋다. 일단 행동의 목표를 알면, 토론과 문제 해결의 기초로 활용하면 된다.

교사와 부모를 위한 긍정 훈육

의기소침의 정도

$\cdot \bullet \bullet \cdot$

아이들이 꼭 한 가지 목표로 '관심 끌기'를 시작하는 건 아니다. '아무것도 못 하는 척하기'를 통해 나아갈 수도 있다. 만약 강압적으로 대우받거나 또는 자신이 소속감과 중요성이 부족하다고 여기면, 수동적인 아이들은 곧이어 '아무것도 못 하는 척하기'를 선택하기도 한다.

힘을 선택할 만큼 성격이 모난 아이들은 아무것도 못 하는 척하기로 나아가지 않는다. 하지만 이런 아이들은 고집스레 힘겨루기에서 이기려는 어른들 때문에 보복으로 내몰리는 경우도 있다.

스미스 부인은 '그릇된 행동의 네 가지 목표'와 그것을 교정하는 방법을 배운 게 왜 그렇게 고마웠는지 그 이유를 들려주었다. 부인의 첫째 세스는 도발적인 아이였다. 세스는 남에게 상처를 입히거나 파괴적인 행동을 자주 했다. 다음의 경우처럼 말이다.

어느 날, 스미스 가족 모두(스미스 부부, 세스, 어린 남동생 스콧 그리고 꼬마 여동생 마리아)가 이사 갈 집을 둘러보며 하루를 보냈다. 세스와 스콧은 지루하고 덥다며 끊임없이 불평을 늘어놓았다. 아이들은 계속해서 집에 가자고 보챘다. 두 살짜리 마리아는 괜찮았다. 피곤해지면 엄마의 무릎에서 낮잠을 잤으니까.

스미스 부부는 다음 날도 부동산을 계속 보러 다녀야 했다. 하지만 이번에는 세스와 스콧을 이웃집에 남겨두기로 했다. 날이 무척 좋았다. 세스와 스콧은 동네 꼬마들과 놀 만큼 자랐다. 마리아는 아무런 문제가 없었고 이웃과 놀기에는 너무 어렸기 때문에 데려가기로 했다. 스미스 부부가 외출하려 할 때, 세스는 자기도 따라가겠다고 졸랐다. 스미스 부인은 전날 날이 무척 덥고 따분했던 것을 상기시켜주었다. 집에 남아서 놀면 훨씬 더 재미있을 거라며 달랬다. 그러나 세스는 따라가겠다고 고집을 부렸다. 스미스 부인은 자신의 결정에 확고했기에 세스와 스콧을 설득하려고 아이스캔디를 한 움큼 집어주었다. 세스는 여전히 불만족스러워했지만, 어쨌든 세스를 떼어놓고 길을 나섰다.

집에 돌아왔을 때, 스미스 부인은 세스가 칼로 마리아의 유아용 식사 의자의 비닐을 엉망으로 만들어놓은 걸 보고 깜짝 놀랐다. 부인은 마음의 상처를 심하게 받았다.

"어떻게 이런 짓을 할 수 있지?"

부인은 재빨리 자신의 상처를 분노로 덮어버렸다. 세스의 손바닥을 때리고, 아이를 방으로 올려보냈다.

이 일이 일어날 즈음, 스미스 부인은 부모 연구 모임에 참석하고 있었다. 그리고 모임에서 공부한 내용을 잊지 않으려 매일 일기를 썼다. 그날도 일기를 쓰기 시작했다. 부인은 세스의 관점에서 사건을 볼 수 있을 만큼 충분히 객관적이 되었다. 그리고 왜 세스의 그릇된 목표가 보복이었는지 이해할 수 있었다. 그래서 다음과 같이 '서로가 승리하는 협력 전략 4단계'를 활용했다(2장 참조).

부인은 세스의 방으로 가 물었다.

"우리가 마리아만 데려가고 너를 데려가지 않은 이유가 마리아를 너보다 더 사랑한다고 생각해서였던 거니?"

세스는 눈물이 그렁그렁한 채로 대답했다.

"응."

스미스 부인이 말했다.

"그렇게 생각할 수도 있겠네. 그래서 네 기분이 별로 안 좋았겠다."

세스가 울먹이기 시작했다.

교사와 부모를 위한 긍정 훈육

부인은 세스를 안아주며 울음이 그치기를 기다렸다. 그러고 나서 이렇게 말했다.

"네 기분이 어땠는지 이해할 수 있을 것 같아. 내가 열세 살 때였어. 그때 네 할머니가 열여섯 살 언니만 뉴욕으로 데리고 갔어. 나도 가고 싶었는데, 내가 너무 어려서 안 된다는 거야. 난 그렇게 생각 안 했지. 엄마가 나보다 언니를 더 좋아하기 때문이라고 생각했어."

세스는 공감을 나타냈다. 스미스 부인은 세스에게 물었다.

"엄마가 너를 왜 집에 남겨놓으려고 했는지 알고 싶지 않니?"

세스가 고개를 끄덕였다. 스미스 부인은 세스에게 말했다.

"엄마는 어제 기분이 안 좋았단다. 네가 너무 더워하고 따분해했기 때문이야. 네가 그렇게 고생하는데 집을 구하러 돌아다니는 건 별로 유쾌한 일이 아니었어. 네가 집에 남아 친구들과 신나게 놀면 우리 모두 좀 더 편할 거라고 생각했어. 그러면 너는 지루해하지 않을 테니까. 왜 엄마가 너를 위해 그렇게 했는지 이해할 수 있겠니?"

세스가 말했다.

"그런 거 같아."

스미스 부인이 덧붙였다.

"네가 왜 우리가 마리아를 더 사랑한다고 생각했는지 알아. 마리아만 데리고 가고 너는 데려가지 않았으니까. 하지만 그건 사실이 아니야. 난 너를 무척 사랑한단다. 마리아도 집에 남겨두고 가고 싶었어. 하지만 마리아는 너처럼 밖에 나가 친구들하고 놀 수 없잖니."

스미스 부인은 세스를 잠시 안아주고 나서 물었다.

"마리아의 의자를 고치려면 어떻게 해야 할까?"

세스가 열정적으로 말했다.

"내가 할 수 있어요."

스미스 부인이 말했다.

"맞아, 네가 할 수 있을 거야."

둘은 계획을 세웠다. 세스의 용돈으로 비닐을 산 후, 둘은 패턴을 잘라 함께 의자에 스테이플러로 붙였다. 의자는 훨씬 나아졌다. 모자 사이도 훨씬 더 좋아졌다(이것은 그릇된 행동이 그릇된 행동을 하기 전보다 상황을 호전시키는 기회를 제공할 수 있다는 사실을 잘 보여주는 사례다).

스미스 부인은 자신과 세스가 '보복의 악순환'의 상황에 빠져 있었다는 것을 깨달았다. 세스는 자신이 사랑받지 못하고 있다는 그릇된 믿음을 채택했다(소속감과 중요성의 결여). 이것이 상처를 주고, 앙갚음하고야 말겠다는 그릇된 목표를 불러일으켰다. 세스는 뭔가 상처가 되거나 파괴적인 일을 하려고 했다. 스미스 부인은 자신의 상처를 분노로 덮으려 했고, 더욱더 가혹한 처벌로 세스에게 보복했다.

하지만 부인은 의자가 이미 망가졌고, 벌을 준다고 해서 의자가 원상복구되지는 않는다는 사실을 깨달았다. 또한, 아이의 그런 행동을 그냥 무시하고 넘어갈 수도 없다는 것을 알았다. 부인이 손바닥을 때림으로써 세스가 '벌을 모면하게' 내버려 두지 않았다. 하지만 처벌이라는 것이 자신이 원하는 장기적인 목표를 가져오지 않는다는 것도 깨달았다.

세스의 그릇된 목표가 보복이라는 것을 알고 난 뒤, 부인은 장기적으로 긍정적인 결과를 만들어내게끔 그 상황을 효과적으로 다루었다. 세스가 뭔가 파괴적인 행동을 했을 때, 세스가 상처 입고 화가 날 수도 있다는 걸 인정해주었다. 그래서 둘은 그 문제를 나중에 논의할 수 있었다. 냉각기를 거친 후, 부인은 사례에서 보여주는 것처럼 '서로가 승리하는 협력 전략 4단계'를 실천했다. 그리고 둘은 결국 해결 방법을 찾아

교사와 부모를 위한 긍정 훈육

냈다. 덕분에 둘은 보다 더 가까워졌다. '보복의 악순환'과 그릇된 행동은 더 이상 이어지지 않았다.

이것은 몇 년 전에 있었던 일이다. 스미스 부인은 자신과 세스가 이제는 너무나도 멋진 관계를 유지하고 있다고 알려왔다. 세스는 이제 더 이상 남에게 상처를 주거나 파괴적인 행동을 일삼지 않는다. 부인은 만약 둘이 '보복의 악순환'을 지속했다면 어떻게 되었을까 생각만 해도 끔찍하다고 했다.

십대 아이를 다룰 때

그릇된 행동의 목표 네 가지를 찬찬히 살펴보면, 어른조차 흔히 이런 그릇된 목표와 믿음을 채택하고 있다는 것을 분명히 알 수 있다. 하지만 열한 살 또는 열두 살 정도가 되었을 때, 아이가 이 네 가지 중 어디에 속하는지 찾아내기란 그리 쉽지가 않다. 그릇된 행동을 하는 십대들은 지나친 관심 끌기, 힘의 오용, 보복 또는 아무것도 못 하는 척하기와 같은 그릇된 목표를 품고 있다. 하지만 다른 요인이 복합적으로 작용하는 경우도 많다.

'친구의 압력'이 십대에게는 매우 중요하다. 더 어린 아이들도 친구의 압력에 영향을 받지만 친구의 인정이 십대에게는 더 중요하다. 십대에게는 어른의 인정보다 친구의 인정이 더 중요하다. 그리고 이것 때문에 십대의 그릇된 목표 중 하나가 된다. 십대는 반항의 시기를 겪는다. 부모에게 독립된 존재로서 자신이 누구인지를 탐색하고 있다. 이것이 부모의 가치를 시험해보는 것으로 나타날 경우, 흔히 반항으로 이어진다. 부모가 통제적이고 처벌적으로 대응하지 않으면, 이런 반항은 보통 이십대 즈음이 되면 자연스럽게 사라진다.

최근 월시David Walsh와 베네트Nat Bennett의 두뇌 연구는 십대에 전두엽 전부前部의 피질(외피)에서 급속한 두뇌 성장이 이루어진다는 사실을 보여주었다. 이것은 십대에게 상당한 혼란을 초래한다. 십대는 흔히 주변 사람들의 몸짓이 공격적이지 않음에도 불구하고 공격적인 것으로 잘못 해석하기도 한다. 그러므로 십대를 키울 때에는 분명하고도 확실하게, 특별한 보살핌이 필요하다. 지나친 통제 방법이 십대에게는 악영향을 미치기도 한다. 십대는 어린아이보다는 스스로 열등하고 복종적인 위치에 있다고 생각하는 경향이 덜한 편이다. 십대가 어른의 통제적인 행동에 지배받을 때, 그들은 협력이라는 단어에 매우 회의적인 태도를 갖게 된다. 이를 '굴복'의 뜻으로 해석한다. 이런 해석이 때로는 맞기도 하다. 많은 어른이 협력이라는 단어를 그런 의미로 사용하니까 말이다.

격려는 어린아이와 마찬가지로 십대에게도 똑같이 중요하다(7장에서 자세히 다루겠다). 린 로트Lynn Lott와 내가 『난 네 편이야: 십대 자녀와의 갈등을 해결하는 법I'm on Your Side: Resolving Conflict with Your Teenaged Son or Daughter』이라는 책을 썼을 때, 그 책은 2년 정도 그럭저럭 팔렸다. 그러고 나서 책의 제목을 『십대를 위한 긍정 훈육Positive Discipline for Teenagers』으로 바꾸자 그 책은 지난 2년 동안 팔렸던 양보다 단 두 달 만에 훨씬 많은 책이 팔려나갔다. 이건 무슨 뜻일까? 정확히는 모르겠다. 하지만 십대에게 부모가 자기 편이라는 사실을 전달하는 것이 얼마나 중요한지 많은 부모가 제대로 모르는 것 같다. 많은 교사와 부모는 전선戰線을 설정해놓고 십대 아이를 통제하는 데 많은 관심을 쏟아붓고 있는 것 같다. 우리는 이것이 안타까웠다. 십대를 통제하기란 불가능하다는 걸 잘

교사와 부모를 위한 긍정 훈육

알고 있기 때문이다. 통제하기에는 너무 늦었다. 십대를 통제하려고 하면 할수록 아이들은 더욱더 반항적이 되거나 잘못된 길로 빠져들기 십상이다.

십대들과의 협력에서 승리를 거둘 수 있는 최선의 방법은 상호 존중과 문제 해결 과정에서의 동등한 참여다. 가족회의와 학급회의는 사회적 책임을 가르치고, 십대를 정책 결정 과정에 참여하도록 해준다. 부드러우면서도 단호하게 위엄을 갖추되 상대방을 배려하는 태도를 보이고 함께 문제를 해결하려고 노력하다 보면, 아이들은 자라서 부모의 가치에 따르게 된다. 그리고 어른의 강압적인 통제 아래 놓여 있지 않을 때, 자신에게 필요한 삶의 중요한 기술을 배운다.

리뷰

이 장에서 설명한 네 가지 목표는 이것들이 소속감과 중요성을 찾는 방법에 관한 그릇된 믿음에 기인해서 그릇된 행동을 이끌기 때문에 그릇된 목표라고 칭했다. '그릇된 목표 네 가지'는 아이들이 자신은 어디에도 속해 있지 않으며, 스스로 가치가 없다고 느낄 때 선택하는 '그릇된 믿음 네 가지'를 상징한다.

교사와 부모로서, 그릇된 행동을 하는 아이들은 우리에게 암호를 보내고 있다는 걸 종종 잊을 때가 있다. 예를 들어, 아이들이 사랑과 보살핌보다는 좌절을 불러일으키는 행동을 통해 소속감을 추구하는 경우가 있다. 그릇된 행동을 하는 아이에게 긍정적으로 반응할 경우, 그 아이의 행동에 기름을 붓는 격이라고 믿는 전문가들도 있다. 하지만 그릇된 행동을 하는 아이가 의기소침하다는 사실을 이해한다면, 그릇된 행동의 동기를 없애주는 것이야말로 아이가 소속감과 중요성을 느낄 수 있게 하는 최선의 방법이라는 것을 알 수 있을 것이다.

다음과 같은 이유 때문에, 이런 개념을 이해는 하지만 행동으로 옮기는 것이 어렵다.

교사와 부모를 위한 긍정 훈육

01. 대부분의 어른은 아이가 그릇된 행동을 할 때 긍정적으로 느끼지 않는다.

02. 대부분의 어른은 자신의 그릇된 행동이 아이의 그릇된 행동을 불러일으킬 수 있다는 것을 제대로 이해하지 못한다. 그래서 자신도 아이의 그릇된 행동에 일정 부분 책임이 있다는 사실을 인정하지 못한다. 아이를 비난하지 말고 문제를 제대로 인식하는 것이 갈등을 해결하는 첫 번째 커다란 발걸음이다.

03. 아이의 그릇된 행동에 긍정적인 격려로 반응하는 훌륭한 어른이라 할지라도, 아이에게 거부당하기도 한다. 아이가 (우리 대부분과 마찬가지로) 격려를 언제나 순순히 받아들이는 것은 아니기 때문이다. 아이가 감정적으로 흥분되어 있을 수도 있다. 냉각기를 거쳐, 다시 한번 더 격려를 시도하자.

사랑이 가장 필요한 아이는 흔히 가장 밉상스럽게 행동한다.

'그릇된 행동의 네 가지 목표'를 이해하게 되면, 아이들이 자신의 그릇된 행동을 통해 정말로 무엇을 말하고 있는지 올바로 파악할 수 있다.

즉, '난 그저 소속되기를 원한다고요.'

이것을 이해하게 되면 아이에게 삶의 기술을 가르쳐주고, 의지를 북돋아 주며, 문제 해결을 위해 어른들이 어떤 도움을 주어야 할지 파악할 수 있다.

처벌은 그릇된 행동을 일시적으로 멈출 수 있지만, 문제를 영구적으로 해결할 수 없다. 격려를 통해 아이가 소속감과 중요성을 느낄 수 있도록 해주면, 장기적으로 긍정적인 효과를 끌어낼 수 있다.

문제의 행동을 보인 바로 그 순간에 격려를 해주지 못하거나 격려가 받아들여질 수 없다면 냉각기를 거쳐야 한다. 또한, '힘겨루기'와 '보복의 악순환'에는 두 사람 모두에게 책임이 있다는 걸 명심하자.

교사와 부모를 위한 긍정 훈육

긍정 훈육의 도구들

01. 그릇된 행동의 방정식에는 당신도 책임이 있다.

02. '그릇된 행동의 네 가지 목표'를 이해하고, 아이를 격려해주자.

03. 그릇된 행동을 통해 아이가 진정으로 말하고자 하는 것이 무엇인지 이해할 수 있도록 '암호 해독자'가 되자. 아이는 이렇게 말하고 있다. '나는 아이예요. 그리고 난 단지 어딘가에 속해 있고 싶다고요.'

04. 그릇된 행동 목표를 이해하는 실마리들을 적극 활용하자. 당신은 어떤 기분인가? 당신의 행동에 대해 아이가 어떤 반응을 보였는가?

05. 지나친 관심 끌기에 대해서: 125~126페이지에서 제시한 도구들을 다시 한번 더 복습하자.

06. 힘의 오용에 대해서: 126~127페이지에서 제시한 도구들을 다시 한번 더 복습하자.

07. 보복에 대해서: 127~128페이지에서 제시한 도구들을 다시 한번 더 복습하자.

08. 아무것도 못 하는 척하기에 대해서: 128~129페이지에서 제시한 도구들을 다시 한번 더 복습하자.

09. 아이들이 자신의 그릇된 목표를 올바로 인식하도록 '숨은 의도 파악'
    을 활용하자.
10. 서로가 승리하는 협력 전략 4단계

질문

01. '아이의 그릇된 행동'이라고 흔히 말하는 것들과 관련해 어른들은 어떤 '책임'이 있는가?

02. 우리가 '그릇된 행동'이라고 일컫는 것을 다른 용어로 표현한다면, 어떤 용어가 적절할까?

03. '그릇된 행동의 네 가지 목표'는 무엇을 지칭하는가?

04. 각각의 그릇된 행동 목표에 대한 아이의 그릇된 믿음은 무엇인가?

05. 아이의 목표가 무엇인지 분명하게 확인하는 것이 왜 중요한가?

06. 어른이 아이의 목표가 무엇인지 분명하게 확인하는 데 유용한 두 가지 실마리는 무엇인가?

07. '그릇된 행동의 네 가지 목표' 각각에 대한 어른들의 첫 번째 감정적인 반응은 무엇인가? 각각의 목표와 관련해 이 질문에 답해보자.

08. 아이가 그릇된 행동을 보일 때 그만하라고 하면 아이들은 어떻게 반응하는가? 아이의 그릇된 목표 네 가지와 관련해 대답해보자.

09. 각각의 목표에서 그릇된 행동을 고칠 수 있는 효과적인 반응 또는 행동에는 어떤 것들이 있는가?

10. 왜 네 가지 목표를 그릇된 목표라고 부르는가?

11. 아이들의 행동은 사실에 기초해 있는 게 아니다. 그렇다면 무엇에 기초해 있는가?

12. 자신의 그릇된 행동을 통해 아이가 당신에게 말하고자 하는 것은 무엇인가?

13. 아이가 당신에게 말하려고 하는 것을 깨닫는 것이 어려운 이유는 무엇인가?

14. 아이들이 그릇된 행동을 할 때 긍정적이고자 하는 당신의 시도를 아이들이 거부하는 이유는 무엇인가?

15. 흔히 어떤 아이에게 사랑이 가장 많이 필요할까?

16. 그릇된 행동을 유발한 동기를 이겨내는 데 가장 중요한 것은 무엇인가?

5장

논리적 결과에 대해
제대로 알자

수년 동안 나는 논리적 결과의 활용을 옹호해왔다. 안타깝게도 계속 좌절을 맛보았다. 교사와 부모들이 논리적 결과를 활용한 사례를 내게 들려주었을 때, 내게는 그것이 아이들에게 처벌을 가하는 것처럼 보였다.

일부 교사와 부모는 그것을 논리적 결과라고 주장하며 처벌을 위장할 수 있다고 생각하는 것 같았다. 하지만 논리적 결과라는 것이 사실은 엉성하게 위장된 처벌이라고 내가 지적하자, 그들은 내 말에 동의했다. 『민주적인 부모가 된다는 것Children: the Challenge』이라는 책을 다시 읽어보기 전까지, 그리고 드레이커스의 다음과 같은 인용문을 발견하기 전까지만 해도 내가 이런 현상을 처음으로 발견한 사람이라고 생각했다.

"'논리적 결과'라는 말을 사용할 때, 부모는 그것이 자신의 요구를 아이에게 강요할 수 있는 새로운 방법이라고 잘못 해석하는 경우가 아주 많다. 아이들은 그것이 무엇인지 똑똑히 알고 있다. 그건 바로 위장된 처벌이다."

벌을 받고 있을 때 아이들이 어떤 생각을 하는지 궁금해해본 적이 있는가(그것을 아무리 논리적 결과라고 부른다 할지라도 말이다)? 어떤 아이들은 자신이 나쁜 놈이며 쓸모없는 인간이라고 결론지을지도 모른다. 어떤 아이들은 벌을 받게 된 행동을 다시는 되풀이하지 않겠다고 결심할지도 모른다. 하지만 옳고 그른 것에 대한 원칙을 받아들였기 때문이 아니라 두려움과 위협 때문에 그리 결심을 하는 것이다. 이런 아이들은 '남의 눈치를 보는 사람'이 될지도 모른다. 어떤 아이들은 마음속 저 깊은 곳에 자신은 형편없는 놈이라고 생각하기 때문에 늘 자신이 가치 있는 사람임을 증명하려고 노력할 것이다. 어떤 아이들은 어떻게 하면 당신이 좌절을 맛볼지 궁리할지도 모른다. 또는 다시는 들키지 않을 방법을 궁리할지도 모른다. 많은 아이가 보복을 생각한다. 벌을 받은 아이들은 조만간 되갚아주겠다고 흔히 생각한다. 벌을 받으면, 어떤 아이들은 불공평하다는 생각을 한다. 벌을 받게 된 행동이 아닌, 자신에게 벌을 가하거나 치욕을 안겨준 어른에 대한 분노에 초점을 맞추는 것이다.

어떤 어른들은 처벌이 교훈이 될 만큼 충분히 가혹하지 못하면 아이들이 계속해서 그릇된 행동을 한다고 믿는다. 그래서 다시 벌을 가한다. 더욱더 가혹하게 말이다. 이렇게 되면 아이들은 보복할 수 있는 보다 더 교묘한 방법을 모색하게 된다. 이렇게 '보복의 악순환'이 영원히 이어진다. 부모는 자녀가 십대가 되어 가출로 반항할 때까지, 마약에 빠져들 때까지, 덜컥 임신할 때까지, 또는 어떤 형태로든 커다란 상처가 되는 사건이 일어날 때까지 '보복의 악순환'이 지닌 고통을 제대로 인식하지 못하기도 한다. 아이러니하게도 이런 아이들은 보복을 통해 부모에게 고통을 안겨주는 것 이상으로 스스로에게도 상처를 주고 있다.

그렇다고 처벌이(논리적 결과라고 불릴 때조차도) 아무런 효과도 없다고 주장하는 건 아니다. 아이들을 다루어본 사람이라면 누구나 아이들이 벌을 받으면 그릇된 행동을 즉각 멈춘다는 것을 안다. 적어도 잠깐은 말이다. 이런 이유 때문에 어른들은 훈육의 수많은 '전투'에서 자신이 승리를 거두었다고 착각하기도 한다. 하지만 아이들이 보복하겠다는 생각을 품을 때, 다시는 들키지 않겠다고 다짐할 때, 두려움 또는 자신이 쓸모없는 존재라는 생각 때문에 어른의 말에 순응할 때, 어른들은 훈육의 '전쟁'에서 패배할 수밖에 없다.

다시 한번 말하지만, 우리는 무엇이 효과가 있는지 주목해야 한다. 그리고 장기적인 효과를 고려해야 한다. 어른들이 아이를 이기는 게 중요하다고 생각한다면, 아이들을 인생의 패배자로 만들 것이다.

대부분의 부모는 처벌의 장기적인 효과에 대해 생각할 때 좌절감을 맛본다. 아이들에게 쓸모없는 인간이라는 생각을 심어주거나 반항을 키울 수 있는 환경을 조성하는 게 부모의 의도는 결코 아니었다. 벌을 주면 아이들이 앞으로는 더 잘하겠다는, 더 훌륭한 사람이 되겠다는 생각을 하리라고 확신했다. 따라서 많은 부모에게 장기적인 효과에 대한 생각이 전적으로 생소하다. 하지만 이 방법은 아이가 자신의 능력에 대한 인식을 키우고 의미 있는 사회적 기술과 삶의 기술을 배울 수 있는데 장기적으로 상당한 효과가 있다.

자연적인 결과와 논리적인 결과가 효과적으로 활용되기보다는 오용되는 경우를 많이 보아왔기 때문에 나는 이제 가급적이면 논리적 결과를 활용하지 말라고 주장한다. 논리적 결과를 적절하게 활용할 때, 효과적이고 격려가 될 수 있다는 것을 너무나도 잘 알고 있지만 어쩔 수 없다. 이제부터 논리적 결과는 나의 긍정 훈육의 도구 목록에서 최하위에 있을 것이다. 수많은 교사와 부모가 결과에 초점을 맞추는 대신 해결 방법에 초점을 맞추기 시작하자 가정과 학급의 분위기가 180도 달라졌다고 했다(6장 참조).

논리적(그리고 자연적) 결과에 대해 논의할 이유가 세 가지 있다. 이것이 내 도구 목록의 맨 마지막에 자리 잡고 있다고 말하기는 했지만 말이다. 사실, 논리적인 결과만 내 도구 목록의 바닥에 있는 것이다. 자연적인 결과는 아이들에게 훌륭한 학습경험을 제공해준다. 어른들이 그것을 방해하지 않을 경우에 그렇다는 말이다.

1. 자연적인 결과와 논리적인 결과가 타당하고, 유용하고, 효과적일 때가 있다.

2. 논리적인 결과는 가정과 학교에서 가장 광범위하게 활용되는 훈육 도구 중 하나다. 진정한 논리적 결과가 무엇인지, 그리고 그것을 적절하게 활용하는 방법이 무엇인지 교사와 부모가 제대로 알면 큰 도움이 된다.

3. 자연적인 결과와 논리적인 결과는 아이들을 배려하고 격려해줄 수 있다. 그런데도 이것이 너무 자주 오용되거나 제대로 활용되지 못하고 있는 것이 현실이다. 이것을 적절하게 활용할 때, 아이들은 자연적인 결과와 논리적인 결과로부터 상당히 많은 것을 배울 수 있다. 위엄과 존중과 더불어 책임감과 의무감을 익히는 데 효과적이다.

자연적 결과

· ·

자연적 결과란, 어른들의 개입 없이 자연스럽게 발생하는 결과를 말한다. 빗속에 그대로 서 있으면 옷이 흠뻑 젖는다. 음식을 먹지 않으면 배가 고프다. 코트를 입지 않고 외출하면 감기에 걸린다. 상황에서 빼내어 구조해주는 건 허용되지 않는다. 어른들이 아이를 훈육하고 꾸짖으며 "내가 그럴 거라고 했지"라고 말할 때, 또는 아이들이 경험을 통해 자연스럽게 경험할 수 있는 것보다 더 많은 비난, 수치, 고통을 덧붙일 때, 자연적인 결과를 경험하면서 배우는 기회를 사실상 빼앗는다. 아이는 경험을 통해 배우지 못하고, 비난, 수치, 고통을 받아들이거나 자신을 방어하는 데 초점을 맞추기 때문이다. 아이를 상황에서 빼내어 구해주는 대신에 아이의 경험에 대해 감정이입과 이해를 보여주도록 하자.

"배고픔을(비에 젖는 걸/성적이 엉망으로 나온 걸/자전거 빼앗긴 걸) 참는 게 무척 힘들었지? 나도 잘 알아."

가능하면 생색내지 말고 이렇게 덧붙일 수도 있다.

"너를 사랑한다. 네가 잘 해결할 수 있을 거라 믿어."

부모가 아이를 구조해주거나 과잉보호하지 않고 아이를 지지해주는 것이 어려울 수도 있다. 하지만 이것은 아이가 자신의 능력을 깨닫도록 도와주는 최고의 격려 방법이다. 자연적인 결과가 어떻게 작동하는지 사례를 살펴보자.

1학년 빌리는 점심 도시락 챙기는 일을 매일 까먹는다. 빌리 엄마는 바쁜 일과를 쪼개 학교에 도시락을 가져다주곤 했다. 엄마가 자연적인 결과를 배우고 난 후, 빌리가 도시락을 놓고 갈 경우 자연적인 결과를 경험하고 나면 도시락을 알아서 챙길 거라고 생각했다. 처음에 엄마는 빌리와 대화를 나누었다. 점심 도시락을 기억해야 할 책임이 빌리에게 있다고 알아듣게끔 말했다. 그러면서 다시는 학교로 도시락을 가져다주지 않겠다고 했다. 엄마는 빌리가 실수로부터 배울 수 있다는 걸 알았다. 부모가 자신의 행동을 바꾸고 자녀가 자신의 선택이 불러오는 자연적인 결과를 경험하도록 내버려 두겠다는 계획을 세웠을 때, 아이와 미리 대화를 나누는 것이 매우 중요하다.

그런데 엄마의 의도가 한동안 잘 먹히지 않았다. 빌리가 도시락을 잊고 그냥 학교에 갔을 때, 빌리의 선생이 빌리에게 점심값을 주었기 때문이다. 그래서 엄마는 빌리가 자연적인 결과를 배우게끔, 그래서 자기 도시락을 기억할 책임을 지게끔 선생을 만나 함께 계획을 세웠다.

하지만 빌리는 그 계획을 시험해봤다. 다음번에 빌리가 도시락을 잊었을 때, 빌리는 선생에게 점심값을 빌릴 수 있는지 물었다. 선생이 말했다.

"미안하구나, 빌리. 선생님은 네가 네 힘으로 도시락 문제를 해결할 수 있으리라 믿기로 했어."

그러자 빌리는 엄마에게 전화를 걸어 도시락을 갖다 달라고 부탁했다. 엄마 또한 부드럽지만 확고한 태도로 빌리 스스로 문제를 해결할 수 있을 거라는 점을 상기시켜주었다. 빌리는 잠시 입을 삐죽거렸다.

그 이후, 빌리는 좀처럼 도시락을 잊지 않았다. 도시락을 잊고 학교에 갔을 때는 음식을 나누어 먹을 수 있는 누군가를 그럭저럭 찾을 수 있었다. 2학년에 올라갈 즈음, 빌리는 도시락을 챙겼을 뿐만 아니라 스스로 도시락을 준비하기까지 했다.

아이가 흐느껴 울고, 입을 삐죽이고, 실망하는 모습을 견디지 못하는 어른이 많다. 빌리의 엄마 또한 아이가 보채는 소리를 견디기 힘들었다.

빌리가 썩 유쾌하지 못한 감정을 느끼는 게 가슴 아팠다. 아들이 배고플 거라 생각하니 엄마는 약간의 죄책감이 들었다. 만약 엄마가 자신의 계획을 그대로 밀고 나가지 못했다면, 빌리는 아침에 준비물을 챙기는 삶의 기술을 제대로 배우지 못했을 것이다. 그리고 스스로 문제를 처리할 수 있다는 멋진 감정도 배우지 못했을 것이다. 오히려 빌리는 제대로 되지 않았을 때, 그저 징징거리거나 불평하면서 다른 누군가에게 자신의 문제를 떠넘겼을 것이다. 이것을 잘 알기에 빌리 엄마는 차분하게 대응할 수 있었다.

당신이 무엇을 할 것인지 결정하자

자연적인 결과와 관련한 앞의 사례는 '당신이 자녀에게 무엇을 하게끔 하는가가 아닌, 당신이 무엇을 할 것인지 결정하는 것'의 중요성을 보여준다. 자연적인 결과와 논리적인 결과가 너무나 자주 오용되고 또 남용되고 있기 때문에 결과의 올바른 활용을 위한 사례를 몇 가지 제시하겠다.

줄리의 경우이다. 엄마는 열한 살짜리 줄리가 옷을 깨끗이 입게 하려면 자신이 무엇을 할 것인지 정하는 게 효과적이라는 사실을 깨달았다. 그동안 엄마는 줄리에게 빨래를 바구니에 넣으라고 끊임없이 잔소리를 퍼부어댔었다. 줄리는 잔소리에 아랑곳하지 않았다. 자기가 입으려고 하는 옷이 빨래가 되어 있지 않으면 계속해서 투덜거렸다. 엄마는 이내 포기하고, 입을 옷 때문에 괴로워하는 줄리를 구원해주기 위해 서둘러 세탁기를 다시 돌렸다.

자신이 딸아이를 제대로 가르치지 못하고 악영향을 미치고 있다는 걸 깨닫고, 엄마는 자신이 무엇을 할 것인지 결정해 줄리가 자연적인 결과를 경험하게끔 했다. 엄마는 부드럽지만 단호한 태도로 줄리에게 자기 옷에 대해 책임질 능력이 있다고 말했다. 그러고는 지금부터는 빨래 바구니에 들어 있는 옷만 정해진 날에 빨래하겠다고 말했다. 줄리가 무엇을 하게끔 만들려고 노력하는 대신에 자신이 무엇을 할 것인지 결정함으로써, 엄마는 줄리가 세탁기를 돌리는 날까지 빨래 바구니에 옷을 넣지 않았을 때의 자연적인 결과를 직접 경험하게끔 했다.

줄리는 이 계획을 시험해봤다. 며칠 후 줄리는 빨래 바구니에 넣는 걸 깜빡했던 바지를 입으려고 찾았다. 줄리가 불평을 늘어놓자 엄마는 따스하게 말했다.

"빨래가 안 되어 있어 네가 무척 상심했겠구나."

줄리가 그 옷을 따로 빨아달라고 부탁했을 때, 엄마는 이렇게 말했다.

"안 돼. 난 네가 다른 해결 방법을 찾을 수 있으리라 믿어."

그러고는 갈등의 순간에 논쟁을 피하기 위해 욕실로 들어가 샤워를 했다. 줄리는 그날 다른 옷을 입어야 한다는 생각에 기분이 상했다. 하지만 옷을 빨래 바구니에 넣는 걸 깜빡한 건 자신이었다.

누군가는 이것을 '논리적 결과'라고 부를지도 모른다. 이 과정에 엄마가 관련되어 있기 때문이다. 하지만 엄마의 관여는 딸아이에게 감정 이입과 격려를 보여주는 것 말고는 '한발 물러나는 것'이었다는 점에 주목해야 한다. 엄마는 옷을 빨래 바구니에 넣지 않았을 때의 '자연적인 결과'를 딸이 경험하게 했을 뿐이다.

비록 자연적인 결과가 이따금 아이에게 책임감을 배우게 할 수도 있지만, 실제로 아무 쓸모가 없는 경우도 있다.

1. 아이가 위험에 빠질 경우

예를 들어, 아이가 거리에서 뛰어놀 때의 자연적인 결과를 경험하도록 방치해서는 안 된다. 누군가는 이것을 아이의 손바닥을 때리는 이유로 활용한다. 이런 사람들은 이렇게 주장한다. "아이 손바닥을 때릴 수밖에 없어요. 거리에서 뛰어놀면 안 된다는 걸 똑똑히 가르쳐주기 위해서는 체벌이 불가피해요."

나는 이런 부모에게 이렇게 묻곤 한다. 찻길 근처에서 뛰어놀면 안 된다고 '가르치기 위해' 손바닥을 때린 뒤, 아이 혼자 복잡한 거리에서 놀게끔 내버려 둘 의향이 있는지. 대답은 언제나 똑같다.

"물론 아니지요."

그러면 나는 복잡한 거리에서 어른이 지켜보지 않은 채 아이가 놀도록 내버려 둬도 안전하다고 생각하기까지 얼마나 많이 아이의 손바닥을 때려야 하는지 묻는다. 대부분의 부모는 아이가 어른의 보살핌 없이 혼자서 복잡한 거리에서 놀게끔 내버려 두지 않을 것이다. 아이가 여섯 살 내지 적어도 여덟 살이 되기 전까지는 말이다. 아이에게 찻길 근처에서 놀지 말라고 '가르치기 위해' 얼마나 많이 손바닥을 때렸든 상관없이 말이다. 책임감을 배울 준비가 중요하다. 손바닥을 때리는 것이 핵심이 아니다.

2. 훈련의 시간을 가질 경우

아이들이 성장하는 동안 어른도 여전히 훈련의 시간을 가져야 한다. 아이의 책임감을 키우는 방법으로 처벌 대신 논리적 결과를 활용하면 훨씬 더 효과적이며, 또 아이의 자존심을 상하지 않게 할 수 있다. 이 경우, 논리적 결과는 아이가 길거리로 뛰어나갈 때마다 부드러우면서도 단호하게 집 안 또는 뒷마당에 아이를 데려다 놓는 것이 될 것이다(다시 한번 말하지만, 당신이 무엇을 할 것인지 결정하는 것이 중요하다). 어떤 사람들은 이것을 '관심의 분산'이라고 부른다. 감독, 관심의 분산, 방향 전환은 우리가 활용할 수 있는 최고의 도구들이다.

한편, 아이의 두뇌가 어떤 행동의 원인과 결과를 이해할 정도로 충분히 성숙할 때까지 훈련의 시간을 가질 수 있다. 아이와 함께 건널목을 건널 때마다 아이에게 조심하라고 가르치는 것도 훈련의 시간이다. 길을 건너기 전, 아이에게 차가 오는지 안 오는지 거리 이쪽저쪽을 살펴보도록 주의를 주자. 자동차가 가까이 다가올 때 길을 건너면 무슨 일이 벌어질지 물어보자. 언제 길을 건너면 좋은지 아이에게 물어보자. 이렇게 할 때, 아이는 손바닥을 맞는 것보다 실제로 더 많은 것을 배우게 된다.

3. 자연적인 결과가 타인의 권리를 침해할 경우

예를 들어, 아이가 다른 사람을 향해 돌을 던지는 행위를 내버려 두었을 때 일어나는 자연적인 결과를 절대로 허용해서는 안 된다. 네 살 이하의 어린아이에게는 특별히 감독이 중요하다. 이 나이 또래의 아이들에게 만에 하나 발생할 위험한 상황을 미연에 방지하는 유일한 방법은 철저한 감독이다. 위험한 상황에 뛰어들어 미리 예방할 수 있어야 한다.

4. 아이의 행동이 가져오는 결과가 아이에게 중요한 문제로 인식되지 않는다면, 자연적인 결과는 별 효과가 없다

예를 들어, 목욕을 하지 않고, 이를 닦지 않고, 숙제를 하지 않고, 인

스턴트 음식을 엄청 먹어대는 것이 일부 아이에게는 전혀 문제 될 것이
없는 것처럼 보일 수 있다.

논리적 결과

. .

논리적인 결과는 어른, 또는 가족회의나 학급회의에 참여하는 다른 아
이들의 개입이 필요하다는 점에서 자연적인 결과와 차이가 있다. 여기
서는 어떤 결과가 아이에게 책임감 있는 협력을 선택하게 유용한 학습
경험을 끌어낼 것인가를 결정해야 한다.

예를 들어, 린다는 책상에 앉아 있을 때 연필을 톡톡 두드리는 습관
이 있다. 이 습관이 다른 아이들의 집중을 방해했다. 교사가 린다에게
연필을 그만 두드리라고 말하거나 연필을 집어넣고 숙제를 나중에 하
라고 할 수 있다(아이에게 그릇된 행동을 멈추든가 논리적 결과를 경험하
게 하는 것, 그 둘 중에서 선택하게 하는 것은 일반적으로 좋은 생각이다). 물
론 다른 해결 방법도 있다. 아이들은 이런 행동이 다른 아이에게 방해
된다는 걸 알아차리지 못하는 경우가 많다. 교사는 그저 린다에게 연필
을 두드리지 말라고 한마디 할 수도 있다. 아니면, 린다와 대화를 통해
해결 방법을 모색해볼 수도 있다. 아니면, 학급회의에서 학급 친구들이
도와주도록 합의를 끌어낼 수도 있다. 만약 어떤 결과가 처벌과 유사한
느낌이 든다면, 다른 긍정 훈육 도구를 선택하자.

댄은 장난감 자동차를 학교에 가져갔다. 교사가 댄을 불러내 수업이
끝날 때까지 장난감을 자신에게 맡기든가 교장 선생님에게 맡기라고
했다. 댄은 선생님에게 장난감을 맡기기로 선택했다(아이에게 어떤 결과

에 대해 가급적 개별적으로 이야기하는 것이 좋다. 그래야 아이가 친구들로부터 체면을 잃지 않는다).

아이에게 선택권을 주고, 결과에 대해 개별적으로 이야기하는 것이 논리적 결과를 효과적으로 적용하는 유일한 지침은 아니다. 만약 그렇다면, 아이에게 그릇된 행동을 그만두거나 손바닥을 맞는 것 중에서 선택하도록 하는 게 적당할 수도 있었을 것이다. 다음의 '논리적 결과를 위한 네 가지 R'은 그 해결 방법이 처벌이 아닌 논리적 결과임을 보증하는 기준이다.

논리적 결과를 위한 네 가지 R

1. Related(연관성이 있어야 한다.)
2. Respectful(존중해야 한다.)
3. Reasonable(타당해야 한다.)
4. Revealed in advance(미리 알려줘야 한다.)

Related는 결과가 행동과 연관되어 있어야 한다는 뜻이다.

Respectful은 결과가 비난, 수치, 고통을 포함하지 않아야 한다는 뜻이다. 그리고 부드러우면서도 단호하게 행동해야 하며, 관련된 모든 사람을 존중해야 한다는 뜻이기도 하다.

Reasonable은 결과에서 아이를 빼내 주지 말아야 하며, 어른의 관점뿐만 아니라 아이의 관점에서도 타당해야 한다는 뜻이다.

Revealed in advance는 말 그대로 아이가 특정한 행동을 선택할 경우, 어떤 일이 생길지(그리고 당신이 어떻게 할지) 아이가 미리 알 수 있게 해주어야 한다는 뜻이다.

만약 이 네 가지 R 중에서 하나라도 부족하다면, 그것은 더 이상 논리적 결과라고 부를 수 없다.

아이가 책상에 낙서를 할 때, 아이에게 책상을 깨끗이 치우라고 하면 된다. 하지만 네 가지 R 중 하나라도 빠졌을 경우, 어떤 일이 벌어질까?

교사가 책상을 깨끗이 치우라고 명령하며 모욕을 준다면, 그건 더 이상 논리적 결과가 아니다. 마틴 선생은 반 아이들이 모두 보는 앞에서 메리에게 다음과 같이 말했을 때, 자신이 논리적 결과를 활용하고 있다고 생각했다.

"메리, 네가 그렇게 멍청한 짓을 하다니, 정말 놀랍구나. 이제 책상을 깨끗이 닦아라. 안 그러면 네 부모님에게 내가 너한테 실망했다는 걸 말씀드려야겠다."

이 경우 아이를 배려하는 태도는 하나도 보이지 않는다.

만약 선생이 합리적이 아니어서 교훈을 주기 위해 교실의 모든 책상을 깨끗이 닦으라고 요구한다면, 더 이상 논리적 결과가 될 수 없다. 아이에게 자신의 힘을 보여주느라 타당하지 않게 행동했기 때문이다. 아이가 고통을 겪어야만 배울 수 있다는 그릇된 믿음 때문에 이런 행동이 나오는 것이다.

만약 결과를 미리 알려주지 않으면, 아이는 그것을 처벌로 해석하기 쉽다.

아이가 우유를 엎질렀다면, 아이에게 쏟아진 우유를 깨끗이 치우게 하면 된다. 하지만 이렇게 말한다면 그건 배려의 태도가 아니다.

"어쩜 그렇게 할 줄 아는 게 아무것도 없니? 앞으로 더 이상 우유 따르지 마."

교사와 부모를 위한 긍정 훈육

배려의 태도가 흠뻑 묻어난 말은 이런 것일 거다.

"이런. 이제 어떻게 해야 할까?" (아이가 해결 방법을 얼마나 잘 아는지, 스스로 얼마나 적극적인지 알면 놀랄 것이다. 물론 아이를 배려하며 물어보았을 경우에 그렇다는 말이다.)

만약 아이가 어찌해야 할지 제대로 모른다면, 그건 아마도 당신이 훈련의 시간을 충분히 갖지 않았기 때문일 수도 있다. 이 경우 당신의 기대 혹은 요구는 비합리적일 수도 있다. 아이가 처한 상황을 배려해줄 때, 실수는 배움의 멋진 기회가 된다. 아이들이 자신의 실수 때문에 아픔을 겪는다고 여기며 이렇게 말하는 것은 합리적인 생각이 아니다.

"따끔하게 배우게, 바닥 전체를 깨끗이 닦아."

네 번째 R, 즉 사전에 미리 알려주는 것은 이 경우에는 적용되지 않는다.

만약 어른들이 이 네 가지 R 중 하나를 빼먹고, 그래서 그 결과가 연관되지도 않고, 배려의 태도도 없고, 합리적이지도 않고, 미리 알려주지도 않는다면, 아이들은 '처벌의 네 가지 R'을 경험할지도 모른다. 이 부분은 1장에서 이미 설명했다. 이것이 결과의 오용과 어떻게 관련되어 있는지 보여주기 위해 여기서 다시 한번 더 언급하겠다.

처벌의 네 가지 R

1. Resentment(분노)
   ▶ '이건 불공평해. 난 어른들 못 믿겠어.'
2. Revenge(보복)
   ▶ '언젠가 꼭 복수하고 말겠어.'

3. Rebellion(반항)

▶ '내가 원하는 건 무엇이든 할 수 있다는 걸 보여주고 말겠어.'

4. Retreat(후퇴)

▶ a. 비열 - '다음번에는 걸리지 말아야지.'

▶ b. 자존감의 몰락 - '난 나쁜 놈이야.'

교사와 부모는 인정하고 싶어 하지 않지만, 처벌을 선호하는 주된 이유에는 아이를 제압하거나 또는 아이를 아프게 만들어 자신의 힘을 드러내기 위함도 있다. 이런 생각 뒤의 무의식적인 사고는 이렇다.

'나는 어른이고 너는 아이다. 너는 내가 시키는 대로 해야 해. 안 그러면 그 대가를 톡톡히 치르게 될 거야.'

이런 개념은 풍자만화 속에 잘 표현되어 있다. 남편이 막대기를 들고 아이를 쫓아가는 모습을 지켜보고 있는 엄마가 있다. 엄마가 이렇게 소리친다.

"기다려요, 아이에게 다시 한번 기회를 줘요."

아빠가 대답한다.

"안 돼, 다시는 안 그럴지도 몰라."

분명 이 아빠에게는(그리고 많은 어른에게는) 아이가 행동을 고치도록 도와주는 것보다 그릇된 행동을 했기에 거기에 합당한 고통을 주는 게 중요하다.

고통은 논리적 결과의 필수 요소가 아니다. 예를 들어, 아이가 자기 책상을 깨끗이 닦는 걸 좋아할지도 모른다(이건 멋지다. 논리적 결과의 목표는 고통을 불러일으켜 복수하는 것이 아니라, 그릇된 행동을 그만두고 해결 방법을 찾는 것이기 때문이다). 그래서 논리적 결과의 또 다른 이름이 '방향 전환'인 것이다.

방향 전환

· · ·

논리적 결과는 아이가 제대로 행동하게끔 관심을 다른 데로 돌릴 때 효과적이다.

마크는 교실에서 수업 중에 잡담을 한다. 이것은 예의에 어긋나고, 면학 분위기를 깨뜨리는 행동이다. 스미스 선생은 '교실에서 바르게 행동하고, 버릇없이 굴지 않겠습니다'라는 문장을 30번 쓰도록 마크에게 벌을 주었다. 마크는 순순히 받아들이지 않았다. 마크는 이렇게 생각하지 않았다.

'아 멋져! 난 벌 받을 만해. 이렇게 하면 난 교실에서 다시는 떠들지 않을 거야.'

마크는 반항심이 일었다. 화가 났다. 그래서 반성문을 쓰지 않았다. 스미스 선생은 처벌이 제대로 먹히지 않으면, 그건 벌이 충분하지 않기 때문이라고 믿는 사람이었다. 그래서 스미스 선생은 반성문을 60번 쓰라고 명령했다.

마크는 더욱더 화가 나고, 반항적이 되었다. 계속 반성문을 쓰지 않았다. 마크의 엄마가 반성문을 쓰지 않으면 선생님이 두 배로 쓰게 할 거라고 알려주었다(그것이 공평하든 그렇지 않든 말이다). 그리고 잘못하면 정학을 맞을지도 모른다고 했다. 마크가 말했다.

"상관없어요. 어쨌든 반성문은 쓰지 않을 거야."

반성문은 120번으로 늘어났다. 그리고 결국 마크의 엄마가 학교로 불려갔다. 처벌이 제대로 먹히지 않으면, 그건 부모가 처벌을 받아들이지 않기 때문이라고 믿는 선생이 많다. 이 경우, 선생이 옳았다. 마크의 엄마는 처벌의 효과를 믿지 않았으니까.

선생과의 면담에서 마크 엄마는 마크가 버릇없이 굴었고, 교실 분위기를 깨트렸고, 그래서 버릇을 고쳐야 한다는 데 대해서는 분명히 동의한다고 말했다. 하지만 마크의 엄마는 논리적 결과가 보다 더 효과적이어야 한다고 생각했고, 그래서 이런 제안을 했다.

"마크가 선생님을 불쾌하게 만들었으니, 마크한테 선생님을 기쁘게 해드리도록 하면 어떨까요?"

스미스 선생이 물었다.

"어떻게 말입니까?"

마크 엄마는 칠판을 닦거나, 휴지통을 비우거나, 또는 수업 진행을 위한 잔심부름을 제안했다.

마크는 이 제안에 솔깃했다. 그래서 이렇게 맞장구를 쳤다.

"맞아요, 제가 아이들에게 타동사와 자동사를 가르칠 수 있어요."

스미스 선생이 말했다.

"그래. 너는 자동사와 타동사를 잘 이해하고 있어. 그런데 아직 많은 아이가 제대로 이해하지 못하고 있지."

선생은 마크 엄마를 바라보며 말했다.

"하지만 그건 벌이 아닙니다. 마크는 그걸 즐길 테니까요."

스미스 선생은 그릇된 행동을 유용한 행동으로 방향 전환하도록 하자는 제안을 따르고 싶지 않았다. 그렇게 하면 그릇된 행동에 보상을 해주는 꼴이고, 마크로 하여금 더욱 그릇된 행동을 하도록 고무시킬지도 모른다고 두려워했기 때문이다.

이것은 아이들을 바르게 가르치려면 먼저 아이들의 기분을 상하게 해야 한다는 오해에서 비롯되었다. 스미스 선생은 아이들이 자신이 저지른 행동에 대한 응분의 대가를 받는 것이 자신의 행동으로부터 무언가를 배우는 것보다 훨씬 더 중요하다고 생각하는 전형적인 사람이다. 다시 한번 이야기하겠다. 사실과 전혀 다르다. 아이들은 기분이 좋을 때 더 잘 해낼 수 있다. 다음 사례에서 보겠지만, 그릇된 행동을 유용한 행동으로 방향 전환하면 아이들이 그릇된 행동을 그만두거나 확실히 덜하게 된다.

논리적 결과를 활용하기가 힘든 또 다른 이유는 생각, 인내, 자제력이 필요하기 때문이다. 차라리 아이에게 자제하라고 지시하는 게 스스로 자제하는 것보다 훨씬 쉽다는 것을 대부분의 어른은 알고 있다.

논리적 결과와 행동의 그릇된 목표

논리적 결과를 활용하기 위해서는 또 하나, 행동의 그릇된 목표를 고려해야 한다. 아이의 목표가 지나친 관심 끌기라면, 갈등의 순간에 논리적 결과는 별 효과가 없다. 목표가 힘의 오용 또는 보복이라면, 냉각기를 거친 후, 그리고 아이의 협력을 끌어낸 후, 문제 해결을 위한 모임 시간에 논리적 결과를 효과적으로 활용할 수 있다.

드레이커스는 이렇게 말했다.

"세심히 주의를 기울이지 않으면, 힘겨루기의 상황에서는 논리적 결과를 적용할 수 없다. 그것이 흔히 보복이라는 징벌적인 행동으로 퇴화하기 때문이다. 이런 이유 때문에 자연적인 결과는 늘 유용하지만 논리적인 결과는 부작용을 일으킬 수도 있다."

예를 들어, 교실에서 빈둥거리기만 하며 할 일을 하지 않는 아이를 가정해보자. 교사는 아이에게 이렇게 말할 수 있다.

"쉬는 시간 전까지 끝내야 해. 그렇지 않으면 쉬는 시간에도 마저 해야 해."(논리적 결과로서 이런 선택이 얼마나 배려의 뜻을 담고 있는지 주목하자.) 만약 목표가 지나친 관심 끌기라면, 아이는 싱글싱글 웃으며 자기가 맡은 일을 하기 시작할 것이다. 하지만 목표가 힘의 오용이라면 아이는 선생의 말을 듣지 않을 것이다. '마음대로 못 하리라는 것'을 증명하기 위해서다. 목표가 보복이라면 아이는 당신의 감정을 상하게 하려 선생의 뜻을 거부할 것이다. 아이의 목표가 아무것도 못 하는 척하기라면 아이에게 논리적 결과를 보여줄 것이 아니라 더 많은 훈련 시간을 가져야 한다.

다시 말해, 논리적 결과를 효과적으로 활용하기 위해서는 아이의 행동과 장기적인 효과를 이해해야 한다.

기억하자. 논리적 결과는 그릇된 목표가 무엇이든 상관없이 어느 경우에나 적합하지 않을 수도 있다. 어쩌면 교사가 요구한 일이 아이에게는 별 의미가 없을 수도 있다. 교사가 계획을 세우고, 그 계획을 타당한 것으로 받아들일 수 있게 하는 과정에 아이를 참여시키지 않았을 수도 있다. 어떤 일을 어떻게, 왜 해야 하는지 아이와 함께 토론할 필요도 있겠다. 아이의 관심과 협력을 끌어내기 위해 문제 해결 과정에 아이를 참여시키는 것이야말로 가장 좋은 방법이다.

결국 논리적 결과는 하나의 도구에 불과하다. 문제 해결에 있어서 최고의 도구가 될 수는 없다.

태도의 변화가 필요하다

• • •

이 개념을 처음 접했을 때, 나는 심리학을 배우던 중이었다. 나는 개방적이고, 솔직하고, 자발적인 것이 매우 중요하다고 믿고 있었다. 그런데 그릇된 행동을 보이는 내 아이에 대한 개방적이고, 솔직하고, 자발적인 나의 반응이 오히려 아이를 협박하고, 고함치고, 손바닥을 때리는 행동으로 나타났다. 내가 단호한 태도를 보여야 한다고 느낄 때 부드럽게 행동하면 그것은 솔직하지도, 자발적이지도 않은 행동이라고 여겼다. 아이의 그릇된 행동에 화가 나 있는 상태였기 때문이다. 다행스럽게도, 나는 곧 내 행동을 자제하는 게 더 중요하다는 사실을 깨달았다. 내 아이들이 스스로 행동을 절제하기를 바랐기 때문이다. 그래서 훈련이 필요했다. 그 결과, 노력한 가치가 충분히 있었다.

그런데 처음으로 경험한 나의 논리적 결과는 실패했다. 부드러우면서도 단호하게 행동하는 것이 중요하다는 걸 놓쳤기 때문이다. 그리고 '논리적 결과를 위한 네 가지 R'을 몰랐기 때문이다. 나는 단호했지만 다정하게 대하지는 못했다. 그리고 아이에게 수치심을 안겨주었다.

나는 아이에게 저녁식사 시간에 늦게 오면, 저녁을 못 먹을 뿐만 아니라 앞으로는 식사 시간에 자기가 먹을 건 자기가 차리고 뒷정리까지 깔끔하게 마쳐야 한다고 미리 말했다. 거기에다 덧붙였다. 앞으로는 밥 먹으라고 부르러 다니지 않겠다고, 그리고 두 번씩이나 저녁을 차리지는 않겠다고(내가 무엇을 할지, 하지 않을지를 결정했다). 그런데 아이가 처음 늦었을 때, 부드러우면서도 단호하게 대하는 대신에 나는 약속을 어긴 아이를 꾸짖었다. 그리고 이렇게 덧붙였다.

"내가 분명히 말했었지."

논리적인 결과가 처벌이 될 수 있는 상황으로 방향이 틀어져 버린 것이다. 그러고 나서 왜 효과적이지 못한지 의아했다. 내가 부드러우면서도 단호한 행동을 올바로 이해했다면, 아마도 이렇게 말했을 거다.

"저녁 못 먹어서 유감이구나. 네가 스스로 먹을 것을 챙기려면 어떻게 해야 하는지 규칙을 알고 있지?" (뒷정리를 깔끔하게 해야 하는 것 따위의 규칙에 대해 미리 합의했을 때에만 이런 말을 할 수 있다.)

결국 나는 논리적 결과를 활용해 큰 성공을 거두었다. 미리 아이들을 결정 과정에 참여시켰을 뿐만 아니라, 모든 지침들을 다 배웠기 때문이다.

미리 아이들을 참여시키자

• •

수년 동안 나는 아이들에게 아침에 옷을 스스로 챙겨 입으라고 귀가 아프게 잔소리를 해댔다. 자연적인 결과와 논리적인 결과라는 개념을 배우고 난 후, 가족회의를 열어 아침식사는 8시부터 8시 30분까지 할 것이라고 함께 결정했다. 그 시간까지 옷을 입고, 식사할 준비가 되지 않은 사람은 누구든 점심식사 전까지는 아무것도 먹을 수 없었다. 이 같은 결정을 내리는 데 동참했기에 아이들은 처음 몇 주 동안에는 약속을 따르기 위해 열심인 것 같았다. 일곱 살짜리 케니는 심지어 자기 옷을 소방수 스타일로 정리하겠다고 결심했다. 그래야 아침에 순서대로 재빨리 옷을 입을 수 있으니 말이다.

그런데 케니는 이 계획을 잘 지키지 못했다. 어느 날 아침, 케니가 잠옷을 입은 채 소파에 앉아 있었다. 한쪽 눈으로 시계를 바라보고 있다

교사와 부모를 위한 긍정 훈육

가 8시 31분이 되자 부엌으로 들어와 아침을 달라고 했다. 내가 말했다.

"미안하구나, 케니. 하지만 아침식사는 끝났어. 점심때까지 잘 참을 수 있지?"

케니는 그때까지 기다릴 수 없다고 고집 피우며 조리대에 기어 올라가 시리얼을 꺼냈다. 화가 났지만 이를 악물고, 나는 부드러운 태도를 유지했다. 단호하게 케니를 번쩍 들어 조리대에서 내려놓았다. 케니는 울음을 터트리고 약 45분 동안 엄청난 짜증을 부려댔다. 다시 조리대 위로 기어 올라가려고 할 때만 잠시 울음을 멈추었을 뿐이다. 그럴 때마다 매번 나는 부드러우면서도 단호한 태도를 유지한 채 케니를 번쩍 내려놓았다. 마침내 케니가 부엌을 나갔다. 나는 이렇게 하는 것이 효과가 있는지 전혀 확신하지 못했다. 45분 동안 아이와 실랑이를 하니 차라리 벌을 내리는 게 훨씬 더 쉽다고 생각했다. 하지만 만약 그렇게 했다면, 나는 같은 일을 두고 계속해서 벌을 내렸을지도 모른다.

부드러우면서도 단호한 태도를 지속적으로 보여주자 효과가 나타났다. 그리고 나서 2주 동안 모든 아이가 아침식사 시간에 옷을 챙겨 입고 깔끔하게 준비를 마쳤다. 그러다 케니가 다시 한번 규칙을 시험해보기로 작정했다. 케니가 8시 31분에 잠옷 차림으로 식탁에 왔을 때, 나는 지난번과 똑같이 말했다.

"아침식사를 놓쳐서 유감이구나. 점심때까지 잘 참을 수 있겠지."

그러면서 속으로는 이렇게 생각했다.

'이런. 아이가 화를 내는 동안 다시 45분씩이나 부드러우면서도 단호한 태도를 취해야 한다니!'

하지만 다행스럽게도, 단 한 번만 케니를 조리대에서 내려놓으면 되었다. 이윽고 케니는 밖으로 나가며 중얼거렸다.

"어쨌든, 난 아침 먹고 싶지 않았어."

그때가 아침식사 전, 아이들 옷 챙겨 입는 문제로 고민했던 마지막 순간이었다. 제대로 효과를 발휘했던 것이다! 이 사례는 앞에서 이미 언급했던 두 가지 개념의 실례라 할 수 있다.

1. 아이들은 종종 계획을 시험해보려 한다. 따라서 행동이 나아지기 전에 더 나빠지는 경우도 있다. 시험의 기간 동안 부드러우면서도 단호한 태도를 유지하기가 힘들기는 하지만 이는 매우 효과적이 다.

2. 벌을 주면 원하는 결과를 더 빨리 얻을 수 있을지도 모른다. 하지 만 적절히 활용하기만 하면, 논리적 결과는 아이들이 자기수양과 협력을 배우는 수많은 비처벌적 방법 중 하나가 된다.

앞의 사례에서 논리적 결과가 효과적이었다 하더라도, 다른 방법들이 더 효과적일 수도 있었을 것이다. 계획에 대한 열정이 식자마자 우리는 다음번 가족회의에서 그 문제를 다시 한번 의논할 수 있었다. 9장에서 가족회의에 관해 설명하겠지만, 이것은 집안일에 대한 관심이 줄어들 경우에 큰 효과가 있다. 나는 케니와 함께 그동안 무슨 일이 있었는지, 케니가 어떻게 인식하고 있는지, 어떤 느낌인지, 문제 해결을 위해 어떤 아이디어가 있는지 알아보기 위해 애정 어린 질문을 던졌다. 케니를 꼭 껴안아 주며 평화로운 아침을 맞으려면 케니의 도움이 꼭 필요하다고 말해주었다.

다른 방법이 더욱더 효과적일 경우에도 논리적 결과가 흔히 사용된다. 여기에서 핵심은 장기적인 효과를 생각해보는 것이다. 만약 문제 해결이 자녀에게 논리적 결과 이상의 것을 가르쳐줄 수 있다면 그 방법을 활용하자. 자녀가 자신의 선택이 어떤 결과를 가져오는지 경험하게 해주는 것만으로도 소중한 삶의 교훈을 가르쳐줄 수 있다. 예를 들어보겠다.

지나는 소프트볼 글러브를 잃어버렸다. 자연적인 결과는 글러브 없이 경기를 하는 것이 될 것이다. 하지만 지나 엄마는 슈퍼맘이고, 자기 아이가 경험에서 배우는 걸 용납할 수 없었다. 슈퍼맘들은 모든 것을 직접 통제하고 싶어 하는 경향이 있다. 지나 엄마는 '큰소리로 호통친 후 곤경에서 구원해주는' 기법을 활용했다. 지나에게 물건을 잘 챙겨야 한다고, 글러브 없이 경기장에 가는 건 무책임한 짓이라고 도덕적인 훈계를 한 후(이런 말은 지나가 수없이 들었다), 딸아이를 데리고 가게로 차를 몰고 가 (흔히 하던 대로 다시는 이렇게 안 해줄 거라 말하며) 새 글러브를 사주어 지나를 곤경에서 빼내 주었다. 지나가 자연적인 결과를 경험하도록 하는 게 그렇게 나쁜 것일까? 만약 엄마가 지나에게 돈을 벌어 새 글러브 값을 지불하라는 논리적 결과로 대체했다면 어땠을까? 하지만 이 엄마는 다른 많은 엄마처럼 행동했다. 엄마의 개입은 논리적인 것과는 거리가 멀었다. 지나는 자신이 책임질 필요가 없다는 데 익숙하다. 비록 엄마의 심한 잔소리를 들어야 하지만 말이다.

많은 교사와 부모가 "입이 닳도록 이야기했다"는 말을 자주 한다. 아이들은 어리석지 않다. 자신에게 무엇이 효과적인지 잘 알고 있다. 수백 번 이야기하는 것은 전혀 효과적이지 않다. 어른들이 주의를 반복하거나, 함께 문제를 해결하지 않고 어른이 직접 문제를 해결해 아이들에게 그 책임을 빼앗아버리는 한 아이들은 자신의 행동에 책임지는 걸 결코 배울 수 없다.

실베스터 부인은 자녀에게 장난감을 가지고 논 다음에는 잘 정리해두라는 말을 수백 번 했다. 그러다 앞의 개념을 배우고 난 후, 지금부터는 장난감을 정리하지 않으면 엄마가 치워버리겠다고 아이들에게 차분하게 알려주었다. 다시 한번, 자신이 무엇을 할지 결정했다는 걸 잊지 말자.

그러면서 부인은 덧붙였다. 만약 엄마가 장난감을 치우게 하면, 장난감을 소중히 여기는 모습을 보여주기 전까지는 다시는 그 장난감을 가지고 놀지 못하게 할 거라고 했다.

명심하자. 사실 어른들은 아이에게 너무 많은 장난감을 사준다. 이런 문제가 있다면, 당신이 장난감을 정리해 그것을 아예 치워버려도 아이들은 눈 하나 깜빡하지 않을 것이다. 따라서 아이들의 협력을 끌어내기 위해서는 더 이상 장난감을 사주지 말아야 한다.

부인은 자녀가 어떤 장난감을 정말로 소중하게 여기고 있는지, 어떤 장난감은 그저 너무 많이 사준 것의 결과인지 잘 알고 있다. 장난감을 치우기 전, 부인은 다시 한번 더 말했다.

"너희가 장난감 치울래, 아니면 엄마가 치울까?"

아이들은 자기가 소중히 여기는 장난감 몇몇 개를 주워 들었다. 부인이 직접 챙겨 선반 꼭대기에 올려놓은 장난감들은 금세 아이들의 기억 속에서 사라졌다.

아이들에게 버림받은 장난감이 모두 선반 위로 올라간 후, 부인은 이제부터 이리저리 굴러다니는 장난감은 당장 치워버릴 거라고 말했다. 부인은 더 이상 장난감을 정리할 필요가 없었다. 아이들이 엄마보다 빨리 장난감을 주워 담으려 서둘러댔으니까. 아이들이 엄마가 치워버린 장난감을 달라고 부탁했을 때, 부인은 아이들이 일주일 동안 장난감을 제대로 정리하는 모습을 보고 나서야 되돌려주었다.

교사와 부모를 위한 긍정 훈육

이 사례는 논리적 결과를 이해하는 데 도움이 되는 또 다른 지침을 알려준다. 특권(권리)에는 항상 책임이 따른다는 걸 아이들이 배워야 한다. 이를 이해하고 나면, 공식은 아주 단순해진다.

특권(권리) = 책임

책임의 결여 = 특권(권리)의 상실

장난감을 갖는 것은 특권이다. 이런 특권에 따르는 책임은 장난감을 소중히 여기는 것이다. 장난감을 소중히 다루는 책임을 받아들이지 않으면, 장난감을 갖고 노는 특권을 빼앗긴다는 것이 분명한 논리적 결과이다. 실베스터 부인은 자신이 무엇을 할지 결정하고, 그것을 아이들에게 정중하게 알려주고, 그러고 나서 자신이 한 말대로 실천함으로써 그것이 얼마나 효과적인지 잘 보여주었다.

부인은 이 이야기의 후일담을 들려주었다. 아이들이 적어도 장난감 가격의 반을 낼 수 있을 만큼의 용돈을 모은 다음, 꼭 갖고 싶은 장난감만 산다고 한다. 아이들은 이제 자신이 투자한 물건을 훨씬 더 조심스럽게 다루고 있다.

교사와 부모가 자연적인 결과와 논리적인 결과의 가치에 확신이 선다고 하더라도 올바로 활용하기는 여전히 어렵다. 합리적으로 판단할 때, 어른들은 자신의 진짜 목표는 아이들이 행복하고 책임질 줄 아는 사람이 되도록 북돋아 주는 것임을 아주 잘 알고 있다. 하지만 아이의 행동에 즉각적으로 반응하고 힘겨루기에 쉽사리 빠져든다. 아이들 스스로 올바른 선택을 하게 도와주기보다는 아이들을 제압하고야 말겠다는 유혹에 빠진다. 교사와 부모는 처벌을 하면 스스로 우월감이 든다는 사실을 인정하려 들지 않는다. 그런 어른들은 아이가 올바로 행동하게 이끄는 게 자신이 해야 할 일이라고 굳게 믿고 있다. 하지만 이런 강제력이 훌륭한 인격 형성을 위한 삶의 기술을 가르쳐주는 효과적인 동기부여가 되지 못함을 간과하고 있다. 또한, 훈육의 주된 목표는 아이들이 더 잘하도록 동기를 끌어내는 점이라는 사실도 잊고 있다.

따라서 우리는 또 하나의 지침을 기억해야 한다. 나는 이번 장을 통해, 그리고 이 책을 통해 여러 차례 강조했다. 즉, 논리적 결과는 대부분의 문제를 다루는 데 있어 최고의 방법이 아니다.

많은 교사와 부모는 논리적 결과에 지나치게 열광한다. 그래서 모든 그릇된 행동에 대해 결과를 찾으려고 애쓴다. 사람들이 이렇게 말하는 걸 얼마나 자주 들었는지 모르겠다.

"이 해결 방법을 위한 논리적 결과는 무엇일까요?"

나는 그들에게 이렇게 말한다.

"만약 논리적 결과가 분명하지 않다면, 그건 아마도 이 상황에서는 논리적 결과를 활용하는 것이 적절하지 않기 때문일 것입니다."

이것보다 훨씬 더 효과적인 방법이 분명 있다. 예를 들어, 가족회의를 연다든가, 결과가 아닌 해결 방법에 초점을 맞춘다든가, 일정표를 만들어본다든가, 아이들에게 제한된 선택을 제시한다든가, 아이에게 도움을 요청한다든가, 행동 뒤에 숨은 의도를 찾아낸다든가, 자녀를 어떻게 만들겠다는 생각 대신 당신 자신이 무엇을 할 것인지를 결정한다든가, 존중과 배려의 태도를 지속해 나간다든가, 안아주든가, 어떤 결과를 강요하기보다는 아이가 자신의 선택이 가져오는 결과를 탐색해보는 걸 도와준다든가, 이 책 전체에서 얘기하고 있는 개념을 활용해보는 것 등이다.

리뷰

긍정 훈육의 도구들

01. '논리적 결과'가 사실은 엉성하게 위장된 처벌은 아닌가? 곰곰이 생각
해보자.

02. 무엇이 효과가 있는지 주목하자. 당신의 훈육 방법이 불러올 장기적
효과를 고려하자.

03. 무조건 도와주려 하지 말자. 아이가 경험하고 있는 것에 대해 당신의
감정이입과 이해를 표현하자.

04. 자연적인 결과를 강요하지 말자. 아이가 선택한 것의 자연적인 결과
를 경험하도록 내버려 두자. 비난하거나 수치심을 안겨주거나 고통을
안겨주지 말자. 또한, 아이들을 곤경에서 빼내 주지 말자.

05. 자녀를 시키려 하지 말고 당신 자신이 무엇을 할 것인지 결정하자.

06. 가능하면 아이 스스로 선택할 수 있도록 해주자.

07. '논리적 결과를 위한 네 가지 R'을 고려하자.

08. 훈육 방법이 불러올 장기적인 효과를 이해함에 있어 '처벌의 네 가지

R'을 고려하자.

09. 아이들을 올바르게 가르치기 위해 먼저 아이들의 기분을 상하게 한다면, 어리석은 생각이라는 걸 기억하자.

10. 아이들은 기분 좋을 때 더 잘할 수 있다.

11. 그릇된 행동을 도움이 되는 행동으로 방향 전환하자.

12. 만약 아이가 자신의 행동을 절제하기를 바란다면, 어른 스스로 자제의 모델이 될 수 있게 노력하자.

13. 대부분의 그릇된 목표에 있어 논리적 결과는 부적절할 수 있다.

14. 부드럽고 단호하게 행동하자.

15. 애정 어린 질문을 통해 아이들이 자신의 선택이 어떤 결과를 가져오는지 탐구할 수 있게 하자.

16. 대부분의 문제를 해결하는 데 있어 논리적 결과는 최고의 방법은 아니다.

17. 공식을 활용하자.

특권 = 책임

책임의 결여 = 특권의 상실

18. 가정 및 교실 분위기의 개선을 위해 해결 방법에 초점을 맞추자.

질문

01. 교사와 부모는 때때로 처벌을 무엇으로 위장하려고 하는가?

02. 벌을 받는 동안 대부분의 아이는 무슨 생각을 할까?

03. 처벌의 즉각적인 결과는 무엇일까?

04. 처벌의 장기적인 효과는 무엇일까?

05. 무엇이 효과적인지 왜 주의를 기울여야만 할까?

06. 만약 어른들이 아이를 이기려고 한다면, 아이들은 어떤 위치에 놓이게 될까?

07. 자연적 결과는 어떻게 정의(定議)할 수 있을까? 예를 들어보자.

08. 자연적 결과 안에서 어른들은 어떤 역할을 하는가?

09. 논리적 결과는 어떻게 정의할 수 있을까?

10. '논리적 결과를 위한 네 가지 R'에는 어떤 것이 있는가?

11. 만약 네 가지 R 중 하나라도 빠질 경우, 어떻게 논리적 결과가 처벌이 될 수 있는가? 예를 들어보자.

12. 아이들이 '논리적 결과를 위한 네 가지 R'을 경험하지 못할 경우, 아이들은 무엇을 경험하게 될까?

13. 어른이 자신의 힘을 아이에게 고통을 주는 데 사용한다면, 어른들의 그릇된 믿음은 무엇인가?

14. 부드럽고도 단호하게 행동하는 것이 왜 중요한가?

15. 부드럽고도 단호하게 행동하는 것이 왜 어려운가?

16. 때때로 당신이 아무것도 하지 않는 것이 오히려 가장 효과적일 수 있다. 왜 그럴까?

17. 논리적 결과가 모든 그릇된 행동의 문제를 해결하는 최고의 방법이 아닌 이유는 무엇일까?

18. 갈등의 시기 동안에도 논리적 결과가 일반적으로 효과적이라면, 그 경우 아이는 어떤 그릇된 목표를 품고 있는 걸까?

19. 그릇된 목표가 힘 또는 보복일 때, 문제 해결을 위한 회의에서 논리적 결과가 활용되기 전에 선행되어야 하는 두 가지는 무엇인가?

20. 자연적인 결과와 논리적인 결과가 활용되면 안 되는 그릇된 목표에는 어떤 것이 있는가?

21. 아이에게 결과를 강요하는 대신, 아이 스스로 자신의 선택이 가져올 결과를 탐구하게끔 도와주는 방법에는 어떤 것이 있는가?

22. 당연히 일어날 결과가 아닌 무엇에 초점을 맞출 수 있을까?

교사와 부모를 위한 긍정 훈육

6장

해결 방법에 초점을 맞추자

POSITIVE
DISCIPLINE

해결 방법에 초점을 맞추기 위해서는 우리의 태도와 기술을 조금만 조정하면 된다. 하지만 그 차이는 엄청나다. 물론 당신이 그동안 편협하게 생각해왔다면 이런 약간의 방향 전환도 그리 쉬운 건 아니다. 하지만 일단 방향 전환을 하고 나면 당신은 이런 의문이 들지도 모른다.

'왜 내가 이걸 좀 더 일찍 생각하지 못했을까?'

단계가 지나고 나면 이것은 아주 단순하고 쉬워 보인다.

전통적인 훈육은 '그렇게 말했으니까' 무엇을 하지 말고 해야 할지를 아이들에게 가르치는 방식이었다. 하지만 긍정 훈육은 무엇을 할 것인지를 가르치는 게 중요하다. 아이들이 상황을 직접 겪으며 해결 방법을 생각해보도록 유도하며, 배려와 유용성 같은 몇 가지 기본적인 지침을 활용하기 때문이다.

우리가 해결 방법에 초점을 맞출 때, 아이들은 다른 사람과 더불어 문제를 헤쳐 나가는 방법을 배운다. 그리고 다음번 도전에 스스로 대응

교사와 부모를 위한 긍정 훈육

할 수 있는 도구를 갖추게 된다. 물론 아이들이 다음번에 반드시 올바른 행동을 하지 않을 수도 있다(어른들 또한 한 번에 모든 걸 배우는 건 아니다). 하지만 어쨌든 아이들은 배우게 된다. 아이가 우선 상처를 입고 나면 더 잘 배우게 된다는 바보 같은 생각을 버리자. 이런 사고방식은 우리 문화에 너무나 뿌리 깊이 박혀 있다.

해결 방법에 초점을 맞추면 처벌에 초점을 맞추거나, 심지어 논리적 결과에 초점을 맞추는 것과는 아주 다른 가족 및 교실 분위기를 조성할 수 있다. 당신의 생각과 행동은 도전받을 것이다. 마찬가지로 아이들의 생각과 행동도 도전받게 될 것이다. 많은 교사와 부모는 자신이 해결 방법에 초점을 맞추게 되자 힘겨루기가 대폭 줄어들었다고 했다.

해결 방법에 초점을 맞춘다는 것은 이런 것이다.

'문제가 무엇인가? 그렇다면 해결 방법은 무엇인가?'

아이들의 문제 해결 능력은 훌륭하다. 어른들이 훈련의 시간을 갖고 스스로 문제 해결 기술을 활용하도록 기회를 자주 주면, 유용한 해결 방법을 위한 창조적이고 기발한 아이디어가 쏟아져 나올 것이다.

'해결 방법에 초점을 맞추는 세 가지 R과 한 가지 H'는 5장에서 언급한 '논리적 결과를 위한 네 가지 R'과 매우 비슷하다. 사실 처음 세 가지는 동일하다. 오직 H만이 다를 뿐이다. 하지만 초점은 서로 매우 다르다. 처벌을 통해 그릇된 행동의 대가를 치르게 하지 않고, 문제 해결 방법을 아는 데 중점을 두고 있기 때문이다.

해결 방법에 초점을 맞추는 세 가지 R과 한 가지 H

1. Related(연관되어야 한다.)

2. **Respectful**(존중해야 한다.)

3. **Reasonable**(타당해야 한다.)

4. **Helpful**(도움이 되어야 한다.)

　다음의 내용은 『학급긍정훈육법 Positive Discipline in the Classroom』에서 발췌한 것이다. 아이들이 처음 논리적 결과에 초점을 맞추고, 그리고 나서 해결 방법에 초점을 맞출 때, 브레인스토밍을 통해 제시한 방법에는 놀라운 차이가 있다.

　학급회의에서 5학년 학생들은 수업 종소리를 듣지 못해 교실에 늦게 들어온 학생 두 명에 대한 논리적 결과를 자유토론에 부쳤다. 다음은 학생들이 제시한 논리적 결과의 목록이다.

　1. 칠판에 자기 이름을 쓰게 한다.

　2. 수업에 늦은 시간만큼 방과 후에 학교에 남는다.

　3. 오늘 늦은 시간만큼 다음 날 쉬는 시간을 줄인다.

　4. 다음 날 쉬는 시간을 아예 주지 않는다.

　5. 그 아이들에게 고함을 친다.

　그리고 나서 학생들은 늦게 들어온 아이들이 제시간에 수업에 참여하게 도와주는 해결 방법에 대해 자유토론을 벌였다. 다음은 학생들이 제시한 해결 방법 목록이다.

　1. 모두 함께 외친다. "종 쳤어!"

교사와 부모를 위한 긍정 훈육

2. 종 근처에서 논다.

3. 다른 학생들을 지켜본다. 그러면 언제 교실에 들어가야 할지 알
   수 있다.

4. 종소리를 크게 조절한다.

5. 친한 친구에게 교실에 들어가야 할 시간을 알려주게 한다.

6. 종이 울리면, 누군가가 그 학생들의 등을 톡톡 쳐서 알려준다.

앞의 두 가지 목록에는 큰 차이가 있다. 첫 번째 목록은 처벌처럼 보인다. 그것은 과거에 초점을 맞추고, 아이들이 실수에 대한 대가를 치르게 만든다. 두 번째 목록은 앞으로 더 잘할 수 있도록 도와주는 해결 방법처럼 보인다. 문제를 배움의 기회로 바라보는 데 초점이 맞추어져 있다. 다시 말해 첫 번째 목록이 상처를 주기 위해 고안된 것이라면, 두 번째 목록은 도움을 주기 위해 고안된 것이다.

워싱턴 에버렛에 사는 유능한 긍정 훈육 강사 친구가 학급회의에 관한 이야기를 들려주었다. 그곳 학생들은 약간의 자극으로 '상처가 되는' 해결 방법에서 '도움이 되는' 해결 방법으로 바꿀 수 있었다고 한다. 친구의 이야기는 이렇다.

나는 참관인 자격으로 학급회의에 참여했어요. 학생 하나가 알렉스의 연필을 맘대로 가져가 버린 사건에 관해 학생들이 논의하고 있었어요. 서로 자유롭게 의견을 제시했는데, 처음 나온 여러 제안은 '결과'와 관련된 것이었어요.

"쉬는 시간에 교실에 남아 있게 해요."

"선생님한테 그 아이의 책상을 다른 곳으로 옮기라고 해요."

나는 아이들이 누가 그런 짓을 했는지 다 알고 있다는 걸 금방 눈치챌 수 있었어요. 비록 이름을 직접 거명한 건 아니지만 말이에요. 그 아이가 '계속해서 잘못을 저지르는 아이'라는 것, 그리고 상당수의 학생이 그 아이 문제로 왈가왈부하는 데 '넌더리가 나 있는' 것 같더군요. 학급회의가 진행되는 동안 그 아이는 자기 자리에서 점점 작아져 갔어요.

내가 학생들에게 이 문제를 다른 방법으로 접근해볼 의향이 있는지 물어보았어요. 학생들은 내게 어떤 아이디어가 있냐고 묻더군요. 그 학생들이 누군가를 기분 나쁘게 만드는 과정을 좋아한다고는 생각하지 않았어요. 비록 내가 이름을 직접 거명하지는 않았지만 아이들이 누구에 대해 이야기하고 있는지 모두 알고 있고, 나조차 이미 알아차렸다는 것을 지적했지요. 학생들은 고개를 끄덕였어요.

나는 학생들에게 이러저러한 제안을 한 후 '요한나'의 기분이 좋아질지 나빠질지에 관해 생각해봤는지 물어보았어요. 학생들은 요한나가 분명 기분 나쁠 거라는 점을 인정했어요. 나는 학생들에게 학급회의는 상처가 아니라 도움을 주기 위해 하는 것이라는 점을 상기시켜주었어요. 그리고 결과에 초점을 맞추는 대신 해결 방법에 초점을 맞추는 것이 어떠냐고 제안했어요. 해결 방법에 초점을 맞추는 것은 이미 발생한 문제를 유용한 방식으로 풀어나가는 방법이에요. 그리고 해결 방법을 제시할 때 학급 전체가 이와 똑같은 유형의 문제를 방지하는 아이디어를 얻을 수 있어요. 학생들은 모두 동의했고, 다양한 제안을 쏟아내기 시작했어요.

이번에 나온 제안은 이런 것들이었어요.

교사와 부모를 위한 긍정 훈육

"연필을 빌려달라고 직접 말하라고 해요."

"교실에 연필 가게를 만들어요."

"연필하고 자기 물건을 바꾸게 해요. 그리고 다 쓰고 나면 다시 바꾸면 되잖아요. 그래야 알렉스가 자기 연필을 되돌려 받지 못할까 걱정하지 않을 수 있으니까요."

요한나가 자기 의자에서 '점점 커지는' 모습을 지켜보는 것은 놀라울 따름이었어요. 발언 마이크처럼 사용하던 장난감이 교실 전체를 한 바퀴 돌고 나서, 나는 학생 대표에게 요한나와 알렉스에게 둘 다 동의할 수 있는 해결 방법이 있는지 물어보라고 격려해주었어요. 서기가 해결 방법 목록을 읽어주자, 알렉스와 요한나는 '연필을 빌려달라고 직접 말하는 것'이 가장 좋을 것 같다는 데 합의했어요. 그리고 일주일 뒤, 학급 전체에 그 해결 방법이 어땠는지 보고하기로 했어요.

해결 방법은 분명하고, 정중하고, 격려해주는 것처럼 보였어요. 문제가 해결된 것 같았어요. 요한나가 작아졌다 커지는 모습을 지켜보는 것은 멋진 경험이었어요. 그 후 나는 속으로 이렇게 생각했어요.

'반 아이들은 이번 일로 무엇을 배웠을까?'

이 '반복적인 위반자'는 학급 구성원들에게 받아들여졌다는 느낌이 들었어요. 어쩌면 이런 느낌은 이번이 처음이었을지도 몰라요. 요한나는 연필을 빌리기 전에 먼저 부탁한다는 단순한 제안으로 힘을 얻은 것처럼 보였어요.

요한나가 다시 문제를 일으킬까요? 어쩌면 그럴지도 모르죠. 하지만 이제 요한나와 반 아이들은 문제를 해결하는 도구를 갖게 되었어요. 이 도구는 이런 메시지를 전해요.

'넌 우리와 달라. 빠져야 해'가 아니라 '넌 우리 중 하나야.'

어른과 아이가 브레인스토밍을 하다 보면, 처음 나오는 대부분의 제안이 징벌적인 것이다. 필요할 때마다 브레인스토밍 과정에 개입해 해결 방법에 초점을 맞출 것을 제안하자. 또 다른 선택은 브레인스토밍이 끝나기를 기다렸다가 제안된 목록을 쭉 훑어보고, 가족 구성원 또는 학생들에게 '해결 방법에 초점을 맞추는 세 가지 R과 한 가지 H'에 적합하지 않은 제안은 빼라고 부탁하는 것이다. 간혹 비현실적인 제안은 제외하라고 해야 한다. 예를 들어, 하와이로의 여행은 도움이 될지도 모르지만 현실적이지는 못하다. 해롭고 비현실적인 제안들을 빼고 나서, 문제를 일으킨 사람은 자신의 입장에서 가장 도움이 된다고 생각하는 해결 방법을 선택할 수 있다. 누군가 무엇을 골라주는 대신 스스로 해결 방법을 선택할 수 있을 때 존중받고 있다는 느낌과 함께 책임감이 생긴다.

기회가 생기면, 아이들은 어른들보다 훨씬 더 문제를 잘 해결할 수 있다. 다음의 경우가 적절한 사례이다.

어느 초등학교의 1학년과 2학년이 함께 사용하는 운동장에서 문제가 좀 있었다. 아이들이 테더볼(밧줄에 매단 공을 두 사람이 서로 치는 게임)을 할 때 서로 속임수를 쓴다거나 공격적으로 행동했다. 교사들은 이 문제를 어떻게 해결할지 뾰족한 수가 생각나지 않았다. 운동장 지도 주임은 '아이들에게 맡기는 방법'을 놓고 점차 의욕이 꺾였다. 불가능한 임무처럼 보였다.

학급회의에서 이 문제를 논의했다. 그런데 2학년 학생 하나가 기발한 아이디어를 제안했다. 아이들이 속임수와 공격적인 행동을 자주 쓰는 이유는 테더볼에 대한 지나친 승부욕 때문이었다. 이기는 쪽이 계속

교사와 부모를 위한 긍정 훈육

경기를 할 수 있었기 때문에 아이들은 이기고 싶었다. 이렇게 되자 다른 아이들이 경기를 하려면 오래 기다려야 했다.

케이티는 이 문제에 대해 엄청나게 멋진 해법을 내놓았다. 승자가 계속 경기를 하도록 하는 대신에, 한 번 경기에 참가한 팀은 모두 경기를 끝마치게 하자는 제안이었다. 그렇게 하면 이겨야 하는(또는 속이고자 하는) 동기가 줄어들게 되고, 보다 많은 아이가 쉬는 시간에 테더볼을 할 수 있었다. 반 아이들은 이 제안에 동의했고, 다른 1·2학년 학생들에게 이 규칙을 제안했다. 학생들은 몇 주간 이 방법을 시험해보기로 했다.

교사들은 회의적이었다. 아이들이 이 규칙에서 빠져나갈 방법을 궁리해낼 것이고, 금세 수포로 돌아갈 거라 확신했다. 하지만 교사들은 깜짝 놀랐다. 아이들은 새로운 규칙을 퍽 마음에 들어 했다. 사실 아이들은 자기들이 그런 번쩍이는 아이디어를 짜냈다는 것에 상당한 자부심을 느꼈다. 운동장 분위기는 180도 달라졌다. 다음번 학급회의 때, 다른 학급에서 또 다른 문제에 대한 해결 방법을 창조적으로 제안하기에 이르렀다. 이윽고 교사들은 문제 해결뿐만 아니라 소중한 삶의 기술을 가르치는 데 학급회의가 상당히 가치 있다고 확신했다.

아이가 우유를 흘렸을 때 스펀지와 타월을 가져오기로 했다면, 그건 RRR과 H이다(연관되어 있고, 존중하고, 타당하며, 도움이 된다). 당신은 아이에게 삶의 기술을 가르치고 있다. 그리고 아이들에게 자신의 능력에 대한 자신감을 키울 기회를 제공해준다.

십대 자녀가 정해진 시간보다 늦게 집에 들어왔을 때, 부모와 자녀 모두 차분해진 다음에(보통 다음 날 정도가 적당하다), 그리고 모두를 배려하며 자녀와 브레인스토밍을 통해 해결 방법을 모색하고자 한다면 이것은 RRR과 H이다. 이렇게 하면 자녀에게 책임감과 더불어 문제 해결 기술을 가르칠 수 있다.

아이가 야구를 하다 유리창을 깨뜨렸을 때, 아이와 함께 창문을 수리하는 해결 방법을 찾았다면(아이의 용돈으로 재료를 구입해서) 이것은 RRR과 H이다. 당신이 비난의 모드에서 멀찌감치 물러나 있는 한, 그리고 실수를 배움의 기회로 바라보는 한 당신은 아이와 함께 문제 해결 기술과 존중을 실천하고 있는 것이다. 아울러 아주 멋진 시간을 함께 보내는 것이다.

해결 방법에 초점을 맞추는 과정에 포함된 가치 있는 삶의 기술은 냉각기의 소중함을 가르치는 것이다. 대부분의 경우, 해결 방법을 찾기 이전에 냉각기가 필요하므로 아이들에게 가르쳐야 한다. 우리가 흥분해 있을 때, 그리고 우리의 말초적인 감각으로 생각할 때 해결 방법에 초점을 맞추기란 여간 힘든 게 아니다. 그때의 선택은 싸울 것이냐 도망갈 것이냐 뿐이다. 냉정을 되찾은 뒤, 합리적인 두뇌로 판단할 수 있을 때까지 기다리면 큰 도움이 된다. 따라서 긍정적인 타임아웃이 도움이 된다.

긍정적인 타임아웃

· ·

만약 배우자 또는 동료가 당신을 몰아세우며 이렇게 말한다면 어떤 느낌일까? 무슨 생각이 들까? 어떤 행동을 할까?

"네 행동이 맘에 안 들어. 타임아웃을 하면서 네가 저지른 짓을 생각해봐."

도움을 줘서 고맙다고 생각할까? 아니면 화가 날까?

아니면 이렇게 생각할까?

'이런, 이건 정말 유용하고 격려가 되는군!'

아니면 이렇게 생각할까?

'이건 정말 모욕적이야. 도대체 자기가 뭔데 나한테 이래라저래라 하는 거야?'

어른에게도 이건 상대방을 배려하거나 효과적인 방법이 결코 아니다. 그렇다면 아이들에게 이것이 왜 효과적이라고 생각하는 걸까? 이 문제를 진지하게 생각해보지 않았기 때문에 이런 비효과적인 방법을 사용하는 것이다. 이런 사람들은 장기적인 효과를 고려하지 않는다. 아이가 어떻게 느낄지, 무엇을 생각할지, 자신과 다른 사람들에 대해 그리고 앞으로 무엇을 하려 결심하고 있는지를 전혀 고려하지 않는다. 아이에게 무슨 말을 하고 있는지 제대로 알지 못하고 있다.

"네가 저지른 짓을 생각해봐"라고 말하는 게 왜 어리석은지 교사와 부모들에게 묻고 싶다. 어리석은 말이다. 이런 말을 하는 이유는 아이의 생각을 자신들이 통제할 수 있다고 가정하기 때문이다. 하지만 생각을 통제할 수는 없다. 타임아웃을 하는 아이들은 자신의 행동을 생각하지 않는다. 아이들은 당신의 행동을, 그리고 당신이 얼마나 독선적이고 불공평한지만 생각한다. 일부 어린이는 분노와 적개심을 불태우기도 한다. 그리고 어떻게 하면 복수할 수 있을까, 어떻게 하면 다시는 들키지 않을까만 생각하기도 한다. 설상가상으로 어떤 아이들은 자신이 '나쁜 놈' 또는 '쓸모없는 인간'이라며 스스로를 포기해버린다.

하지만 긍정적인 타임아웃은 전혀 다르다. 이것은 아이들이 기분 좋게 느끼도록(그래서 아이들이 합리적으로 사고할 수 있도록) 도와준다. (그릇된 동기 부여로서) 아이들의 기분을 상하게 하려는 의도가 아니다. 잘

못한 짓에 '대가'를 치르게 하는 게 아니다. 모두가 마음을 차분히 가라앉힐 수 있을 때까지, 그래서 합리적으로 사고할 수 있을 때까지 해결 방법에 초점을 맞추어봤자 별 효과가 없다. 아이들을 긍정적인 타임아웃으로 들여보낼 때, 우리가 따라야 할 네 가지 지침이 여기에 있다.

1. 훈련의 시간을 충분히 갖자

이 방법을 활용하기에 앞서 긍정적 타임아웃이 얼마나 도움이 되는지 아이에게 먼저 이야기해주자. 아이들에게 냉각기의 가치와 갈등 해결 이전에 모든 사람이 기분 좋아질 때까지 기다리는 것이 왜 중요한지 가르쳐주자.

긍정적인 타임아웃 또는 '마음을 추스르는 시간'의 활용에 대해 가르치기 좋은 방법은 당신 스스로 그것을 활용하는 것이다. 자기가 좋아하는 책을 욕실 수납장에 보관해놓고 마음을 추스르기 위해 욕실에 잠시 들어가도 좋다. 어떤 학급에서는 마음을 추스르는 장소를 열대 섬처럼 꾸며놓았다. 그래서 아이들은 마음을 진정시키기 위해 잠시 그 '하와이'로 간다. 교사는 책상 서랍에 야자나무 하나를 넣어둔다. 휴식이 필요하면, 야자나무를 책상 위에 올려놓고 '하와이로 간다.' 학생들은 선생님이 '하와이'에 있을 때, 선생님을 잠시 혼자 내버려 두어야 한다는 걸 잘 알고 있다. 그렇게 하면 선생은 다시 기운을 차리고 차분해질 수 있다.

2. 아이들 스스로 자신의 타임아웃 장소를 만들게 하자. 아이들의 기분이 좋아질 수 있는 곳, 그래서 아이들이 앞으로 더 잘할 수 있게 되는 곳 말이다

아이들이 자신의 긍정적 타임아웃 장소를 꾸미도록 도와주자. 만약 아이들이 장소를 계획하거나 고를 수 없을 만큼 어리다면, 그 아이들에게 타임아웃을 활용하는 것은 적절하지 못하다. 긍정적 타임아웃이 처벌을 가하거나 고통을 불러일으키기 위한 것이 아니라는 걸 설명하자. 긍정적 타임아웃 장소에 있는 동안 책을 읽거나, 장난감을 가지고 놀거나, 휴식을 취하거나, 음악을 듣는 등 아이들의 기분을 좋아지게 하는 것이 무엇인지 자유롭게 이야기해보자.

그런데 타임아웃 시간 동안 아이들이 뭔가 즐거운 일을 한다는 생각은 많은 교사와 부모의 반대에 부딪힐 수 있다. 이들은 아이에게 장난감을 갖고 놀게 하거나 책을 읽고, 휴식을 취하고, 음악을 듣게 해주면 아이의 그릇된 행동에 부채질을 해주는 꼴이라고 여긴다. 이런 어른들은 아이들이 벌을 받아야(그래서 기분이 나빠져야) 앞으로 더 잘할 수 있다고 여긴다. 기분이 좋아져야 앞으로 더 잘할 수 있다는 사실을 제대로 파악하지 못하고 있다.

타임아웃이 처벌적인 느낌이 든다면 다르게 부르는 것도 나쁘지 않다. 한 유치원 교사는 본인과 학생들이 '우주'라고 부르는 장소를 만들어냈다고 했다. 함께 교실 한구석에 그물 모양의 어두운 색 천을 씌우고, 천장에는 행성들을 매달아 놓았다. 구석에는 커다란 의자 2개를 놓았다. 아이들은 그곳에 타임아웃 친구(또는 우주 친구), 책, 동물 인형, 음악을 들을 수 있는 이어폰을 가져갔다. 또 다른 유치원 교사는 부드러운 천 조각 속에 낡은 옷감을 채워 넣어 타임아웃 '할머니'를 만들었다고 했다. 그리고 나서 아이들에게 물었단다.

"잠시 할머니 무릎 위에 앉아 있으면 도움이 되지 않을까?"

이 말에 주목하자.

"도움이 되지 않을까?"

이것은 아이에게 두 가지 중에서 하나를 선택하게 하는 매우 정중한 말이다.

"지금 당장 어떻게 하면 가장 도움이 될까? 우리의 '타임아웃 장소'로 갈래, 아니면 이 문제를 학급회의(또는 가족회의)의 안건으로 올릴까?"

3. 아이들(또는 학생들)과 함께 미리 계획을 짜자

문제 해결을 위해 애쓰기 전, 기분이 나아질 때까지 타임아웃을 갖는 게 더 낫다는 걸 설명하자. 비록 심호흡을 크게 한 번 하는 것처럼 간단한 행동일지라도 말이다. 도움이 된다고 생각한다면, 긍정적 타임아웃 장소를 스스로 '선택'할 수 있다고 아이들에게 알려주자.

아이가 그릇된 행동을 했을 때 어떤 부모는 이렇게 말한다.

"네가 '행복한 곳'으로 가는 게 도움이 될까?"

만약 아이가 너무 흥분해 싫다고 말한다면, 부모는 이렇게 말할 수 있다.

"내가 너와 함께 가주면 좋겠니?"

안 될 게 뭐 있을까? 여러분 또한 아이와 마찬가지로 타임아웃이 필요할지도 모른다. 이것의 목적은 아이들을 행복하게 하는 것, 그래서 아이들이 더 잘할 수 있도록 도와주는 것임을 기억하자. 만약 아이가 계속 싫다고 우겨대면, 이렇게 말해도 좋다.

"좋아, 그럼 내가 가는 게 좋겠다."

이렇게 타임아웃이 나쁘지 않다고 여러분이 먼저 솔선수범을 보여주자.

교사와 부모를 위한 긍정 훈육

타임아웃을 하는 동안 아이들이 뭔가 재미난 일을 하는 게 그다지 탐탁하지 않은 어른들은 흔히 이 마지막 지침은 귀담아들으려 하지 않는다.

긍정 훈육을 활용하는 학교 중 운동장에 긍정적인 타임아웃을 위한 의자를 비치해놓은 곳이 몇 군데 있다. 냉각기가 필요하면 언제든 그 의자를 사용할 수 있다고 학생들에게 가르쳤다. 이때 교사 또는 운동장 지도교사는 학생들에게 배려, 친절, 확고함의 태도를 지녀야 한다.

"기분이 좋아질 때까지 네가 타임아웃 의자에 앉아 있는 게 도움이 된다고 생각하지 않니? 아니면 지금 당장 해결 방법을 모색해보거나 문제를 회의 의제로 올리는 게 더 도움이 될까?"

긍정적인 타임아웃을 거친 뒤 반드시 해결 방법을 찾아야 하는 것은 아니다. 때때로 긍정적인 타임아웃만으로도 그릇된 행동을 충분히 중단시킬 수 있다. 단지 기분이 좀 더 좋아지기만 해도 아이는 충분히 사회적으로 수용 가능한 행동으로 방향을 돌릴 수 있다. 그 여세를 몰아 해결 방법을 찾는 게 적절해 보인다면 애정 어린 질문을 던지는 것이 유용하다. 아이가 자신의 선택이 어떤 결과를 초래했는지 조사해보고, 자신이 배운 것을 활용해 문제를 해결하도록 도와주자. 때때로 해결 방법을 찾는 과정에서 가족회의 또는 학급회의에 그 문제를 의제로 올려 도움을 구할 수도 있다.

내가 진행하는 아동발달 강좌의 수강생 마샤는 자녀가 그릇된 행동을 했을 때 방으로 들어가도록 했다. 몇 분 후, 아이가 방에서 나왔지만 아이를 곧장 다시 방으로 돌려보냈다. 아이가 방에서 나왔을 때 또다시 그릇된 행동을 보였느냐고 물어보았더니 그런 건 아니었다고 대답하며 웃어 보였다. 아이가 스스로 행동을 교정하도록 도와주겠다는 자신의 목표가 마음속에 있었다면 아이를 굳이 방으로 되돌려보낼 필요가 없었다는 걸 깨달았기 때문이다. 기분이 좋아질 때까지 자신의 '특별한 장소'로 가도록 아이가 선택했다면 더 효과적이었을 것이다.

대부분의 교사와 부모는 처벌 이외의 효과적인 대안을 제대로 훈련 받지 못했다. 냉각기를 기다리는 것이 '아이가 벌을 모면하는 것'도 '자유방임'도 아니라는 것을 알면 큰 도움이 될 것이다. 부드러우면서도 단호한 태도는 인간의 행동과 훈육 방법의 장기적 효과를 이해할 때 그 뜻이 통한다.

애정 어린 질문

아이에게 자신이 선택한 행동의 결과를 알아보게 하는 것과 결과를 부담 지게 하는 것에는 큰 차이가 있다. 탐구는 스스로 생각해 문제를 이해하도록, 그리고 자신에게 무엇이 중요하며 자신이 무엇을 원하는지 결정하도록 아이의 참여를 끌어낸다. 최종적인 성과는 결과가 아니라 문제의 해결 방법에 초점을 맞추는 일이다. 결과를 강요하면 탐구적인 사고방식이 아니라 반항심과 방어적인 사고를 불러일으킨다. 잔소리를 멈추고 애정 어린 질문을 던지는 것이 핵심이다.

어른들은 무슨 일이 벌어졌는지, 뭐가 잘못되었는지, 왜 그렇게 되었는지, 아이가 그것을 어떻게 생각해야 하는지, 그것을 통해 무엇을 배워야 하는지, 앞으로 어떻게 해야 하는지 자주 잔소리를 한다. 이렇게 물어보는 것이 훨씬 더 아이를 배려하고 격려하는 태도이며, 아이가 문제 해결의 기술을 습득할 수 있는 방법이다. 아이가 어떻게 느끼는지, 아이가 무엇을 배웠는지, 문제를 해결하기 위해 어떤 방안을 생각하는지, 배운 것을 앞으로는 어떻게 활용할 것인지 말이다. 이것이 바로 '교육'의 진정한 의미다. 교육education이라는 단어는 라틴어 educare에서 온 것으로, '끄집어낸다'라는 뜻을 담고 있다. 그러나 어른들은 아이에게서 무언가를 끄집어내기보다는 자꾸 주입하려는 경향이 있다.

애정 어린 질문의 예

- 해내려고 어떻게 했니?
- 그렇게 되니까 기분이 어때?
- 이런 일이 생긴 이유가 뭘까?
- 이번 일로 무엇을 배웠니?
- 그럼 앞으로 어떻게 해야 할까?
- 이제 해결 방법을 찾으려면 어떻게 해야 할까?

이런 것들이 전형적인 애정 어린 질문이다. 질문을 통해 아이의 세계로 들어가는 것이 중요하다. 여기에는 '왜?'라는 질문이 없다. '왜?'라는 말은 흔히 비난의 뜻으로 들리고 경계심을 불러일으킨다. 다음의 지침은 애정 어린 질문을 던질 때 도움이 된다.

1. 예상 목록을 만들지 말자. 만약 아이가 이 질문에 어떻게 대답해야 할지 미리 짐작하고 있다면, 여러분은 아이들 세계로 절대 들어갈

수 없다.

2. 당신이나 아이 둘 중 누구라도 흥분해 있는 상태라면, 질문하지 말자. 둘 다 차분해질 때까지 기다리자.

3. 마음속에서 우러나오는 애정 어린 질문을 하자. 어떻게 하면 아이의 세계로 들어갈 수 있는지, 어떻게 하면 감정이입과 이해를 드러낼 수 있는지 곰곰이 생각해보자.

나는 딸아이가 파티에서 술을 마시고 싶었다는 얘기를 했을 때를 자주 사례로 든다. 당시 나는 깜짝 놀라 물었다.

"좀 더 이야기해봐. 술을 마시고 싶었던 이유가 뭐였어?"

딸아이가 말했다.

"아이들 거의 다 술을 마시거든요. 아이들 표정이 무척 즐거운 것 같았어요."

나는 훈계하고 싶은 유혹을 억제하고 물어보았다.

"네가 술을 마시지 않으니까 친구들이 너한테 뭐라고 말하던?"

딸아이는 잠시 생각하더니 이렇게 대답했다.

"아이들은 언제나 나한테 그래요. 네가 대단하다고. 네가 자랑스럽다고."

나는 계속 물었다.

"네가 술을 마신다면 아이들이 뭐라고 생각할 것 같니, 뭐라고 말할 것 같아?"

다시 한번, 나는 딸아이가 대답하기 전에 잠시 생각에 잠기는 모습을 눈치챘다.

"아마도, 아이들이 실망하겠지요."

나는 또 물었다.

"너는 너 자신에 대해 어떻게 느낄 것 같니?"

이 질문에 딸아이는 좀 더 오랫동안 생각해보는 것 같았다. 딸아이가 한숨 돌리더니 대답했다.

"아마 패배자처럼 느껴질 거예요."

이 말에 이어 곧 이렇게 말했다.

"하지만 그렇게 되지는 않을 거예요."

만약 내가 애정 어린 질문을 몰랐다면, 딸아이가 자신의 선택의 결과를 탐구해보도록 돕는 일의 가치를 몰랐다면, 나는 외출금지와 같은 처벌적인 결과를 강요하는 유혹에 빠졌을 것이다. 그러면 아이는 앞으로 무엇이든 나에게 숨기려고 할지도 모른다. 이 경우 가장 큰 손해는 아이가 자신의 선택이 어떤 결과를 가져올지, 자신이 인생에서 무엇을 진정으로 원하는지 탐색해볼 기회를 갖지 못하는 점이다.

요약해보자. 해결 방법에 초점을 맞추면 아이들에게 다음과 같은 것을 알려줄 수 있다.

실수로부터 배우기 위해서는 어떻게 해야 할까. 어떻게 이것을 제대로 할 수 있을까? 무엇이 필요할까? 어떤 것은 완전하게 고칠 수 없다. 그래도 우리가 할 수 있는 최선은 무엇인가?

어떻게 하면 자신의 힘을 키울 수 있을까. 아이들이 해결 방법을 제시할 때, 또는 함께 브레인스토밍을 하고 가장 유용하다고 여기는 것을 선택할 때 아이들은 자신의 힘을 건설적이고 유용하게 사용하도록 격려받고 있다는 느낌이 든다.

어떻게 하면 실수가 배움의 기회가 될 수 있을까. 아이들에게 당신 생각을 강요하지 않는다면, 그리고 실수를 배움의 기회로 바라본다면 아이들은 실수가 끔찍한 것이 아니라는 걸 배운다.

어떻게 하면 문제 해결 기술을 익힐까. 만약 모두가 문제 해결 기술이 있다면, 이 세상은 어떻게 변할까?

어떻게 하면 발끈하지 않고, 잠시 멈추어 마음을 가다듬고 문제를 해결할 수 있을까. 이건 엄청난 삶의 기술이다!

어떻게 하면 예상치 못한 문제에 직면했을 때 창조적으로 대응할 수 있을까. 기분이 상해 포기하는 대신 말이다.

어떻게 하면 사회적으로 유용하고 적합한 반응을 배울 수 있을까. 아이들은 무엇을 하지 말아야 할지가 아니라 무엇을 할 것인지를 배운다. 가장 효과적인 논리적 결과는 바로 해결 방법이다.

이제 막 긍정 훈육법을 활용하기 시작한 교사와 부모는 한 번에 하나씩 실천해나가야 한다. 훈육 전쟁을 끝내기 위해(이 세상의 평화는 가정과 학교에서의 평화로부터 시작된다) 힘겨루기에서 멀찍이 물러나야 한다. 그리고 아이와 어른 모두를 위해 상호 존중, 책임감, 능력에 대한 자신감, 유머 감각, 문제 해결 기술을 갖추어야 한다. 실수를 배움의 기회로 바라보는 것이 중요하다. 해결 방법에 초점을 맞추는 것이 최고의 방법이다.

긍정 훈육의 도구들

01. 해결 방법에 초점을 맞춘다.

02. 세 가지 R과 한 가지 H가 해결 방법에 초점을 맞추는 데 도움이 된다.

03. 문제를 인정하고, 해결 방법을 위해 브레인스토밍을 한다.

04. 아이들이 가장 유용한 해결 방법을 고르기 전, 바람직하지 못한 해결 방법은 제외한다.

05. 문제를 해결하기 전에 냉각기를 거친다.

06. 긍정적인 타임아웃을 한다.

07. 어떻게 하면 도울 수 있는지 아이들에게 묻는다. 가능하면, 적어도 두 가지 이상 선택할 기회를 준다.

08. 문제를 해결하기 위해 가족회의 또는 학급회의를 활용한다.

09. 아이들이 선택에 대한 결과를 진지하게 탐구할 수 있도록 애정 어린 질문을 한다.

교사와 부모를 위한 긍정 훈육

질문

01. '해결 방법에 초점을 맞추는 세 가지 R과 한 가지 H'는 무엇인가?

02. 해결 방법에 초점을 맞추는 것의 주제는 무엇인가?

03. 결과에 초점을 맞추는 토론, 그리고 해결 방법에 초점을 맞추는 토론에서 나온 목록의 차이는 무엇인가?

04. 아이들이 처벌적인 제안을 배제할 수 있도록 어떤 질문을 해야 할까?

05. 해결 방법을 모색하기 전, 냉각기를 거치는 것이 왜 중요할까?

06. 긍정적인 타임아웃은 관습적인 타임아웃의 활용과 어떻게 다를까?

07. 만약 당신 파트너가 당신에게 처벌적인 타임아웃을 하라고 했다면, 성인으로서 당신은 어떤 느낌이 들까? 어떤 마음을 먹게 될까?

08. 기분 전환의 필요성이 있을 때마다 자신이 만들어놓은 긍정적인 타임아웃 장소를 이용할 수 있다면, 당신은 어떤 느낌일까?

09. "네가 한 짓을 생각해봐"라고 아이에게 훈계하는 것이 왜 어리석은 짓인가?

10. 아이들에게 긍정적인 타임아웃을 가르칠 때 꼭 필요한 중요 지침은 무엇인가?

11. 긍정적인 타임아웃 이후에 아이와 함께 활용할 수 있는, 또는 아이들이 자기가 선택한 것의 결과를 탐구하는 데 활용할 수 있는 올바른 과정은 무엇인가?

12. 아이들에게 결과를 강요하는 것, 그리고 아이들의 선택에 대한 결과를 탐구하는 것 사이의 차이는 무엇인가?

13. 부드러우면서도 단호하게 행동하는 것이 중요한 이유는 무엇인가?

14. 어른들이 부드러우면서도 단호하게 행동하는 것이 어려운 이유는 무엇인가?

15. 흥분해 있을 때 갈등 상황을 회피하는 게 바람직한 이유는 무엇인가?

16. 어른들은 갈등을 즉각적으로 처리하지 않으면, 무슨 일이 생길까 봐 두려워하는가?

17. 제한을 두는 과정에 아이를 참여시키는 것이 효과적인 이유는 무엇인가?

7장

칭찬이 아니라 격려가 아이를 바꾼다

그들이 방 안으로 들어왔을 때 눈이 번쩍 뜨였는가?

토니 모리슨(Toni Morrison)

POSITIVE
DISCIPLINE

만약 아이가 다가와 천진난만하게 "나는 아이예요. 어딘가에 속해 있길 바랄 뿐이라고요"라고 말한다면, 당신은 화를 내며 아이에게 창피를 주겠는가? 물론 아니다! 대부분의 어른은 그릇된 행동을 하는 아이가 무의식적으로 '난 소속되기를 원할 뿐이에요. 그런데 어떻게 하면 소속감을 느끼는지 잘 모르겠어요'라고 말하고 있다는 것을 깨닫지 못한다. 물론 이 메시지는 암호로 전달된다. 이 '그릇된 행동의 암호'를 이해하는 법을 배워야 아이들을 올바로 격려해줄 수 있다.

4장에서 논의한 것처럼 그릇된 행동을 하는 아이는 의기소침한 아이다. 그릇된 행동은 자신이 소속감과 중요성을 느끼지 못해서, 그리고 소속감과 중요성을 얻는 방법에 관해 그릇된 믿음을 품고 있기 때문에 나타난다. 그릇된 행동 뒤에는 아이의 실망감이 숨어 있다는 것을 기억하고 그릇된 행동을 올바른 행동으로 방향 전환하도록 하자.

드레이커스는 '격려'를 강조했다. 그리고 격려야말로 아이들을 이끌어주는 가장 중요한 기술이라고 생각했다. 드레이커스는 여러 차례 이렇게 말했다.

"아이들은 격려가 필요합니다. 식물이 물을 필요로 하는 것과 마찬가지 이치입니다. 이것 없이는 살 수 없습니다."

이것이 사실이라면, 그릇된 행동을 하는 아이를 도와주는 최고의 방법은 분명 끊임없이 격려하는 것이다. 낙담하지 않으면 그릇된 행동을 하게 된 동기 또한 사라질 것이다. 그러나 그릇된 행동을 하는 아이를 격려해주는 일이 말처럼 그리 쉽지 않다. 그리고 격려가 무엇인지 제대로 모르는 어른도 너무 많다.

그릇된 행동을 보면 반사적으로 반응하기 때문에 어른에게는 격려가 어렵다. 그릇된 행동 뒤에 숨어 있는 메시지에 적절히 대처하며 아이들이 더 잘할 수 있도록 동기를 부여하지 않고 부정적으로 반응하기 때문이다. 격려가 쉽지 않은 또 다른 이유는 처벌이 행동을 개선하는 데 최선이라는 관념에 사로잡힌 어른이 무척 많기 때문이다. 처벌이 효과적이라고 믿는 교사와 부모 대부분은 처벌이 장기적으로 불러올 부정적인 효과를 염두에 두지 않는다. 처벌의 장기적 효과를 생각해본 사람들도, 그리고 처벌이 나쁘다는 것을 아는 사람들도 여전히 이런 오류에 빠져 있다.

사실 오류에 '빠져드는 것'은 일반적이다. 우리는 모두 '버튼'이 있고, 아이들은 그것을 누르는 법을 알고 있다. 아이가 이 '버튼'을 누르면, 우리는 원초적이고 비열한 파충류의 두뇌로 되돌아간다. 물론 우리가 아이들을 '잡아먹지는' 않는다. 하지만 아이의 행동에 화를 내며 반사작용을 할 경우, 분명 소속감과 중요성에 대한 아이들의 인식을 조금씩 갉아먹게 된다. 갈등의 시간에는 어른과 아이 모두 비합리적으로 쉽게 반응한다. 아무도 상대방의 말을 귀담아들으려 하지 않는다. 이 시간에는 무언가를 건설적으로 가르치기에 바람직하지 않다. 그런데도 어른들은 이런 갈등의 순간에 정면 대응해야 한다고 믿는다. 만약 그렇게 하지 않으면, 아이가 벌을 모면하게 된다고 생각하기 때문이다. 그렇기에 긍정적 타임아웃이 필요하다. 문제를 해결하려고 노력하기에 앞서 어른과 아이 모두 침착해질 수 있고, 기분이 좋아질 수 있다(그리고 합리적으로 생각할 수 있다).

격려는 이 책의 핵심이다. 이 책에서 논의된 모든 방법은 아이와 어른들 모두 격려받고 있다고 느끼도록 고안된 것들이다. 격려는 아이들이 '나는 할 수 있어. 나는 도움이 될 수 있어. 내게 일어나는 일에 대해, 혹은 내가 반응하는 방법에 대해 영향을 미칠 수 있어'라는 인식을 키울 기회를 준다. 격려는 인생과 인간관계에서 성공하기 위해서 반드시 필요한 삶의 기술과 사회적 책임을 가르쳐준다. 격려는 기분이 좋아지도록, 그래서 더 나은 행동을 하도록 아이를 꼭 껴안아 주는 등 아주 단순한 형태로 나타날 수도 있다.

수년 전, 나는 이 이론을 시험해보기로 작정했다. 당시 두 살짜리 아들이 심하게 졸라댔다. 나는 너무 귀찮아 아이의 손바닥을 때려주고 싶은 충동을 느꼈다. 하지만 격려의 개념을 상기하고 무릎을 꿇고 앉아 아이를 꼭 껴안아 준 다음, 내가 얼마나 사랑하는지 말해주었다. 아이의 행동 뒤에 숨어 있는 메시지를 기억하여 벌을 내리는 대신 몇 분 동안 격려해주자, 아이는 더 이상 칭얼대지 않았다. 그러자 나의 괴로움도 마법처럼 사라졌다.

불행히도, 격려가 이처럼 언제나 단순하고 쉬운 것은 아니다. 그럴 만한 이유가 세 가지 있다.

1. 그릇된 행동을 하는 아이는 사실 '나는 소속되기를 원해요'라고 말하고 있다는 걸 기억하기란 그리 쉽지 않다.
2. 어른들이 처벌에는 아주 능숙할지 몰라도 격려에는 서툴다.
3. 갈등의 시간에 아이들이 항상 격려를 받을 준비가 되어 있는 것은 아니다.

타이밍

앞의 사례에서 내 아들은 칭얼거리며 졸라대는 동안에도 격려에 우호적으로 반응했다. 그러나 냉각기를 거치고 나서야 격려가 우호적으로 받아들여지는 경우도 있다. 갈등의 순간에는, 특히 아이의 그릇된 목표가 힘 또는 보복이라면, 화가 난 어른과 아이 모두 격려를 주거나 받을 수 없을지도 모른다. 이런 이유 때문에 갈등의 순간에는 그 자리에서 조용히 물러서는 것(당신 혹은 아이, 또는 둘 다 긍정적인 타임아웃을 하는 것)이 가장 효과적이다. 만약 냉각기를 가질 때까지 갈등을 일으킨 행동을 모르는 체할 수 없다면, 상처가 되는 말이나 비난을 하지 말고 '나'라는 메시지를 활용해 당신의 감정과 의도를 표현하자.

어른들은 이렇게 말하면서 갈등에서 한발 물러설 수 있다.

"내 생각에 우리 모두 지금 이 문제를 논의하기에는 너무 흥분해 있는 것 같아. 냉각기를 갖고 난 뒤에 다시 이야기했으면 좋겠다."

만약 학급회의에서 냉각기로서의 긍정적인 타임아웃이라는 개념을 미리 논의한 경우라면, 그리고 학생들이 교실에 긍정적 타임아웃 장소를 마련한 경우라면, 매우 효과적이다. 만약 학급회의 또는 가족회의를 하고 있다면, 당신은 이렇게 선택을 제안할 수 있다.

"이 문제를 회의 의제로 다룰까?"

또 다른 선택은 이렇다.

"무엇이 지금 당장 너한테 도움이 될까? 긍정적인 타임아웃이 좋겠니? 아니면 이 문제를 회의 의제로 올리는 게 좋겠니?"

격려가 통하지 않는다면, 아마도 타이밍이 빗나갔기 때문일 것이다. 분명 냉각기를 거치면 성공의 확률이 높아진다.

서로 존중하기

• •

상호 존중은 ① 당신 자신과 다른 사람들의 능력에 대한 믿음, ② 당신 자신의 견해뿐만 아니라 다른 사람들의 견해에 대한 관심, ③ 문제에 당신 자신도 일정한 역할을 했으니 책임감과 주인의식을 갖겠다는 의지 등이 포함되어 있다. 당신 스스로 모범을 보이면 아이들에게 이런 태도를 최고로 잘 가르칠 수 있다. 타이밍과 '서로가 승리하는 협력'이 상호 존중이라는 개념과 어떻게 합쳐지는지 알게 될 것이다.

브래드쇼 선생의 5학년 학생 제이슨은 가끔 이성을 잃고 수업 시간에 사람들에게 적개심을 강하게 드러내곤 했다. 교사에게도 예외가 아니었다. 선생은 여러 가지 형태로 벌을 주었다. 하지만 제이슨의 감정 폭발을 오히려 키우는 듯했다. 선생은 제이슨을 교장 선생님께 보내도 봤다. 방과 후에 학교에 남아 화를 통제하는 방법에 관해 반성문을 쓰게 시켜보기도 했다. 교실 밖 벤치에 앉아 있게 하는 벌을 주기도 했다. 하지만 제이슨은 밖으로 나가며 교실 문을 쾅 닫곤 했다. 때때로 창문 앞에서 폴짝폴짝 뛰며 얼굴을 들이밀기도 했다. 교실 안으로 돌아왔을 때, 제이슨의 표정은 매우 호전적이었다. 이내 또다시 화를 내곤 했다.

브래드쇼 선생은 '타이밍', '서로가 승리하는 협력', '상호 존중'이라는 개념을 마음속에 새겨두고 제이슨에게 격려를 시도해보기로 작정했다. 제이슨에게 방과 후에 학교에 남으라고 말하는 것으로 시작했다. 방과 후에 선생을 찾아왔을 때, 제이슨은 친근한 선생의 모습을 발견했다. 우선 선생은 제이슨에게 방과 후의 소중한 시간을 내주어 고맙다고 말했다. 그리고 나서 제이슨에게 해결 방법을 찾으면 좋겠다고 말했다. 교사는 제이슨의 문제에 자신도 일정한 몫을 했다는 걸 인정했다. 아무리 화가 나도 제이슨에게 벌을 내린 것은 정중한 태도가 아니었다고 말했다. 제이슨에게 더 이상 벌을 주고 싶지 않으며, 그러려면 제이슨의 도움이 필요하다고 말했다. 그러면서 함께 문제를 해결해보고 싶은 의향이 있는지 제이슨에게 물었다.

제이슨은 아직 협력할 의사가 전혀 없었다. 아이들이 자기를 화나게 만들기 때문에 자신은 어쩔 수 없다면서 적개심을 고스란히 드러냈다 (기억하자. 우리가 태도를 바꾸어도 아이들이 우리를 신뢰하기까지 시간이 좀 걸린다). 선생은 제이슨의 그런 감정을 기꺼이 이해할 수 있었다. 다른 사람들이 자기를 화나게 만들 때가 있다고 말해주었다. 이 말이 제이슨의 관심을 끌었다. 제이슨은 고개를 들고 선생을 바라보았다. 눈동자에는 놀라움과 안도감이 담겨 있었다. 선생은 제이슨에게 계속 이야기를 들려주었다. 화가 나면 자기 몸에서 뭔가 변화가 일어난다고. 배가 꼬이고, 어깨가 뻣뻣하게 굳는 따위의 것 말이다. 선생은 제이슨이 화가 났을 때 몸에서 어떤 변화가 일어나는지 아냐고 물었다. 제이슨은 아무것도 생각나지 않았다. 선생은 "다음번에 화가 났을 때 몸에서 어떤 변화가 나타나는지 한번 볼까?" 하고 물었다. 둘은 다음번에 이런 일이 일어날 경우, 방과 후에 함께 만나 이야기를 나누기로 약속했다.

닷새도 안 되어 제이슨이 또다시 교실에서 성질을 부렸다. 물론 닷새의 시간은 제이슨에게는 퍽 긴 시간이었다. 선생이 다정하고 정중하게 함께 문제를 해결하고자 시간을 가졌기에 제이슨은 소속감과 중요성을 느꼈을 수도 있다. 그래서 제이슨은 잠시 그릇된 행동을 통해 소속감을 찾을 필요를 느끼지 않았다. 하지만 오래 이어지지는 못했다.

다음번 제이슨이 화를 냈을 때, 브래드쇼 선생은 자기 손을 제이슨의 어깨에 가볍게 올리며 말했다.

"제이슨, 지금 네 몸에서 어떤 변화가 일어나고 있는지 알아차렸니?"

제이슨은 이 한마디에 화를 멈추고 생각에 잠겼다. 선생은 이렇게 덧붙였다.

"방과 후에 나한테 와서 알려줘."

제이슨이 방과 후에 선생을 찾아가서 주먹이 꽉 쥐어지고 이가 앙다물어졌다고 말했다. 선생은 제이슨에게 다음번에 화가 나기 시작하면 참아볼 의향이 있는지, 그래서 교실 밖으로 나와 화가 가라앉을 때까지 긍정적인 타임아웃을 할 생각이 있는지 물었다. 선생은 긍정적 타임아웃을 위해 교실을 나갈 때는 굳이 허락을 받지 않아도 좋다고 덧붙였다. 제이슨이 무엇을 하려는지 알고 있고, 혼자 힘으로 잘 처리할 수 있으리라 믿기 때문이라고 했다. 그러고 나서 제이슨에게 기분이 좋아질 때까지 교실 밖에 서 있는 동안 무엇을 할 수 있을지 물었다.

제이슨이 말했다.

"잘 모르겠어요."

브래드쇼 선생이 말했다.

"열 또는 백까지 세는 건 어떨까? 아니면 행복한 생각을 하든가, 아니면 그냥 아름다운 날씨를 감상하든가."

제이슨이 말했다.

"좋아요."

닷새 정도가 지나 제이슨이 또다시 분노를 터트렸다. 다시, 제이슨은 문제를 정중하게 논의하도록 격려를 받았다. 또다시, 이 격려는 지속되지 못했다. 다음 주, 제이슨은 교실 밖으로 세 번 나왔다. 교실로 되돌아가기까지 3~5분 정도 교실 밖에 머물러 있었다. 그런데 눈에 띄게 차분해진 모습이었다. 그럴 때마다 선생은 제이슨에게 엄지손가락을 치켜세우며 신호를 보냈다. 그리고 윙크를 날렸다. 그렇게 제이슨의 책임지는 행동을 인정해주었다. 선생은 제이슨이 스스로 진정하기 위해 무엇을 했는지 잘 알지 못했다. 제이슨이 창문 사이로 얼굴을 들이밀지 않았다는 것에 고마울 따름이었다. 제이슨은 화가 날 때마다 의식적으로 행동했다. 일주일에 네다섯 번 교실을 나갔다. 3주 후, 다시 화를 내고 반 친구들에게 고함을 질렀다. 하지만 이번에는 밖으로 나가는 걸 까먹었다.

선생은 점심 시간에 제이슨과 대화를 나누었다. 제이슨이 얼마나 잘하고 있는지 말해주었다. 그러면서 누구나 배우는 과정에서 실수를 저지른다고 덧붙였다. 그리고 더 나아지도록 계속해볼 의향이 있는지 물었다. 제이슨은 그러겠다고 했다. 그리고 나서 1년 동안 제이슨은 가끔 교실 밖으로 나갔지만, 화를 내는 횟수는 현저히 줄어들었다. 제이슨이 냉각기를 거친 후 교실에 들어왔을 때, 선생은 제이슨을 보고 지속해서 윙크를 보내며 웃어 보였다. 제이슨은 완벽해지지는 못했다. 하지만 엄청나게 달라졌다. 선생은 우리에게 이렇게 말했다.

"제이슨은 하루에도 몇 차례씩 자제력을 잃곤 했어요. 이제는 한 달에 한두 번 정도 자제력을 잃을 뿐이에요."

브래드쇼 선생은 둘 사이의 관계가 향상되어 즐거워진 사실이 더 기뻤다.

완벽함을 바라지 말고 나아지는 것을 바라자

• •

제이슨의 사례는 완벽함에 대한 기대보다는 '개선을 위한 활동'이라는 개념을 예증하고 있다. 완벽함을 바라는 건 너무도 비현실적이다. 완벽해지기 위해 살아야 한다고 생각하는 사람들에게는 실망감을 안겨준다. 아이들은 완벽함에 대한 어른들의 기대에 따라 살지 않는다. 하지만 예전보다 나아진 것을 알아주면 좋은 격려가 된다. 아이들이 지속적으로 노력할 자극이 된다.

브래들리 부인은 아들 알베르토가 학교에서 말썽을 부려 실망스러웠다. 선생은 알베르토에게 그릇된 행동을 할 때마다 50번씩 반성문을 쓰라는 벌을 주었지만, 알베르토는 번번이 거부했다. 선생은 반성문 횟수를 배로 늘렸다. 브래들리 부인은 알베르토가 비행 청소년이 되지나 않을까 걱정스러웠다. 그래서 아들을 훈계하고 꾸짖었다. 알베르토는 이제 집에서도 학교에서도 벌을 받았다. 아들은 신경 쓰지 않는 듯 더욱더 반항적이 되어갔다. 결국 학교를 끔찍이 싫어하게 됐다. 부인은 마침내 선생과의 면담을 요청했다. 면담하며 부인은 선생에게 알베르토의 행동 중 몇 퍼센트나 '나쁜' 행동이냐고 물었다. 선생이 답했다.

"거의 15퍼센트 정도 됩니다."

브래들리 부인은 85퍼센트의 올바른 행동보다는 15퍼센트의 그릇된 행동에 관심을 두어 아이를 부정적으로 인식하게 되었다는 사실을 알고는 깜짝 놀랐다.

부인은 부모 연구 모임에 참석하고 있었다. 그래서 자기가 배운 것을 선생에게 들려주었다. 선생은 비처벌적인 해결 방법에 대해 듣고는 큰 관심을 보였다. 둘은 알베르토를 위해 긍정적인 계획을 짜보기로 의견을 모았다. 다음번 면담에는 알베르토도 참여했는데, 알베르토가 교실에서 파괴적이거나 위압적으로 행동할 때마다 교사를 도와주거나, 도움이 필요한 반 아이를 가르쳐주거나, 수업의 일부를 가르치는 등 학급에 도움이 되는 일로 잘못된 행동을 만회하기로 했다. 알베르토의 그릇된 행동은 유익한 행동으로 방향 전환되었다. 알베르토는 그 후에 문제를 거의 드러내지 않았다. 교사 또한 학급회의를 열기 시작했다. 그래서 이제 모든 문제는 학급회의를 통해 해결되었다.

부정적인 처벌은 반항을 자극한다. 그리고 아이, 부모, 교사를 크게 실망시킨다. 어른들이 상호 존중, 문제 해결, 격려 그리고 해결 방법에 초점을 맞출 때, 아이들은 소속감을 느끼고 책임지는 행동을 보여준다.

단점이 아니라 장점을 발판으로 삼자

• •

다음의 도표가 보여주듯, 당신의 자녀 혹은 학생은 어쩌면 85퍼센트의 장점과 15퍼센트의 단점이 있을지 모른다. 그런데 대부분의 교사와 부모는 어디에 초점을 맞추는가?

부정적인 15퍼센트에 초점을 맞추느라 시간과 에너지의 85퍼센트를 허비할 때, 부정적인 것은 자라나고 긍정적인 것은 곧 사라지고 만다. 당신은 보이는 것만 믿게 된다. 이에 반해, 만약 당신의 시간과 에너지의 85퍼센트를 긍정적인 것을 인정하고 격려하는 데 초점을 맞춘다면, 머지않아 부정적인 것은 사라지고 긍정적인 것이 100퍼센트까지 자라날 것이다. 긍정적인 것에 초점을 맞출 때, 당신 자신은 물론이고 다른 사람들에게도 격려가 된다.

그릇된 행동의 방향 전환

아이의 행동에서 장점을 눈여겨보자. 면학 분위기를 깨는 아이 중에 훌륭한 리더십 자질이 있는 경우가 많다. 일단 그 점을 파악하면, 유익한 방향으로 아이의 행동을 전환하도록 돕는 일이 그리 힘들지 않다.

한 유치원 교사는 그릇된 행동의 방향 전환이라는 개념을 통달한 후, 그 개념을 여러 차례 활용했다. 데비는 미술활동이 끝난 후에 뒷정리를 깔끔하게 하지 않았다. 교사는 데비에게 책임을 맡겼다. 반 친구들이 정확히 무엇을 해야 하는지, 그 방법을 가르쳐주도록 했다. 숀은 다른 아이들의 블록을 일부러 쓰러뜨리곤 했다. 교사는 숀에게 블록 순찰대 대장의 직책을 맡겼다. 숀이 맡은 역할은 블록 놀이를 할 때 서로 어떻게 도와야 하는지를 반 친구들에게 가르치는 일이었다. 그리고 블록을 치워야 할 시간이 되면 아이들을 도와주는 것이었다.

만회할 기회를 주자

이것은 그릇된 행동의 방향 전환과 매우 비슷하다. 하지만 문제 해결 과정에 아이들을 좀 더 참여시킨다. 아이들이 무책임하거나 버릇없는 행동을 할 때, 자신이 기분 나쁘게 했던 사람을 유쾌하게 하는 뭔가를 해서 아이들에게 자신의 그릇된 행동을 만회할 기회를 주자. 알베르토는 교실 분위기를 깸으로써 교사의 일을 힘들게 했다. 알베르토는 선생의 일을 좀 더 수월하게 만들 수 있는 무언가를 함으로써 자신의 행동을 만회할 기회를 얻었다. 그런데 이때 어른의 태도가 처벌적이라면, 제대로 효과를 발휘하지 못한다. 친근하고 정중한 태도일 때, 그리고 아이가 어떻게 만회할지 그 방법을 결정하는 과정에 참여할 때 더욱 효과적이다.

주디와 린다는 이웃의 자동차에 오렌지를 던졌다. 엄마는 아이들과 함께 앉아 다정스럽게 애정 어린 질문을 던져 아이들을 토론에 참여시켰다. 처음에 엄마는 이렇게 인정했다.

"시버트 씨의 자동차에 오렌지를 던진 건 아주 신나는 일처럼 보여. 하지만 시버트 씨가 엉망이 된 자동차를 보면 어떤 기분일까?"

두 소녀는 약간의 죄책감을 느끼는 표정이었다.

엄마가 계속 말을 이었다.

"시버트 씨 기분이 어떨까? 만약 누군가가 우리 집 차를 그 모양으로 만들어놓았다면, 너희 기분은 어떨 것 같니?"

소녀들은 기분이 좋지 않을 것 같다고 인정했다.

그러자 엄마가 물었다.

"그 대신에 시버트 씨에게 너희가 어떻게 해드리면 좋을까?"

소녀들은 어깨를 으쓱하며 잘 모르겠다고 답했다.

엄마가 끈덕지게 되풀이했다.

"얘들아, 엄마가 너희를 곤란하게 하려는 게 아니야. 사람은 누구나 실수를 해. 실수로부터 배우고, 실수를 고쳐나가기 위해서 그러는 거야. 너희가 문제를 잘 해결할 수 있어. 만약 너희한테 자동차가 있고, 누군가 그 차에 오렌지를 던졌다면, 어떻게 하면 너희 기분이 좋아질 수 있을까?"

린다가 말했다.

"제 생각에, 직접 와서 미안하다고 말하면 좋을 것 같아요."

엄마가 말했다.

"다른 건?"

주디가 말했다.

"내 차를 다시 깨끗이 닦아주길 바랄 것 같아요."

엄마가 말했다.

"정말 훌륭한 생각이야. 시버트 씨를 위해 너희도 그렇게 해줄 수 있겠니?"

아이들은 썩 마음 내켜 하지 않았다. 하지만 그렇게 하는 게 옳을 것 같다는 데 의견의 일치를 보았다.

엄마가 말했다.

"힘들다는 거 엄마도 알아. 하지만 그렇게 하고 나면 분명 너희 기분이 훨씬 좋아질 거야. 엄마가 함께 가줄까? 아니면 너희끼리 시버트 씨에게 가서 이야기할래?"

소녀들은 자기들이 직접 시버트 씨에게 가서 말하기로 했다.

주디와 린다는 운이 좋았다. 시버트 씨는 너그러운 사람이었다. 시버트 씨는 아이들이 자기 실수를 인정하고 잘못을 뉘우치는 데 용기가 필요하다는 걸 알았다. 만약 시버트 씨가 나무랐다면, 엄마는 그래도 아이들이 만회할 수 있도록 했을 것이다. 시버트 씨가 너그러운 사람이 아니었을지라도 주디와 린다가 앞으로 자신들의 행동이 가져올 결과에 대해 더 많은 생각을 하게 되리라는 점은 분명하다.

초등학교에 다니는 소년 다섯 명이 교실 문을 망가뜨리다 걸렸다. 그러자 관리인은 아이들에게 자신을 도와 문을 함께 칠하게 해서 잘못을 만회할 기회를 주었다. 관리인이 무척이나 존중하는 태도여서 아이들은 자신들이 저지른 행동을 만회할 때 뿌듯해했다.

실수를 만회하도록 하는 일은 격려의 행동이다. 사회적 책임을 가르치기 때문이다. 아이들은 다른 사람을 도와줄 때 스스로에 대해 자부심을 느낀다. 실수의 만회를 비처벌적인 방식으로 활용하면 격려가 된다. 자신의 실수로부터 배움의 기회를 경험하고 행동의 결과를 바르게 고칠 수 있다. 만회의 기회는 격려가 된다. 비난, 수치, 고통의 두려움 없이 자신의 행동에 대해 책임을 져야 한다는 사실을 깨닫게 되기 때문이다.

남의 시선을 의식하지 말자

• •

어른들이 사회적 압력을 느낄 경우, 효과적인 절차를 활용하는 일이 어렵기도 하다. 친구, 이웃, 친척 또는 다른 교사가 여러분과 그릇된 행동을 하는 아이와의 상호 작용을 관찰하고 있을 때, 당신이 이 상황을 어떻게 처리하느냐에 따라 부모 혹은 교사로서의 당신의 입지가 결정된다고 생각할 수도 있다. 이런 환경에서는 관찰자들이 당신의 즉각적인 임무 완수를 기대하고 있다고 느끼기 쉽다. 이것이 압력으로 다가오기도 한다. 당신은 관찰자들을 만족시키기 위해 처벌을 활용하고 싶은 유혹을 느낄지도 모른다. 이것이 가장 빠른 결과를 성취하는 것처럼 보이기 때문이다.

사회적 압력이 있을 때 분명하고 냉철하게 생각하고, 가장 효과적인 결실을 얻을 수 있도록 행동하려면 엄청난 용기가 필요하다. 어느 여름, 우리는 친구들과 함께 배낭여행을 떠났다. 당시에 아들 마크는 열 살이었는데, 운동에 소질이 있었다. 마크는 배낭을 메고 거의 10킬로미터나 걸었다. 오랜 시간 가파른 길을 트레킹으로 돌아올 때, 마크는 배낭이 불편하다며 투덜거리기 시작했다. 남편은 농담처럼 이렇게 말했다.

"넌 할 수 있어. 넌 해병의 아들이야!"

마크는 너무 힘들었다. 그래서 그 말이 단순히 농담이라고 생각하지 못했다. 어쨌든 마크는 계속 산을 올랐다. 마크가 우리 앞쪽에서 걸어가고 있었는데, 갑자기 마크의 배낭이 우리 쪽으로 굴러 내려오는 소리가

교사와 부모를 위한 긍정 훈육

들렸다. 나는 마크가 넘어졌다고 생각해서 걱정되어 무슨 일이냐고 물었다. 그런데 마크가 화가 난 듯 외쳤다.

"아무것도요! 아프단 말이에요!"

마크는 배낭을 내팽개친 채 계속 산을 올라갔다. 우리 모두 이 모습을 흥미롭게 관찰했다. 누군가 마크를 위해 배낭을 들어주자고 했다. 나는 매우 당혹스러웠다. 더불어 긍정 훈육에 관한 책을 쓴 저자라는 사회적 압력을 받았다.

나는 재빨리 자아를 극복했다. 어떤 식으로든 마크가 격려를 받고 책임감을 느끼게끔 돕는 방법을 찾는 게 급선무였다. 먼저 일행에게 우리 식구끼리 문제를 해결할 수 있도록 먼저 가달라고 부탁했다. 그러고 나서 2장에서 설명한 '서로가 승리하는 협력 전략 4단계'를 활용했다.

나는 마크에게 물었다.

"배낭이 불편하다고 말했는데도 우리가 진지하게 받아들이지 않았어. 그래서 화가 났구나."

마크가 말했다.

"그래요. 난 배낭 안 가져갈 거예요."

나는 마크를 탓할 생각이 없다고 했다. 그런 상황이라면 나도 그랬을 거라고 말했다.

남편은 마크에게 미안하다고 사과하며 문제를 해결할 기회를 한 번 더 달라고 부탁했다.

마크의 분노는 눈에 띄게 가라앉았다. 마크는 이제 협력할 준비가 되었다. 마크와 남편은 마크의 코트를 배낭에 쿠션처럼 댔다. 마크는 그 후 하이킹 내내 거의 불만이 없었다.

사람들의 이목이 집중되어 있다면, 관객으로부터 벗어나자. 스스로 그런 상황에서 벗어나자. 아니면 다른 사람들에게 자리를 피해달라고 정중하게 요구하자. 그래야 문제를 개인적으로 해결할 수 있다.

아이와 특별한 시간을 보내자

부모가 자녀를 위해 해줄 수 있는 가장 큰 격려는 규칙적으로 특별한 시간을 아이와 함께 보내는 것이다. 여러분은 이미 많은 시간을 자녀와 함께 보내고 있을 것이다. 하지만 '일상적인 시간'과 '미리 준비한 특별한 시간'은 분명히 다르다.

두 살이 채 안 된 아이들은 오랜 시간 함께 있어 줘야 한다. 그리고 '특별한 시간'을 이해할 만큼 자라지도 못했다. 두 살부터 여섯 살까지 아이들의 경우, 적어도 하루에 10분 정도의 특별한 시간이 필요하다. 이 것이 얼마나 마법 같은 효과를 발휘하는지 알면 놀랄 것이다.

여섯 살부터 열두 살까지 아이들은 특별한 시간이 굳이 매일 필요 없을 수도 있다(그건 당신의 판단에 달렸다). 하지만 적어도 일주일에 30분 정도는 필요하다. 언제, 얼마 동안 특별한 시간을 보내는지는 가정마다 차이가 있다. 방과 후에 쿠키를 먹거나 우유를 마시는 시간일 수도 있다. 또는 매주 일요일에 1시간씩 시간을 내도 좋다. 여기서 가장 중요한 것은 자신들을 위해 특별히 할애한 시간을 언제 의지할 수 있는지 정확히 아는 것이다.

특별한 시간을 갖는 것이 왜 격려가 되는지 몇 가지 이유를 들어보겠다.

1. 아이들은 당신과의 특별한 시간이 있다는 걸 알면 소속감과 중요성을 느낀다. 자신들이 당신에게 중요한 사람이라고 느낀다.
2. 미리 계획한 특별한 시간은 아이들과 함께 즐기기 위해 당신이 아이를 우선순위로 두었다는 사실을 상기시킨다.
3. 아이들이 당신의 관심을 원하지만 당신이 너무 바쁠 경우에 "우리 귀염둥이, 지금은 안 돼. 하지만 4시 30분, 우리의 특별한 시간에는 꼭 함께할 거야"라고 말해주면, 정말 시간이 없다는 사실을 쉽게 받아들인다.

아이와 함께 특별한 시간의 계획을 짜자. 특별한 시간 동안 함께하고 싶은 일을 자유롭게 쭉 적어보자. 처음에 브레인스토밍을 하며 작성해나갈 때는 그 목록을 평가하거나 배제하지 말자. 나중에 함께 목록을 조사하고 분류하면 된다. 만약 비용이 너무 많이 드는 것이 있다면, 돈을 모은 다음 하고 싶은 일의 목록으로 분류하자. 특별한 시간으로 계획한 10~30분보다 훨씬 더 오랜 시간이 걸린다면, 가족 휴가 때 할 일 목록으로 분류하자.

나는 가끔 부모들에게 이렇게 제안한다. 아주 특별하고 누구도 간섭하지 못하는 시간이라는 것을 강조하기 위해 전화기를 꺼놓으라고. 그런데 어떤 엄마는 이 특별한 시간 동안 전화기를 그냥 켜놓은 채 세 살 된 딸아이와 함께 보낸다. 그러다 전화가 걸려오면, 전화를 받아 이렇게 말한다.

"죄송하지만 통화할 수가 없네요. 지금은 내 딸 로리와 아주 특별한 시간을 보내고 있거든요."

로리는 누군가에게 자기와 시간을 보내는 것이 중요하다고 말하는 엄마의 얘기를 들으며 활짝 웃는다.

교사의 경우, 방과 후에 2~3분 정도 아이의 문제에 대해 직접 말하지 말고 그저 아이와 함께 보내면 아주 효과적이다. 교사들은 이런저런 질문을 해도 좋다. 예를 들어, "네가 제일 좋아하는 일은 뭐니?" 그러고 나서 당신이 무엇을 좋아하는지를 들려준다. 학생들은 선생님이 자신의 개인적인 이야기를 들려주면 아주 특별한 느낌을 받는다. 단지 방과 후에 몇 분의 특별한 시간을 함께했을 뿐이더라도, 그것이 아이가 그릇된 행동을 멈추게 격려하는 데 큰 도움이 된다. 그 시간 동안 아이의 그릇된 행동에 대해서는 일언반구 하지 않았는데도 말이다.

피터슨 선생은 자기 반의 한 아이를 관심 있게 살펴보았다. 그 아이의 그릇된 목표는 힘이었다. 데비는 툭하면 자기가 해야 할 일을 하지 않겠다고 했다. 그리고 냉소적이고 기분 나쁜 표정으로 적개심을 공공연하게 드러냈다. 어느 날, 피터슨 선생은 데비에게 방과 후에 잠깐 남으라고 했다. 학교에 남은 데비는 마치 곧장 싸울 태세였다. 선생은 데비의 행동에 대해서는 한마디도 하지 않았다. 대신 전날 밤에 가장 재미난 일이 뭐였느냐고 물어보았다. 데비는 대답하지 않으려 했다. 피터슨 선생은 생각했다.

'이건 별 효과가 없군.'

하지만 계속 물었다.

"글쎄, 그럼 내가 어젯밤에 있었던 재미난 일을 이야기해줄게."

그러고는 전날 밤 가족과 무엇을 했는지 들려주었다. 데비는 여전히 거부 반응을 보였다. 피터슨 선생은 데비에게 이제 가도 좋다고 했다. 하지만 데비가 뭘 좋아하는지 얘기하고 싶을 때 언제든 이야기를 듣고 싶다고 덧붙였다.

선생은 대화가 별로 유용하지 않았다고 생각하며 실망했다. 하지만 다음 날, 선생은 데비가 더 이상 시비도 걸지 않고 적개심도 드러내지 않는다는 걸 눈치챘다. 방과 후, 데비는 선생에게 자기가 직접 그린 그림 한 장을 보여주었다. 데비가 친구와 함께 자전거를 타고 있는 그림이었다. 그것이 전날 밤에 했던 가장 신나는 일이었단다.

이것을 꼼꼼하게 분석해보면, 왜 간단한 대화가 이처럼 극적인 결과를 가져오는지 이해할 수 있을 것이다. 첫째, 아이는 자신이 특별한 관심을 받고 있다고 느낀다. 처음에는 이 특별한 관심을 거부할지도 모른다. 또 다른 비난과 훈계가 시작될지도 모른다고 지레짐작하기 때문이다. 둘째, 교사가 아이의 문제 행동을 모른 척할 때, 아이는 예상 밖의 행동을 한다. 셋째, 어른들은 종종 아이가 자신의 이야기를 들려주면 흥미를 보이는 경우가 많다. 하지만 아이들은 자기 이야기를 들려주면서 상호 존중을 드러내지는 않으려 한다. 그러니 여러분에 관해 이야기를 들려줄 때, 아이는 특별한 소속감과 중요성을 느낀다.

교사의 경우, 반 학생들과 개별적으로 특별한 시간을 몇 분씩 보내면 좋다. 가장 풀이 죽어 있는 것처럼 보이는 아이부터 시작하자. 하지만 모든 아이와 돌아가면서 시간을 보내자. 많은 교사가 특별한 시간을 낼 만큼 여유가 없다고 불만을 털어놓는다. 교사는 학생의 학업 성적을 올려야 한다는 데 상당한 심리적 압박을 받는다. 하지만 학업 성적만큼이나 격려 또한 중요하다는 것을 이해한다면, 특별한 시간을 위해 몇 분의 여유를 낼 수 있을 것이다. 자습 시간, 휴식 시간 또는 방과 후에 말이다.

특별한 시간이라는 개념을 취침 시간 일정표에 포함해도 좋다. 브루너 부인은 자녀가 잠자리에 들 때, 아이들에게 먼저 그날 있었던 가장 슬픈 일을, 다음에는 가장 행복했던 일을 물어본다. 그러고 나서는 자신의 가장 슬펐던 일과 가장 행복했던 일을 들려주었다. 처음에 아이들은 이 시간을 가장 슬펐던 일에 대해 불평을 털어놓는 기회로 활용하는 데 열중했고, 때때로 울음을 터트리기도 했다. 자녀가 진정할 때까지 부인은 인내하며 기다리곤 했다. 그러고는 이렇게 말한다.

"네가 어떤 기분이었는지 알려줘서 고맙구나. 내일 네가 차분해져 있을 때 그 문제에 대해 좀 더 이야기할 수 있을 거야. 그때 우리가 해결 방법을 찾을 수 있는지 알아보자꾸나. 이제 가장 행복했던 일을 이야기해주지 않으련?"

만약 아이가 행복했던 일을 생각해내지 못하면, 부인은 자신의 행복했던 일을 들려주곤 했다. 아이들이 이런 일과에 익숙해진 뒤, 슬펐던 일을 사실 그대로 말하게 되었다. 그러고는 앞으로 어떻게 하면 비슷한 문제를 해결하거나 피할 수 있는지 아이디어가 뒤이어 나왔다. 시간이 흘러 아이들은 자신의 슬펐던 순간이 아니라 행복했던 순간을 더 즐겨 이야기하게 되었다.

격려 대 칭찬

• •

수년 동안, 칭찬은 고래도 춤추게 한다는 말이 크게 유행한 적이 있었다. 다시 한번 '과연 무엇이 효과적인가를 주목해야' 한다. 칭찬은 아이들의 행동을 나아지게 이끌어줄 수 있다. 문제는 칭찬에 익숙한 아이들이 그저 '남의 눈치를 보는 아이'가 될지도 모른다는 점이다. 이런 아이들은(나중에 이런 어른들이 된다) 다른 사람들의 생각에 따라 자아 개념

교사와 부모를 위한 긍정 훈육

을 기르게 될 수도 있다. 그리고 일부 아이들은 칭찬을 불쾌하게 여기고 반항하기도 한다. 다른 사람들의 기대에 부응해 살고 싶지 않다거나, 쉽게 칭찬을 받는 것처럼 보이는 사람들과 경쟁할 수 없을 것 같은 두려움 때문이다. 칭찬이 효과적으로 보이지만, 장기적인 효과를 고려해야 한다. 격려는 자기확신이라는 장기적인 효과를 불러일으킨다. 반면, 칭찬은 다른 사람들에 의존하는 태도와 같은 장기적인 효과가 있다.

앞에서 언급했듯, 칭찬과 관련해 어른들이 저지르는 또 하나의 실수는 자신들이 아이에게 자존감을 '심어줄 수' 있다는 생각이다. 자존감은 줄 수도 받을 수도 없다. 자존감은 능력에 대한 인식과 자신에 대한 믿음을 통해 길러진다. 그리고 의기소침, 문제 해결, 실수로부터 배울 기회를 통해 생긴다. 격려를 성공적으로 활용하기 위해서는 어른들이 아이를 배려하는 태도를 갖추고, 아이의 관점에 관심을 갖고, 아이가 삶의 기술을 배울 기회를 제공하겠다는 열망이 필요하다. 그래야 다른 사람들의 부정적인 의견으로부터 독립된 자아에 대한 확신을 이끌어줄 수 있다.

칭찬을 신봉하고 즉각적인 결과를 좇는 사람들이 격려와 칭찬의 차이점을 파악하기란 그다지 쉽지 않다. 아이들이 칭찬을 들으면 환한 얼굴로 반응하는 걸 보아왔기 때문이다. 하지만 다른 사람의 판단에 의존할 때 나타나는 장기적인 효과는 생각하지 못한다. 칭찬에서 격려로 방향을 바꾸고자 하는 사람들조차, 이제는 습관이 되어버린 말을 하기 전에 잠깐 생각해보는 게 번거롭다.

아이에게 하는 말이 칭찬인지 격려인지 아리송할 때, 다음의 질문을 염두에 두면 큰 도움이 된다.

- 내가 자기평가를 부추기는가, 아니면 다른 사람들의 평가에 의존하게 만드는가?
- 내가 정중한 태도를 보이는가, 아니면 생색을 내는 듯한 태도를 취하는가?
- 내가 아이의 관점을 헤아리는가, 아니면 나의 관점에서 이야기하는가?
- 내가 이 말을 친구에게도 할 수 있을까?

가장 마지막 질문이 특히 유용하다. 우리가 친구들에게 하는 말은 흔히 격려의 기준에 적합한 경우가 많기 때문이다.

격려 대 비판

잘못한 일을 야단치는 게 더 잘할 수 있도록 하는 가장 좋은 방법이라고 생각하면 큰 오산이다. 많은 사람이 건설적인 비판은 도움이 된다고 주장한다. 시드 사이먼Sid Simon은 '건설적인 비판constructive criticism'을 '위축적인 미숙함constrictive crudicism'이라고 멋지게 정의했다. 생각해보면, 건설적인 비판이라는 용어 자체가 모순이다. 건설적이라는 것은 '일으켜 세우는 것'을 뜻하는 반면, 비판은 '무너뜨리는 것'을 의미한다. 아이들이 더 잘하게 하기 위해서 아이들의 기분을 상하게 만들면 안 된다. 나아질 필요가 있는 부분에 대해 효과적으로 토론하는 방법은 아이에게 물어보는 것이다.

"어떤 부분에서 네가 잘하고 있는 것 같아? 어떤 면에서 네가 고쳐야 할 게 있을까?"

아이들은 말하지 않아도 알고 있다. 그러니 고쳐야겠다고 인정할 때가 좋다.

아이에게 이렇게 물어보자.

"어떻게 고칠까? 네 목표를 이루려면 무엇이 필요할까?"

그리고 나서 아이와 함께 개선책에 관해 브레인스토밍을 해도 좋다. 그러면 아이들은 목표 설정과 자기평가의 소중함을 배울 수 있다.

자기평가*를 격려해주자

· ·

코리는 알파벳 g 쓰기 숙제를 3학년 투틀 선생님에게 가져갔다. 선생님은 숙제를 보고 코리에게 가장 마음에 드는 글자를 가리켜보라고 했다. 코리는 가장 마음에 드는 g를 가리켰다. 교사는 이렇게 말했다.

"선생님이 마음에 드는 걸 가리켜봐도 될까?"

투틀 선생은 멋지게 쓴 g를 가리켰다. 그러고는 꼬리가 2개인 g를 가리키며 왜 그런지 말해달라고 했다.

코리는 손으로 자기 입을 막으며 놀라움을 드러냈다.

"아!"

투틀 선생은 코리에게 스스로 고칠 수 있는지, 아니면 도움이 필요한

---

* 자신의 능력이나 특성을 스스로 판단하는 활동을 말한다. 경쟁적인 상황에서 객관적인 평가가 요구되는 경우에는 주로 타인에 의한 평가가 요구되지만, 각자의 발달이나 문제 해결을 위해서는 자기이해를 위한 자기평가가 더욱 본질적이고 효과적이라는 입장에서 심리적 문제 해결을 위한 자기분석이나 학업성취의 자기평가를 강조하는 입장도 있다.

지 물어봤다. 코리는 혼자 할 수 있다고 하고는 자기 자리로 되돌아가 잘못 쓴 글자를 고쳤다.

교사는 코리의 실수만을 지적하지 않았다. 먼저 장점에 초점을 맞추고, 그러고 나서 코리에게 스스로 실수를 평가하도록 했다. 만약 특정 영역에서 아이가 나아지기 위해 뭔가를 해야 하는지 직접 물어보면, 아이들은 흔히 듣지 않고도 답해주기도 한다. 이 사례는 단점이 아닌 장점을 기초로 건설해나간다는 개념을 구체화하고 있다. 무엇이 잘 되었는지 지적해주면, 아이들은 앞으로도 잘하기를, 아니 더 잘하고 싶어 한다.

교사와 부모로서, 우리는 아이들이 학문적 성취, 사회적 기술을 배우고 향상하도록 도울 책임이 있다. 격려야말로 스스로 더 잘하고 싶은 생각이 들게 만드는 가장 최고의 방법이다. 다음의 경우처럼, 다른 방법과 함께 활용하면 더욱 효과적이다.

훈련의 시간을 갖자

말처럼 그리 명료하지 않다. 어른들은 적절한 훈련 없이도 제 할 일을 해내기를 기대하는 경우가 많다. 이런 기대는 학교보다는 가정에서 더 흔히 나타난다. 부모는 아이가 자기 방을 깨끗이 청소하기를 바란다. 하지만 어떻게 청소하는지 가르쳐주지는 않는다. 아이들은 지저분한 자기 방으로 들어가 당혹스러워한다. 만약 부모가 "깨끗한 옷은 서랍에 넣고, 더러워진 옷은 빨래 바구니에 넣어라. 다 하고 나면 내가 다음에 무엇을 할지 알려줄게"라고 말하면 도움이 된다. 다음에 장난감을 선반 위 혹은 장난감 상자에 넣을 수 있다. 좀 더 재미있게 하기 위해 바퀴 달린 장난감 먼저, 그리고 나서 인형, 그리고 나서 동물 장난감 순으로 넣도록 해보는 것도 괜찮다.

글렌H. Stephen Glenn은 부모가 아이들에게 무엇을 바라고 있는지 쉴 새 없이 말하지만, 어떻게 하면 이런 기대를 충족시킬 수 있는지 구체적으로 말해주지 않는다는 점을 지적했다. 구체적인 훈련의 시간을 가지면 의사소통의 틈과 오해가 사라진다.

글렌은 아래의 대화로 의사소통의 격차를 확실하게 보여주었다.

엄마: 질, 방 정리해!
질: 했어요. (이 말은 방 안을 걸어 다닐 수 있다는 뜻이다.)
엄마: 하기는 뭘 해? (이 말은 더 깨끗이 치우라는 뜻이다.)

훈련의 시간을 갖는다는 것은 당신의 말과 기대를 구체적이고 명료하게 드러낸다는 뜻이다. 어떤 엄마는 몇 년 동안 자녀가 침대를 정리하도록 도와주었다. 엄마는 자녀에게 이런 암시를 주었다. "만약 이쪽을 잡아당기면 어떨까?"(그렇게 하면 주름이 펴질 것이다.) 엄마는 격자무늬나 줄무늬 침대보를 샀다. 그래서 아이들이 가장자리를 따라 똑바로 줄을 맞추는 법을 배울 수 있었다. 여섯 살이 되자 아이들은 침대 정리에 관해 충분한 훈련을 받았다. 군대 검열도 통과할 정도였다.

아이들에게 부엌을 깨끗이 치우라고 말할 때, 어떻게 하라는 뜻인지 아이가 명확히 알 수 있게 해주자. 그 말은 단지 접시를 개수대에 넣는 것을 의미할 수도 있다. 많은 부모가 아이들이 자질구레한 일을 엉망으로 했을 때 화를 낸다. 아이들은 훈련할 시간을 한 번도 가져본 적이 없는데도 말이다.

그리고 아이들이 했으면 하고 바라는 것이 아이들에게는 그다지 우선순위가 높지 않을 수 있다. 우리는 모두 삶에서 우선순위가 높은 것을 훨씬 더 잘한다. 청소와 예의범절이 우선순위가 높은 것이 아니라 할지라도 아이들은 여전히 이런 자질을 배워야 한다. 하지만 아이는 아이라는 점을 기억해야 한다.

일단 적절한 훈련이 됐다고 생각하면 아이에게 물어서 확인해보자.

"부엌을 깨끗이 하라고 하면 뭘 어떻게 하라는 걸까?"

만약 아이가 "그릇을 개수대에 넣어요"라고 말하면, 이렇게 물어보자.

"바닥과 조리대는 어떻게 할까? 바닥과 조리대도 깨끗이 하려면 어떻게 하면 될까?"

아이가 당연한 걸 묻는다는 듯 대답하면, 여러분은 눈동자가 휘둥그레질 것이다.

"바닥을 닦고, 조리대도 깨끗이 훔쳐요."

잘했다고 인정해주자.

"멋진걸. 우리가 똑같이 이해하고 있다니 정말 기쁘다."

훈련의 시간을 흥미롭게 보낼 수 있다. 일주일 중 하루 저녁을 선택해 식탁 예절을 가르쳐보자. 아이들을 불러놓고, 이렇게 과장되게 말하자.

"거기 버터 좀 건네줄래."

기타 등등.

누군가 팔꿈치로 식탁에 기댈 때, 입안 가득 음식을 넣고 이야기할 때, 다른 사람의 말을 가로막을 때, 불평을 늘어놓을 때, 탁자 너머로 몸을 구부릴 때, 그런 행동을 찾아낸 사람이 점수를 따는 게임을 해보자. 가장 점수를 많이 딴 사람이 식사 후 무슨 게임을 할지 고르게 하자.

훈련의 시간에는 언제 일상생활의 루틴이라든가 계획을 바꿀 것인지 미리 이야기해주자. 로버츠 부인은 아이들이 스스로 옷을 입게 하고 싶었다. 딸 코니는 3학년이었다. 부인은 코니에게 더 이상 옷을 입혀주지 않았다. 그 대신 저녁마다 딸아이의 옷을 미리 준비해주었다. 그런데 부인은 이것마저도 그만둬야겠다고 결심했다. 코니가 잘해 나갈 거라고 믿었다. 하지만 코니에게 자신의 새로운 계획을 알리지는 않았다. 다음 날 아침, 코니가 화난 목소리로 고함쳤다.

"엄마, 내 옷 어디 있어?"

로버츠 부인은 부드럽게 대답했다.

"옷장 안에 있단다. 네가 직접 찾아 입을 수 있지?"

코니가 응수했다.

"엄마, 이런 거 결정할 때 나한테 제발 미리 알려주면 안 돼?"

코니 말이 옳다. 무언가를 실행하기에 앞서 아이와 함께 변화에 대해 진지하게 대화하자.

일과표

· ·

아이를 잠자리에 들게 할 때, 그리고 아침에 깨울 때 한바탕 소동을 피할 수 있는 좋은 방법은 아이들과 함께 일과표를 만드는 것이다. 그러고 나서 이것저것 잔소리를 하는 대신 아이들이 일과표를 따르게 내버려 둔다. 먼저 아이가 잠자리에 들기 전에 자신이 해야 할 일의 목록을 모두 작성하게 하자. 목록에는 분명 이런 것들이 있을 것이다. 장난감 치우기, 간식 먹기, 목욕, 파자마 입기, 이 닦기, 다음 날 아침에 입을 옷 고르기, 잠자기 전 책 읽기, 꼭 안아주기……. 이 모든 목록을 표에 옮겨 적자(아이가 충분히 컸으면 아이에게 직접 쓰라고 하자). 아이들은 각각의 임무를 해내는 모습을 사진으로 찍어주면 아주 좋아한다. 아이들은 목록에 사진을 오려 붙일 수 있다. 그것을 아이가 잘 볼 수 있는 곳에 붙여두자. 그리고 나서 일과표대로 따르게 하자. 아이에게 무엇을 하라고 시키는 대신 이렇게 말하자.

"일과표에 다음번에는 뭐 할 차례라고 나와 있어?"

다음 날 입을 옷을 골라두면 아침의 한바탕 소동을 없앨 수 있다. 아이들이 아침 일과표를 따를 때(이것을 위해 당신은 또 다른 일과표를 갖고 있어야 한다) 전날 밤에 무슨 옷을 입을지 정해놓았으면, 마지막 순간에 뭘 찾으려고 서두를 필요가 없다.

기억하자. 목표는 아이들이 스스로 할 수 있으며, 격려받고 있다는 느낌이 들게 하는 것이다. 더불어 여러분은 잔소리를 그만둘 수 있고, 보다 평온한 잠자리와 아침을 맞이할 수 있다.

실수는 배움의 멋진 기회라는 걸 가르치자

· · ·

아이들은 비난, 수치, 고통을 느끼지 않고도 자기가 무엇을 잘못했는지 아는 것 같다. 흔히, 좀 더 완벽해져야 한다고 스스로 결심한다. 그러니 실수는 배움의 멋진 기회라는 것을 반복해서 알려주어야 한다. 캐시 신스키Kathy Schinski는 긍정 훈육 워크숍에 참석해서 직접 작사한 노랫말을 들려주었다. 여기에 멜로디를 덧붙여 자녀 혹은 학생들에게 가르쳐주어도 좋겠다.

살짝 부족한 점

캐시 신스키 작사

살짝 부족하다고 해도 그렇게 나쁜 게 아니에요.
부족한 느낌이 들어도 슬퍼하면 안 돼요.
덕분에 이 세상과 더 친해질 수 있어요.
그렇게 완벽하지 않은 사람들 모두와
그리고 나 같은 사람과요.

살짝 부족하다고 해도 그렇게 힘든 게 아니에요.
진짜 완벽해지려면 부족한 점도 살짝 있어야 해요.
덕분에 이 세상에 살고 있다는 느낌이 들거든요.
그리고 다른 사람들의
자존심도 키워줘요.

완벽한 곳에서 살짝 부족한 점이 있으면,
이 완벽하지 않은 세상을 편하게 마주할 수 있어요.
우리 대부분은 올바른 방향으로 갈 수 있어요.
살짝 부족한 점을 잘 견뎌내는 법을 배우기만 한다면요.

살짝 부족하다고 해도 그렇게 나쁜 게 아니에요.
부족한 느낌이 들어도 슬퍼하면 안 돼요.
덕분에 이 세상과 더 친해질 수 있어요.
그렇게 완벽하지 않은 사람들 모두와

그리고 나 같은 사람과요.

애정 어린 질문들

· ·

애정 어린 질문에 대해서는 지난 장에서 선택한 결과를 아이들이 살펴
보게 하는 방법으로 이미 논의했었다. 그런데 이 애정 어린 질문을 '훈
련 시간을 갖는' 과정의 일부로 활용해도 좋다. 일장 연설을 하는 대신
에(흔히 훈계와 추궁의 형태로 이루어진다) 애정 어린 질문을 던지면, 여러
분은 더 적극적으로 참여하게 되고 공감을 얻어낸다. 좀 더 격려해줄
수 있고 존중하는 분위기를 만들어낼 수 있다. 단, 애정 어린 질문은 당
신이 원하는 답을 아이들이 해주기를 바라지 않을 때, 즉 진정으로 아
이의 대답에 관심이 있을 때에만 효과가 있다.

당신의 질문에 대답할 때, 아이들은 적극적으로 참여하고 있다. 당신
이 일장 연설을 할 때, 아이들은 건성으로 듣는다. 아이들이 질문에 답
할 때, 당신과 똑같이 이해하고 있는지 아닌지 알 수 있다. 예를 들어,
부엌을 치우라고 시키는 대신에 이렇게 물어보자.

"부엌을 치우려면 어떻게 해야겠니?"

아이는 이렇게 대답할지도 모른다.

"접시를 닦아요."

그러면 당신은 이렇게 물어볼 수 있다.

"식탁 위에 있는 물건들은 어떻게 할까?"

아이는 이렇게 말할 것이다.

"아, 글쎄요, 아마도 치워야겠지요."

당신은 이렇게 대답할 수 있다.

"맞아. 그리고 가스레인지 위에 있는 물건들은 어떻게 할까? 그리고 모든 것을 다 치우고 난 후 식탁, 조리대, 스토브 표면은 어떻게 하면 좋을까?"

이 방법을 활용함으로써 여러분은 훈련의 시간을 갖게 된다. 아이들 스스로 생각해보도록 하고, 적극적으로 문제 해결에 참여하도록 한다. 이 모든 것은 격려가 되는 방법이다. 때로 그저 단순히 안아주는 것만으로도 좋은 격려가 된다.

안아주자

• •

한 젊은 아빠는 네 살짜리 아들이 툭하면 화를 내기에 어찌할 바를 몰랐다. 꾸짖거나 벌을 주면 아이는 오히려 더 화를 냈다. 아빠는 부모 교실에서 그릇된 행동을 하는 아이는 의기소침한 아이이며, 격려는 그릇된 행동에 대처하는 최고의 방법이라는 걸 배웠다. 하지만 이 아빠는 배운 내용이 틀린 것 같았다. 마치 그릇된 행동에 보상을 해주는 것 같았으니까. 마찬가지로 이 아빠는 아이들이 기분이 좋아졌을 때 행동을 더 잘한다는 것도 당혹스러웠다. 하지만 일단 이 이론을 시험해보기로 했다.

아들이 다시 생떼를 부려대자 아빠는 무릎을 꿇고 큰 소리로 외쳤다.

"아빠 좀 안아줄래?"

아들은 주춤하더니 징징거리며 물었다.

"뭐라고요?"

아빠는 다시 소리쳤다.

"꼭 안아줘."

아들은 울음을 뚝 그치고 의심스러운 듯 물었다.

"지금요?"

아빠가 말했다.

"그래, 지금."

아들은 어리둥절한 표정이었다. 하지만 생떼를 멈추고 멈칫멈칫 말했다.

"좋아요."

그러고 나서 아들은 뻣뻣하게 아빠를 안아주었다. 곧 뻣뻣함이 사라지고, 둘은 서로의 팔에 꼭 안겼다.

몇 분 후 아빠가 말했다.

"고맙다, 아빠는 이게 필요했단다."

아들이 말했다. 입술을 살며시 떨었다.

"그래서 내가 안아줬잖아요."

타이밍을 기억하자. 때때로 아이가 너무 흥분해서 포옹은 물론, 어떤 종류의 격려도 완강히 거부할 수 있다. 그러면 포옹은 별 효과를 발휘하지 못한다. 당신은 계속 노력할 수 있다. 아이가 하고 싶어 하지 않으면, 당신은 이렇게 말할 수 있다.

"네가 준비가 되면, 언제든 꼭 안아주고 싶어."

그러고는 그 자리를 벗어나자. 많은 부모가 이렇게 해보니, 아이들은 곧장 자신을 졸졸 따라와 안아달라고 하더라고 했다.

이렇게 묻는 사람이 있을지도 모르겠다.

"포옹하고 나서, 그다음에는 뭐 어쩌라는 건가요? 그릇된 행동은 어떻게 되는데요?"

흔히 격려는 그릇된 행동을 중단시키는 것만으로 충분하다. 더 이상 아무것도 할 필요가 없다. 나중에 아이들이 자발적으로 배우도록 격려의 분위기를 만들어주면 된다. 훈련의 시간을 갖거나, 애정 어린 질문을 던지거나, 제한된 선택권을 주거나, 방향 전환을 활용하거나, 함께 문제를 해결하는 등의 멋진 기회로 활용해도 좋다.

또 하나의 훌륭한 격려 방법으로는 아이들이 뭔가 도움이 되는 일을 함으로써 자신이 유용한 사람이라고 느끼게 해주는 것이 있다. 당연히 부차적으로 아이들도 기분이 좋아지는 이득이 있다.

그릇된 행동을 하는 아이는 의기소침한 아이라는 것을 명심하자. 아이들은 자신이 저지른 짓에 대해 비난, 수치, 고통의 형태로(다시 말해, 처벌을 통해) 대가를 똑똑히 지불해야 한다고 생각하는 사람이 너무 많다. 그 대신에 아이를 따뜻하게 안아주자.

만약 위의 방법 중 어떤 것도 효과가 없다면, 당신은 힘겨루기 또는 보복의 악순환에 빠져 있을 수도 있다. 이런 것들은 아이를 더욱더 의기소침하게 만든다. 당신의 실수를 아이에게 솔직하게 털어놓자. 그리고 새로 시작할 수 있도록 도움을 요청하자. 실수를 인정하는 것이야말로 격려가 되는 최고의 행동이다.

아이의 관점을 떠올리자

어린 시절을 떠올리면, 아이의 관점을 아주 잘 알 수 있다. 눈을 감고 어린 시절을 회상해보자. 집 또는 학교에서 당신과 어른 사이에 있었던 일을 떠올리자. 낙담했을 때, 오해를 받았을 때, 수치심을 느꼈을 때, 불공평하게 대접받았을 때의 경험을 되살려보자. 정확히 어떤 일이 있었는지, 당신이 어떻게 느꼈는지 기억해내자. 그 감정들을 되살려보자.

계속 눈 감은 채 다른 일들도 떠올려보자. 격려받고 이해받고 인정받고 특별하다는 느낌을 받았을 때, 더 잘해야겠다는 생각이 들었던 경험을 되살려보자. 정확히 어떤 일이 있었는지, 그리고 어떤 생각을 했는지 기억해내자. 그 감정을 되살려보자.

낙담했을 때, 제대로 이해받지 못하고 수치스럽고 또는 불공정하게 대접받았다고 느꼈을 것이다. 비난, 수치, 고통을 느꼈을지도 모른다. 스스로 가치 없는 인간이라고 느꼈거나 반항심이 싹텄을지도 모른다. 이런 낙담의 경험으로, 분명 앞으로 고쳐나가야겠다는 자극을 받지는 못했을 것이다. 당신의 기를 꺾어버린 어른들의 비판 때문에 어쩌면 피아노, 독서, 글씨체, 스포츠 등에서 재능을 키울 노력을 애당초 잘라버렸을지도 모른다.

격려를 받았을 때, 당신은 이해받고 인정받고 특별한 존재라는 느낌을 받았을 것이다. 이런 경험 덕분에 어쩌면 당신은 앞으로 더 잘하겠다고, 가치 있는 기술 혹은 목표를 추구하겠다고 결심했을 수 있다.

다음 두 장에서는 학급회의와 가족회의를 통해 격려의 과정에 아이들을 적극적으로 참여시키는 것이 얼마나 중요한지 살펴보게 될 것이다.

교사와 부모를 위한 긍정 훈육

리뷰

긍정 훈육의 도구들

01. 타이밍을 잘 맞추자. '갈등 없는' 시간을 기다리자(가능하다면 당신과 아이를 위해 약간의 긍정적인 타임아웃을 거친 이후가 좋다). 그래야 당신은 격려해줄 준비가, 아이는 격려받을 준비가 된다.

02. '나'라는 메시지를 활용하자. 당신은 당신 감정에 책임을 진다.

03. 갈등에서 한발 물러서자(가능하다면 긍정적인 타임아웃을 갖자).

04. 둘 다 진정되고 기분이 좋아진 뒤 다시 이야기하기로 하자.

05. 아이가 가족회의 혹은 학급회의 의제로 관심을 돌리게 하자(아니면 당신 스스로 그렇게 하자).

06. 귀담아듣자. 아이들은 자기 말에 귀 기울여준다고 느끼면 당신 말을 귀담아들으려 한다.

07. '서로가 승리하는 협력 전략 4단계'를 활용하자.

08. 단점이 아니라 장점에 초점을 맞추자. 잘하고 있는 부분을 인정하고 격려해주면, 그 부분이 무럭무럭 자랄 것이다.

09. 함께 문제 해결에 참여해 개선이 필요한 영역에서 상호 존중의 해결 방법을 모색하자.

10. 결점이 아닌 나아지는 것에 초점을 맞추자.

11. 그릇된 행동의 방향을 전환하게 해주자. 그릇된 행동 뒤에 숨어 있는 재능 혹은 기술을 찾아 아이의 그런 재능 또는 기술을 유용하고 유익하게 방향 전환하게 하자.

12. 아이들이 자신의 실수를 고치도록 용기를 북돋아 주자. 애정 어린 질문을 활용해 아이들이 나아지기 위해 스스로 무엇을 할지 결정하도록 하자.

13. 사람들의 시선을 피하자. 때로 '사적인 시간'을 가질 때까지 기다리는 것이 좋다. 그때 아이와 함께 문제 해결을 위해 우호적으로 토론하면 좋다. 그렇게 하면 다른 사람들의 시선이나 관심에서 벗어날 수 있다.

14. 자녀와 함께 정기적으로 계획된 '특별한 시간'을 짜자.

15. 잠자리에 들 때, 아이들에게 그날 가장 슬펐던 일과 가장 기뻤던 일을 이야기할 시간을 주자. 그리고 나서 당신은 어땠는지 이야기를 들려 주자.

16. 칭찬 대신 격려를 활용하자.

17. 비판을 피하자. 아이에게 이렇게 묻자.

    "어떻게 개선해나갔으면 좋겠니? 네 목표를 달성하기 위해서는 무엇이 필요하니?"

18. 자기평가를 격려해주자.

19. 훈련의 시간을 갖자. 그래서 당신이 기대하는 바를 분명하게 알려주자.

20. 아이에게 묻자.

    "우리가 결정한 것을 너는 어떻게 이해하고 있니?"

21. 당신이 결정한 바가 있다면, 아이에게 미리 알려주자.

22. 일과표를 만드는 데 아이를 참여시키자.

23. 실수는 배움의 멋진 기회라는 점을 알려주자.

24. 잔소리, 훈계, 강요를 그만두고 애정 어린 질문을 던지자.

25. 꼭 안아주자.

01. 그릇된 행동을 하는 아이는 어떤 아이인가?

02. 그릇된 행동 뒤에는 어떤 메시지가 숨어 있는가?

03. 드레이커스는 어른들이 아이들을 돕기 위해 알아야 하는 가장 중요한 기술은 무엇이라고 생각했는가?

04. 타이밍은 왜 중요한가?

05. '서로가 승리하는 협력 전략 4단계'는 무엇인가?

06. '서로가 승리하는 협력 전략 4단계'가 효과를 얻기 위해서 어른들의 태도는 어때야 할까?

07. 상호 존중을 위해서는 어른들의 태도가 어때야 하는가?

08. 아이들을 격려해주고, 아이들이 자신의 행동을 개선해나갈 동기를 부여해주는 데 있어 '특별한 시간'이 왜 효과적인가?

09. 칭찬은 어떤 위험을 안고 있는가?

10. 격려의 장기적인 효과는 무엇인가?

11. 칭찬과 격려의 차이점은 무엇인가?

12. 당신의 말이 격려인지 칭찬인지 스스로 검사해볼 수 있는 질문에는

어떤 것이 있는가?

13. 일과표를 만드는 과정에 아이들을 참여시키는 것의 장점은 무엇인가?

14. 실수의 목표는 무엇인가?

15. 아이를 격려해주는 기타 방법들로 무엇이 있을까?

8장

교사를 위한 성공적인
학급회의 이끄는 법

POSITIVE
DISCIPLINE

긍정적 접근법의 효과는 상호 존중 및 장기적 효과에 대해 어른들이 얼마나 관심이 있느냐에 달렸다. 서로 배려하는 인간관계를 경험한 아이들은 자제, 협력, 책임감, 쾌활함(복원력), 재치, 문제 해결 능력 등 훌륭한 인격 형성을 위한 사회적 기술과 삶의 기술을 잘 익힌다.

또한, 정기적인 가족회의와 학급회의에서도 잘 활용할 수 있다. 이런 회의는 어른과 아이 모두에게 협력, 상호 존중, 해결 방법에 초점을 맞추어 민주적 절차를 배우고 실천하는 최고의 환경을 제공한다. 학급회의와 가족회의는 1장에서 말한 '일곱 가지 중요 능력'을 익힐 기회를 아이에게 주는 가장 좋은 방법이다. 일부 교사와 부모는 이를 통해 문제를 감소시키는 부차적인 이익을 얻기도 한다. 이것도 나름대로 훌륭하다. 문제를 감소시키는 것이 부차적인 이익이라는 점, 그리고 가족회의와 학급회의의 최우선적인 목표가 아니라는 점을 이해하고 있는 한 말이다. 예를 들어, 어떤 교사는 이렇게 말했다.

"저는 경찰관, 판사, 배심원, 집행자가 되라고 강요하지 않았습니다. 학급회의를 시작하면서 학생들은 서로 배려하고 도와주게 되었습니다. 자신들의 문제를 스스로 해결하고, 저는 가르치는 데 더 많은 시간을 쓸 수 있게 되었습니다."

해결 방법을 위한 브레인스토밍을 통해, 그리고 칭찬의 말을 통해 '훌륭한 발견자good finders'(톰 피터스Thomas J. Peters가 자신의 책 『초우량 기업의 조건In Search of Excellence』에서 사용한 용어)가 되기 위한 배움과 실천은 학생들에게 이익이 된다. 이런 기술은 학문만큼이나 중요하다. 그리고 일상생활에서 실천해야 한다. 나는 학생들이 일주일에 딱 한 번만 책을 읽고 수학 문제를 풀어도 되겠느냐고 교사들에게 묻곤 한다. 교사들은 당연히 말도 안 된다는 반응을 보인다. 왜 안 되냐고 물으면, 기술을 습득하고 훈련하려면 매일 수학 문제를 풀고 책을 읽어야 한단다. 그러면 나는 묻는다. 학생들이 훌륭한 인격 형성을 위해 일주일에 딱 한 번만 실천해도 사회적 기술과 삶의 기술을 배우고 익힐 수 있다고 생각하느냐고. 물론 교사들은 내가 무슨 말을 하는지 알아듣는다.

학생들에게 문제가 있을 때마다 교사들은 이렇게 제안하면 된다.

"네 문제를 우리 학급회의 의제로 올릴 의향이 있니?"

이것만으로 충분하다. 일부 교사는 자신이 가르치는 학생들이 흥분할 경우, 즉각적인 도움을 주어야 한다며 이의를 제기했다. 나는 학생들에게 자신의 문제를 의제로 올리게 해 어떻게 되는지 지켜보라고 권고했다. 그 결과, 학생들이 분명 흥분한 상태에서 자기 문제를 의제에 올리러 갔지만 돌아올 때는 차분히 걸어왔다고 했다. 학생들이 자기 문제가 곧 논의되리라는 사실을 아는 것만으로 충분했던 것이다.

문제를 논의하기에 앞서 적어도 하루 정도의 냉각기를 거치기를 권

한다. 3일 이상 기다리게 되면 실망에 빠진다(나이가 어린 아이일수록 냉각기는 짧아야 한다. 유치원의 경우, 1시간 정도면 충분하다).

종종 학생이 교사보다 문제를 훨씬 더 잘 해결하기도 한다. 브레인스토밍 과정에서 독특한 아이디어가 쏟아져 나오기 때문이다. 자신의 생각을 자유롭게 표현하도록 격려받으면 아이들 사이에서 훌륭한 아이디어가 우수수 쏟아져 나온다. 어쨌거나 아이들이 격려를 받는다고 느끼면 많은 문제가 자연스럽게 해결된다. 자신의 말을 어른들이 귀담아듣고 진지하게 받아들일 때, 자신들의 생각과 아이디어가 인정받을 때 학생들은 그 과정에 능동적으로 참여한다. 그리고 자신들이 참여해 만든 규칙이나 해결 방법을 적극적으로 따르려 한다. 학생들이 결정 과정에 참여했을 경우, 훨씬 더 자발적으로 협력하려 든다. 그 최종적인 해결 방법이 예전에 교사들이 수없이 제안했지만 별 도움이 되지 못했던 것이라 하더라도 말이다.

이밖에도 회의에 아이들을 참여시키면 보다 많은 장점이 있다. 교사들은 학급회의를 통해 아이들이 학문적 기술과 사회적 기술을 익히는 걸 보고 깜짝 놀란다. 자신과 관련된 문제 해결, 남의 말을 듣는 기술, 언어의 발달, 사고의 확장, 자신의 선택에 따른 논리적 결과, 객관적 사고 기술을 배우기 때문이다. 학생들은 건강과 안전에 관련한 문제를 해결한다. 갈등 해결을 배우고 실천한다. 학습의 가치를 이해한다. 어떤 학급회의에서 커닝이 의제로 올랐다. 아이들은 왜 커닝을 하면 안 되는지, 그 이유에 대해 적극적으로 논의했다. 어른들이 그 이유에 대해 훈계했을 때 그냥 한 귀로 듣고 한 귀로 흘려버렸을 그런 내용들이었다.

성공적인 학급회의를 위한 태도와 지침

• •

학급회의에서 피해야 할 태도 및 행동은 다음과 같다.

1. 학급회의를 또 하나의 훈계와 교화의 무대로 활용하지 말자. 교사는 객관적이어야 한다. 편협한 판단은 반드시 피해야 한다. 교사가 회의에서 말을 하지 말라는 뜻이 아니다. 교사 또한 의제를 제시하고 자신의 의견을 말할 수 있다.
2. 지나친 통제를 지속하기 위한 위장술로 학급회의를 활용하지 말자. 아이들은 이런 의도를 꿰뚫어 보고 협력하지 않을 것이다.

초등학교의 경우에 학급회의는 매일 열려야 한다(또는 적어도 일주일에 세 번은 열려야 한다). 학급회의가 자주 열리지 않으면, 학생들은 실망스러워하며 문제를 의제로 올리지 않을 것이다. 그 문제를 논의하기까지 시간이 너무 오래 걸리기 때문이다. 매일매일 훈련과 실천을 통해 기술을 갈고 닦지 못하게 된다.

중학교와 고등학교 학생들은 학급회의 과정을 좀 더 빠르게 배울 수 있다. 그리고 더 오래 유지할 수 있다. 그러므로 일주일에 한 번 정도면 충분하다. 하지만 고학년 학생들은 정기적으로 누군가 자신의 말에 귀 기울이고 자신의 능력을 존중해줄 때 더 잘 협력한다. 어떤 학교에서는 각기 다른 교과의 교사가 일주일에 한 번씩 학급회의를 연다. 영어 선생은 월요일에 학급회의를 열고, 수학 선생은 화요일에, 역사 선생은 수요일에 등등. 음악 등 특별학급 교사들은 논의할 문제가 있을 때마다 재빨리 학급회의를 열 수 있다. 학생들이 이 과정에 익숙하다면 말이다.

이 책의 초판에서 나는 다수결을 제안했다. 논의의 주제가 학급의 모든 구성원과 관련된 것이라면 다수결이 적절하다. 이런 경우라면, 다수결은 학생 사이에서 분열의 감정을 불러일으키지 않는다. 오히려 학생들의 생각이 다양하다는 사실을 배울 수 있는 멋진 기회가 된다.

한두 학생에 초점을 맞추어 논의가 진행될 경우라면(비록 학급 전체가 관심을 갖고 도움을 주고자 할 경우라 할지라도), 관련 학생들이 자신에게 가장 도움이 되는 제안을 선택할 수 있게 해야 한다. 그래야 그 학생들이 자신의 실수에 책임이 있다는 것을 받아들일 수 있다. 그리고 비난, 수치, 고통이 아니라 해결 방법에 초점을 맞춘 친구들의 여러 아이디어를 고맙게 여길 수 있다. 학생들은 제안이 처벌적인 것이 아니라 서로를 배려하고 실현 가능한 것일 때 큰 도움이 된다는 사실을 깨닫는다.

그런데 학급회의 초기 단계에서는 성공을 거두기가 그다지 쉽지 않다. 학생들이(그리고 교사들이) 기술을 익히기까지 시간이 걸리기 때문이다. 그래서 나는 교사들에게 학급회의를 시작할 때 한 달간은 지옥에 들어갈 각오를 하라고 말하곤 한다. 장기적인 효과를 이해한다면, 그럴 만한 가치가 충분히 있다. 학생은 서로 도움을 주는 데 익숙하지 않고 처벌에 더 익숙하기 때문이다. 또한, 실수를 배움과 문제 해결의 기회로 바라보는 데 익숙하지 않고 책임을 피하는 데만 익숙하기 때문이다. 비난, 수치, 고통을 두려워하기 때문이다.

교사들이 처음 네 번의 학급회의 동안(또는 그 이상) '효과적인 학급회의를 위한 여덟 가지 기본 방침'을 가르치는 시간을 보내면 지옥 같은 시간은 이내 끝날 것이다. 이 방법은 『학급긍정훈육법』에서 언급한 내용이다.

효과적인 학급회의를 위한 여덟 가지 기본 방침

1. 동그랗게 둘러앉자.

2. 칭찬과 감사를 실천하자.

3. 의제를 만들어내자.

4. 의사소통 기술을 익히자.

5. 같은 상황에서도 다른 사람은 다르게 반응할 수 있다는 사실을 이해하자.

6. 역할놀이와 브레인스토밍을 하자.

7. 자신의 행동의 특별한 이유 네 가지를 확인하자.

8. 비처벌적인 해결 방법에 초점을 맞추자.

우리는 『교실에서의 긍정 훈육을 위한 교사 지침서』를 개발했다. 이 책에는 여덟 가지 기본 방침 하나하나를 배우고 실천할 수 있도록 교사와 학생을 위한 활동이 포함되어 있다. 학생들이 다른 사람들을 도와 '진짜 문제'를 해결하려고 노력하기에 앞서 비처벌적인 해결 방법에 관한 기술과 긍정적 태도를 익힐 때, 학급회의는 보다 효과적이 된다. 또한, 학급회의의 목표를 설명해야 한다.

학급회의의 존재 이유

1. 칭찬해주기 위해

2. 서로 도와주기 위해

3. 문제를 해결하기 위해

4. 계획을 세우기 위해

일부 교사는(특히 저학년에서) 학생들에게 매번 이렇게 물어보면서 회의를 시작한다.

"학급회의의 두 가지 중요한 목표가 무엇이지?"

학급회의의 두 가지 주된 존재 이유는 다른 사람들을 도와주고 문제를 해결하는 것이라고 미리 설명해준 다음에 이렇게 물어보는 것이다.

학급회의의 몇 가지 목표들

서로에 대한 배려를 가르치는 것

상호 존중의 뜻을 가르치려면 학생들에게 다음과 같이 질문하고 논의하는 것이 좋다.

1. 한꺼번에 한 사람 이상이 말하면 왜 예의에 어긋날까? (누가 무슨 말을 하는지 알아들을 수 없다. 이야기하는 사람은 다른 사람들이 자기 말에 신경 쓰지 않는 것처럼 느낄 것이다 등등.)
2. 다른 사람들을 방해하는 것이 왜 예의에 어긋난 행동일까? (진행되는 일에 집중할 수 없고, 배울 수 없다.)
3. 다른 사람들이 말할 때 귀 기울여 듣는 것이 왜 중요할까? (그래야 우리가 서로 배울 수 있다. 서로에 대해 존경의 뜻을 표하는 방법이다. 누구나 다른 사람들이 자기 말을 귀담아듣기를 바란다.)

칭찬하고 인정하고 감사하는 것

중학교와 고등학교 학생들은 흔히 인정과 감사라는 단어를 즐겨 사용한다. 초등학교 학생들은 흔히 칭찬이라는 말을 더 자주 사용한다. 용어는 다르지만 개념은 모두 같다.

학생들의 나이에 맞는 언어를 사용해 함께 칭찬, 인정, 감사의 뜻을 탐구해보자. 이렇게 첫 번째 회의를 허물없이 진행하자. 칭찬, 인정, 감사의 뜻을 이해하도록 도와주면 다른 사람들이 다음의 영역들에서 무엇을 하는지 초점을 맞출 수 있다.

- 성취
- 다른 사람들에 대한 도움
- 누군가가 기분 좋게 느낄 수 있게 하는 것

학생들이 이 영역의 각각에서 구체적인 사례들을 이해할 수 있도록 브레인스토밍시키자. 그러고 나서 "나는 (어떤 사람이 한 구체적인 행동) 때문에 (사람 이름)를 칭찬 또는 인정해주고자 합니다"라는 말을 사용하도록 가르치자. 이런 말을 활용하면 학생들이 다른 사람들의 행동을 인정해주는 것에 초점을 맞출 수 있다. 나는 이 프로그램을 채택한 수백 개의 교실을 찾아가 학급회의를 지켜보았다. 앞에서 제시한 문장을 활용하지 않는 교실에서는 칭찬 혹은 인정이 추상적이고 피상적이었다. 또한, 논의의 주제가 이리저리 왔다 갔다 하는 것처럼 보였다.

처음에 많은 학생이 이렇게 말할지도 모른다.

"나는 질이 내 친구라는 점에서 칭찬해주고자 합니다."

배움의 과정에서 이런 말이 잠시 그냥 흘러나오도록 내버려 두자. 어쨌든 결국에 학생들은 친구가 한 행동을 어떻게 하면 구체적으로 표현할 수 있는지 브레인스토밍할 수 있다.

교사와 부모를 위한 긍정 훈육

교사가 몇 가지 칭찬으로 회의를 시작해도 좋다. 교사는 매일 칭찬으로 모범을 보인다(교실의 모든 학생을 칭찬해주는 것을 잊어서는 안 된다).

첫 회의 동안, 모두가 적어도 한 가지씩 칭찬을 하도록 해주자. 무슨 말을 할지 모르는 학생이 있다면, 반 친구들이 도와주도록 하자. 그날 그 아이에게 일어난 일에 관해, 그 아이가 누군가를 칭찬해줄 일에 아이디어를 보태자. 예를 들어 쉬는 시간에 함께 놀았다든가, 숙제를 도와주었다든가, 연필을 빌려주었다든가, 수업 시간에 열심히 집중했다는 등의 일을 말이다. 학생들에게 발언 기회를 주자. 발언 기회가 오면, 아이들은 칭찬을 하거나 아니면 그냥 통과해도 좋다. 칭찬을 받으면 곧바로 감사의 뜻을 표현하도록 알려주자.

학생들이 이 과정에 익숙해질 수 있도록, 그저 칭찬을 익힐 수 있도록 학급회의를 몇 번 열어도 좋다. 많은 교사가 칭찬만으로도 긍정적인 교실 분위기를 만들어낼 수 있었다고 했다. 처음에는 조금 어색하고 서툴지라도 아이들은 곧 긍정적인 인정을 주고받는 걸 즐기게 된다.

해결 방법에 초점을 맞추는 것

문제를 해결하려고 노력하기에 앞서 학생들이 해결 방법에 초점을 맞추도록 가르쳐주자. 먼저, 자연적인 결과에 관해 브레인스토밍하도록 하자. 아무도 간섭하지 않는다면, 다음의 상황에서 무슨 일이 일어날까 질문해보자.

- 만약 빗속에 서 있다면? (옷이 흠뻑 젖을 것이다.)
- 만약 고속도로 위에서 논다면? (차에 치어 죽게 될 것이다.)
- 만약 잠자지 않는다면? (피곤해서 죽을 것이다.)

- 만약 먹지 않는다면? (배고파 죽을 것이다.)

스스로 깨닫게 하는 가장 좋은 방법은 아이들이 자연적인 결과를 직접 경험하게 하는 것이다. 해결 방법에 관한 브레인스토밍 없이 말이다. 하지만 감정이입을 보여주거나 자신의 선택이 가져올 결과를 알 수 있도록 애정 어린 질문을 던질 수도 있다.

해결 방법에 관한 브레인스토밍을 할 경우, 학생들은 그것을 논리적 결과와 혼동하기도 한다. 때로는 그것을 논리적 결과라면서 처벌을 위장하려고 노력한다. 하지만 연관성 있고, 존중해주며, 타당하고 도움이 되는 해결 방법에 초점을 맞추도록 이끌어줄 때 학생들은 빨리 이해한다. 해결 방법에 관한 브레인스토밍은 자신의 행동을 책임지고, 실수로부터 배워 활용할 수 있는 제안임을 설명해주자. '해결 방법에 초점을 맞추는 세 가지 R과 한 가지 H'를 설명해주자(연관되어야 한다. 존중해야한다. 타당해야 한다. 도움이 되어야 한다). 학생들이 잘 기억하도록 '세 가지 R과 한 가지 H'에 관한 포스터를 만들어놓는 것도 좋다. 그리고 나서 학생들이 다음의 문제에 관한 해결 방법을 브레인스토밍하게 하자.

- 책상 위에 낙서하는 아이
- 테더볼에 올라타는 아이
- 수업 시간에 집중하지 않는 아이
- 지각하는 아이

처음에 가상의 상황을 설정해 연습의 과정을 거치면 아주 좋다. 그래야 감정적인 개입과 비난을 없앨 수 있다. 가능한 한 많은 제안을 받고 옮겨 적은 후, 하나씩 검토하자. 그리고 '해결 방법에 초점을 맞추는 세 가지 R과 한 가지 H'에 얼마나 잘 들어맞는지 학생들이 알 수 있게 하자. 각각의 제안이 연관되어 있고, 정중하고, 합리적이고, 도움이 된다고 생각하는지 그렇지 않은지, 그 이유를 토론하도록 하자. 각각의 제안이 그 사람에게 도움이 될 것인지 또는 상처가 될 것인지 토론하도록 하자. 어떤 제안은 '세 가지 R과 한 가지 H'에 적합하지 않다는 이유로, 아니면 상처가 되거나 비현실적이라는 이유로 빼야 할지 학생들 스스로 결정하게 하자.

논리적 결과를 넘어서자

학생들이 실수로부터 배우고 더 잘할 수 있도록 격려하는 데 논리적 결과가 효과적일 수 있다. 하지만 5장에서 이미 언급했듯이, 논리적 결과가 얼마나 자주 오용되는지 똑똑히 보았다. 교사가 논리적 결과라고 칭하면서 처벌을 위장하려고 한다면, 학생들도 그대로 따라 한다. 처음 대부분의 학급회의가 마치 인민재판처럼 느껴진다. 교사와 학생들이 관련 학생에게 도움보다는 상처로 느껴지는 논리적 결과에 초점을 맞추기 때문이다. 학생들은 논리적 결과가 흔히 미래가 아닌 과거에 초점을 맞추는 경우가 많다는 걸 알아야 한다. 앞으로 잘하기 위해 과거로부터 배우는 것은 좋다. 하지만 비난, 수치, 고통을 가하기 위해 과거에 초점을 맞추는 건 비생산적이다.

논리적 결과를 찾는 게 모든 문제에 해답을 준다고 생각하면 큰 오산이다. 논리적 결과에 대한 이해가 교사와 학생들에게 도움이 될지라도 해결 방법에 초점을 맞추는 것이 훨씬 더 효과적이다. 기회가 생겼을 때 학생들은 결과와 아무런 상관없는 풍부한 해결 방법을 생각해낼 수 있다. 학생들에게 몇몇 가상의 문제에 대해 브레인스토밍으로 해결 방법을 훈련하도록 하자.

학급회의의 구체적 방법

· ·

의제를 활용하자

학생들에게 의제를 제시하자. 일부 교사는 게시판에 일정한 공간을 따로 마련해두기도 한다. 또 일부 교사는 누구나 쉽게 접근할 수 있는 곳에 메모장을 보관한다. 메모장은 문제가 어떻게 해결되었는지 누구나 확인해볼 수 있다는 장점이 있다. 학생들에게 여러분이 문제를 해결하는 방법을 알려주겠다고 설명하자. 당신 혼자 모든 문제를 해결하려고 하지 말자. 이제 학생들은 당신에게 문제를 들고 오는 대신에 자신의 이름이 적힌 종이에 문제가 무엇인지 간략하게 그 내용을 적어놓기도 할 것이다. 처음에는 그 문제와 관련된 다른 아이의 이름을 쓰지 말도록 하자. 상대방을 배려하고 도움을 줄 수 있는 태도를 배운 뒤 다른 사람의 이름을 써도 좋다고 알려주자. 그러면, 자신의 이름이 의제에 오른 학생은 자신이 곧 학급 친구들에게 유용한 도움을 받으리라는 걸 알게 된다.

내가 초등학교 상담교사로 있을 때, 교사나 학부모들이 아이 문제를 어떻게 해결해야 하는지 물어왔다. 그럴 때마다 나의 변함없는 대답은 그 문제를 학급회의 의제로 올리라는 것이었다. 나는 늘 학급회의에서 문제를 해결할 것을 제안했다. 결정을 내리는 과정에 참여할 때 아이들은 최고의 해결 방법을 찾아내고, 적극적으로 협력하기 때문이다.

교사와 부모를 위한 긍정 훈육

해결 방법이 제대로 작동하지 않는 것 같으면, 그 문제를 다시 의제로 올려 더 많은 논의를 통해 해결 방법을 모색해보자. 의제로 올라온 문제들은 정해진 시간의 범위 안에서 순서대로 다루어야 한다. 시간 관계상 미처 논의하지 못한 문제는 다음번에 논의하자. 모든 문제가 곧바로 해결될 수도 있다. 중요한 것은 문제 해결 과정이다.

냉각기를 활용하자

사람들이 흥분해 있을 때는 문제를 해결할 수 없다. 왜 그런지 그 이유를 아이들에게 설명해주자. 흥분해 있을 때 사람들은 비합리적이 된다. 그리고 다른 사람의 견해를 귀담아들으려 하지 않는다. 어느 정도 성숙한 아이들이라면 이 문제를 함께 토론할 수 있다. 아이들에게 우리가 흥분해 있을 때 왜 문제 해결이 어려운지 그 이유를 질문해보자. 의제로 올라온 문제를 해결하기 전에 몇 시간 또는 며칠을 기다리는 목적이 기분을 가라앉힐 기회를 주어 문제를 원만하게 해결하기 위한 것임을 설명해주자.

동그랗게 둘러앉자

학생들이 학급회의 시간에 동그랗게 둘러앉는 것이 중요하다. 가능하면 의자를 소리 내지 않고 혼란스럽지 않게 옮기도록 훈련하도록 하자.

어떤 교사는 자리를 정해주는 걸 선호한다. 그래서 첫날, 한 번에 한 사람씩 자기 자리와 의자를 지정된 자리로 옮기도록 한다. 어떤 교사는 한 번에 몇 명씩 줄 또는 팀별로 움직이게 한다. 그 과정이 소란스럽고 혼란스럽다면, 이 문제를 해결할 때까지 훈련하도록 하자. 조용히 할 수 있게 되면 한꺼번에 움직여도 좋다.

학급회의를 잘하는 방법

학급회의 구성 형식을 알기 전, 나는 학급회의에서 몇 번 실패를 경험했다. 내가 원하는 것을 학생들이 곧바로 알아차리지 못했을 때, 교실이 혼란스러웠을 때, 나는 포기하곤 했다. 학생들에게 이렇게 말했다.

"너희는 지금 학급회의를 원하지 않아. 너희가 준비되면 다시 해보자."

다시 말해, 나는 나 자신의 준비 부족에 대해 책임을 지지 않았다. 그뿐만 아니라 무질서에 항복하고 말았다. 학생들이 처음에 효과적인 학급회의를 위한 방법을 배우고, 그러고 나서 다음의 형식을 활용하면 성공의 확률이 높아진다.

1. 칭찬으로 시작하자. 마이크 등을 이용해 차례대로 발언할 기회를 주자. 모든 학생이 기회를 골고루 얻게 하자. 학생들은 누군가를 칭찬하거나 또는 그냥 통과할 수도 있다. 이렇게 한 바퀴 돌 때, 똑같은 위치에서 시작하고 끝내는 것이 중요하다. 이렇게 하면 선생이 임의대로 학생을 호명해서 '불공평하다'는 항의를 피할 수 있다. 언제나 호명되기를 원치 않는 학생이 있기 마련이다.

2. 의제로 올라온 첫 번째 항목을 읽자. 그 항목을 쓴 학생에게 그것이 여전히 문젯거리로 남아 있는지 질문하자. 만약 학생이 아니라고 말하면, 다음 항목으로 넘어가자. 만약 시간이 충분하다면, 그 학생에게 어떻게 그 문제가 해결되었는지 물어볼 수도 있다.

3. 문제가 아직 해결되지 않았다면, 둘러앉은 학생들에게 차례로 발언이나 제안의 기회를 주자. 그 항목을 의제로 올린 학생부터 시작하자. 그리고 그 학생 바로 옆에서 끝내자. 나는 이렇게 두 바퀴 돌

교사와 부모를 위한 긍정 훈육

아가며 이야기해보라고 제안한다. 학생들은 말하기 전에 종종 오래 생각하는 경향이 있기 때문이다. 또는 다른 학생들의 의견을 들은 후 더 많은 제안이 나오기도 한다. 두 번째 바퀴를 도는 시간은 그리 길지 않을 것이다.

4. 모든 제안을 그대로 옮겨 적도록 하자. 혼자 쓸 수 있는 정도의 나이가 됐다면, 학생이 직접 내용을 옮겨 적게 하자.

5. 관련된 학생에게 어떤 제안이 가장 유용하다고 생각하는지 질문하기 전, 모든 제안을 읽자(또는 한 학생에게 읽게 하자). 관련된 학생이 두 명 이상이라면, 각자 자기 마음에 드는 해결 방법을 선택할 수 있다. 모두 유용한 아이디어라면 관련된 학생들이 각기 다른 선택을 해도 상관없다. 만약 두 학생이 서로 모순되는 해결 방법을 선택했다면, 따로 불러내 어떤 것이 둘 모두에게 효과적일지 결정하게 하자.

6. 선택한 해결 방법을 언제 어떻게 실천할 것인지 학생에게 질문하자. 당신은 내일 또는 모레처럼, 혹은 휴식 시간이나 방과 후처럼 제한된 선택을 원할지도 모른다. 하지만 언제 제안을 시도해볼 것인지 학생에게 선택권을 주면 심리적인 장점이 있다. 다시 말해, 이렇게 해야 학생에게 책임감이 든다.

이런 방법은 한 단계 한 단계 따를 수 있는 과정이 있어서 좋다. 하지만 교사의 개성과 창의력의 여지를 없앨 정도로 엄격히 따를 필요는 없다.

학급회의 동안 손으로 신호를 보내는 것도 학생들이 자신의 의견을 알리는 멋진 방법이다. 어떤 교사는 반대의 뜻을 드러내고 싶다면 손을 무릎 위에서 앞뒤로 흔들도록, 동의를 나타낼 때는 주먹을 위아래로 움직이도록 학생들을 가르쳤다고 한다.

나는 사람들을 초대해 학급회의를 참관하도록 했다. 학생들이 어떤 학생에게 교실 앞에 나와 사과하게 하자는 제안을 선택한 적이 있었다. 그 학생의 그릇된 행동이 의제로 올라왔기 때문이었다. 참관인 중 하나가 이 결정에 의문을 제기했다. 자신이 볼 때 이런 결정은 모두 앞에서 사과해야 하는 학생에게 수치심을 불러일으킬 것이라고 했다. 나는 그 사람에게 그 학생과 학급 구성원 모두에게 모든 사람 앞에서 사과하는 것이 괴로웠냐고 질문해보라고 했다. 반 아이들은 전혀 괴롭지 않았다고 만장일치로 동의했다. 우리의 세상을 아이들에게 투영해서는 안 된다. 우리가 아이들 세상으로 들어가야 한다.

교사의 태도와 기술

• •

1. 통제하려 들지 말자

『교실에서의 긍정 훈육을 위한 교사 지침서』에는 교사들이 긍정 훈육의 논리적 근거를 경험케 하는 활동이 들어 있다. '앉으세요'라고 칭한 활동에서 참가자들은 3인 1조가 된다. 각각의 3인 조에서 한 사람이 의자에 앉아 있는 학생 역할을 맡는다. 다른 두 명은 어른 역할을 맡아 의자 뒤에 서서 학생의 어깨에 손을 올려놓는다. 이 활동의 목적은 어른이 학생을 의자에 앉혀놓은 상태에서 학생은 의자에서 계속 벗어나려 하는 것이다.

이 활동을 통해 참가자들에게 무엇을 생각하고 무엇을 느꼈는지, 혹은 앞으로 어떻게 할 것인지 질문한다. (모든 이슈와) 통제의 단기적이고 장기적인 결과를 논의했다. 학생 역할을 맡은 사람은 분노, 화, 낙담과 같은 감정을 들려준다. 또한, 자신을 통제하는 어른에게 어떻게 하면 이길지 그 방법을 궁리하느라 시간을 다 써버렸다고, 또는 자신의 가치에 개인적으로 엄청난 상실감을 느껴서 전부 포기하고 복종했노라고 했다. 어른 역할을 맡은 사람들은 자신이 통제하는 역할을 하면서도 장기적인 효과에 대한 고려 없이 힘겨루기에 빠지는 게 무척 쉬웠다고 했다. 오로지 이기느냐 지느냐만 생각했다. 승리할 경우, 그 대가는 학생이 패배자가 되는 것임에도 불구하고 누구도 이 점을 고려하지 않았다.

2. 스스로 역할모델이 되자

학급회의를 크게 향상할 수 있는 방법이 있다. 바로 아이들이 배웠으면 하는 것을 당신 스스로 모범을 보이는 것이다. 훌륭한 인격 형성을 위한 사회적 기술과 삶의 기술을 실천하는 것이다. 교사들이 "감사합니다, 별말씀을요" 등의 정중하고 예의 바른 말을 실천할 때, 이것이 큰 도움이 된다.

3. 애정 어린 질문을 던지자

6장에서 설명한 애정 어린 질문을 학급회의에서 활용할 경우, 약간의 차이가 있다. 상호 존중의 모델이 되고, 아이들이 자신의 개인적 능력에 대한 인식을 기르게 하는 가장 중요한 방법은 '결말을 열어두는' 질문이다. 하고자 하는 말은 무엇이든 질문할 수 있다. 아이가 너무 소란스러워서 일깨워주고 싶다면, 이렇게 묻자.

"지금 이곳이 너무 시끄럽다고 생각하는 사람?"

두 가지 방식으로 질문하면 특히 효과적이다. 얼마나 많은 학생이 괜찮다고 생각하는지 묻고, 더불어 얼마나 많은 학생이 괜찮지 않다고 생각하는지 묻는 것이다. 묻는 사람이 개인적인 편견을 드러내지 않으면 않을수록 아이들 스스로 이 문제에 대해 자발적으로 생각해보게 할 수 있다.

결말을 열어두는 질문은 부정적인 분위기를 긍정적으로 바꿀 수 있다. 다음 사례에서 잘 볼 수 있다. 스테판 문제로 교사가 상담교사에게 도움을 청했다. 스테판은 운동장에서 자주 말썽을 일으키던 아이였다. 상담교사는 이 문제를 학급회의를 통해 해결하는 것이 가장 바람직하다고 생각했다. 그런데 이 교사는 학급회의를 한 번도 열어본 적이 없었다. 그래서 상담교사가 시범을 보이기로 했다.

상담교사는 스테판을 도서관으로 심부름 보냈다. 아이가 그 자리에 없을 때 그 아이에 관해 토론하지 않는 게 일반 법칙이다. 하지만 이번 경우에는 긍정적인 분위기가 조성되지 않았고, 아이들의 말로 스테판이 상처받는 걸 원하지 않았다. 교실에서 누가 가장 말썽을 피우는지 아이들에게 물어보는 것으로 학급회의를 시작했다. 학생들은 이구동성으로 "스테판"이라고 외쳤다. 이에 상담교사는 학생들에게 스테판이 어떤 말썽을 일으켰는지 물어보았다.

학생들은 싸움, 공 빼앗기, 욕설 등을 언급했다. 교사는 학생들이 생각을 마음대로 표현하도록 내버려 두었다.

다음 질문은 아이들이 긍정적인 방향으로 느끼도록 만들었다.

"왜 스테판이 이런 행동을 한다고 생각하니?"

"걔는 치사해요", "걔는 못됐어요" 등의 대답이 나왔다. 마침내 한 학생이 말했다.

"친구가 없어서 그런가 봐요."

누군가 스테판이 양부모와 함께 살고 있다는 정보를 알려주었다. 양부모와 함께 산다는 게 어떤 것인지 이야기해보라고 하자 학생들은 가족을 떠나 자주 옮겨 다니는 게 퍽 힘들겠다고 말했다. 이제 학생들은 적대감 대신 스테판에 대한 이해를 드러냈다.

"너희 중 누가 스테판을 도와주겠니?"

교실의 모든 학생이 손을 번쩍 들었다. 스테판을 돕기 위해 자신이 무엇을 할 수 있는지 제안이 이어졌고, 그 내용은 칠판에 적었다. 여기에는 스테판과 함께 등하교하기, 쉬는 시간에 함께 놀기, 함께 점심 먹기, 그 밖에도 약 열 가지의 아이디어가 속속 등장했다. 각각의 제안 아래 지원자의 이름을 적었다.

나중에 교사가 스테판에게 그동안 일으켰던 문제에 대해서 토론을 했었다는 사실을 들려주었다. 얼마나 많은 학생이 스테판을 도와주고 싶어 하는지 아느냐고 묻자 스테판은 고개를 떨구며 대답했다.

"아마 아무도 없었겠지요."

학생들이 전부 자기를 도와주고 싶어 했다는 이야기를 듣자 스테판은 눈을 휘둥그렇게 뜨고 못 믿겠다는 듯이 이렇게 물었다.

"전부 다요?"

스테판은 이번 일을 통해 분명 격려를 받았다.

반 아이들 모두가 스테판을 도와주기로 결심했을 때, 그리고 약속을 지켜나갔을 때 스테판은 소속감을 느꼈다. 당연히 스테판의 행동은 훨씬 나아졌다.

4. 인간관계에서의(그리고 문제에서의) 자기 역할을 다하자

문제에 대해 기꺼이 책임감을 느껴 도움을 요청하는 것도 좋은 방법이다. 7학년 교사가 이쑤시개를 씹는 아이들 때문에 겪어야 했던 경험담을 들려주었다. 교사는 참을 수가 없었다. 씹는 모습이 보기 흉할 뿐만 아니라, 씹다 버린 이쑤시개가 교실과 운동장 여기저기 굴러다녔기 때문이다. 교사에게는 이것이 큰 골칫거리였다. 하지만 아이들에게는 아무런 문제도 아니었다. 교사는 학생들에게 이쑤시개를 씹지 말라고 여러 차례 훈계도 하고 타일러도 보았다. 하지만 아무런 소용이 없었다.

마침내 선생은 이 문제를 학급회의 의제로 올렸다. 이 문제가 아이들에게는 아무런 문제도 되지 않는다는 걸 자신도 알지만, 학생들이 자신의 문제 해결을 도와주면 고맙겠다고 말했다. 수업을 시작하기까지 15분밖에 없었기 때문에 하루에 10분 이상 학급회의에 할애할 수 없었다. 그래서 며칠 동안 최종적인 결론에 도달하지 못했다. 이쑤시개 문제를 토론한 지 3일 째, 선생은 이렇게 말하면서 회의를 시작했다.

"우리는 여전히 이쑤시개 씹는 문제를 해결하지 못하고 있어."

학생 하나가 최근에 이쑤시개 씹는 아이를 본 적이 있느냐고 물었다.

"최근엔 본 적이 없구나!"

그러자 학생은 이렇게 말했다.

"어쩌면 문제가 이미 해결되었을지도 몰라요."

선생은 깜짝 놀라 대답했다.

"그럴지도 모르겠다."

어떤 문제를 토론하는 것만으로도 해결 방법을 향해 지속해서 나아갈 수 있다는 것을 보여주는 훌륭한 모범 사례다.

5. 객관적이 되자. 그리고 감정적인 판단을 하지 말자

편협하게 판단하지 말자. 학생들은 어떤 문제든 아무런 선입견 없이 토론할 수 있다고 느낄 때, 토론과 배움을 위해 많은 것을 공개적으로 드러낸다.

의제로 올라온 문제를 사전에 검열하지 말자. 일부 어른은 '고자질' 이라고 생각하는 의제는 미리 검열하려고 한다. 당신에게 고자질처럼 보여도 아이들에게는 정말 중요한 문제일 수 있다. 또 어떤 어른은 비슷한 문제가 과거에 언급된 적이 있으면 그 항목은 논외로 하려고 한다. 당신에게는 비슷해 보이는 문제여도 아이들에게는 별개의 문제일 수 있다. 과정이 해결 방법보다 훨씬 더 중요하다는 점을 기억하자.

6. 모든 행동 뒤에 놓여 있는 긍정적인 의도를 바라보자

마지막으로, 행동 뒤에 놓여 있는 긍정적인 의도를 바라볼 줄 알아야 한다. 이것이 행동을 변화시키는 핵심적인 전제 조건이다. 한 학급회의에서 학생들이 커닝 문제를 토론했다. 문제로 지목된 학생은 시험을 통과해야겠다는 생각 때문에 커닝을 했다고 했다. 교사가 학생들에게 물었다.

"사람들이 시험에 통과하고 싶어 해. 그게 정말 중요하다고 생각하는 사람 손 들어볼래?"

대부분의 아이가 손을 들었다. 어떤 남자아이가 자신도 커닝하다 들킨 적이 있었노라고, 그래서 시험을 다시 봐야 했다고 했다. 교사가 물었다.

"그것이 너한테 도움이 되었니?"

남자아이가 그렇다고 대답했다.

이렇게 부정적으로 보일 수 있는 것에서 긍정적인 측면을 발견할 수 있다. 반 아이들은 그 행동을 개선해나가기 위해 계속해서 제안을 내놓았다.

일반적인 질문들

노스캐롤라이나의 학교에서 열린 '교실에서의 긍정 훈육' 세미나에서 다음과 같은 질문과 대답이 나왔다. 많은 교사의 관심을 보여준다.

Q. 아이들은 자신의 문제에 대해 즉각적인 해결 방법이 필요하지 않을까요? 학생들이 자신의 문제가 의제로 다루어지기까지 3일씩이나 기다릴 수 있을까요?

▶ A. 똑같은 생각의 교사와 함께 일한 적이 있습니다. 그 교사는 점심식사 시간에 일어난 문제들을 모두 다루기 위해 점심식사가 끝난 뒤 곧바로 학급회의를 열었습니다. 나는 학생들이 자신의 문제를 의제로 올린 후, 적어도 하루 동안 기다려 학급회의에서 해결하라고 타일렀습니다. 그 교사가 나중에 알려왔어요. 학생들이 자신의 문제를 의제로 올리는 단순한 행동에서 너무나 큰 만족감을 드러내는 것을 보고 깜짝 놀랐다고요. 또한, 그 교사는 하루나 3일 후 문제에 대해 토론하는 것이 훨씬 더 합리적이고 유용했다고도 했습니다. 그 정도 시간이 지난 후 아이들의 마음이 상당히 차분해졌기 때문입니다.

교사와 부모를 위한 긍정 훈육

Q. 결정된 해결 방법이 효과적으로 작동하지 않는다면 어쩌지요?

▶ A. 누군가 그 문제를 다시 의제로 올려놓을 때까지 한번 내린 결정은 유효합니다. 한 학급에서 학생들이 의자를 뒤로 기대는 문제가 있었습니다. 그 학급에서는 그런 학생은 곧장 자기 의자 뒤에 서 있기로 결정했어요. 그런데 이 결정은 효과가 없었어요. 너무 많은 학생이 의자 뒤에 서 있는 걸 좋아했기 때문이에요. 학급회의에 나쁜 영향을 미쳤어요. 그래서 교사는 이 문제를 다시 의제로 올렸습니다. 학생들은 그 결정이 잘못되었다는 데 동의했어요. 대신 누군가 의자를 뒤로 기울이면, 교실을 나가기로 결정했어요. 하나의 신호로써 말이에요. 하지만 똑바로 앉을 준비가 되면 다시 교실로 돌아올 수 있었습니다.

Q. 누군가 결과가 불공정하다고 생각하면 어쩌지요?

▶ A. 만약 학생이 가장 유용할 것이라 믿고 어떤 해결 방법을 선택했다면, 이것은 별문제가 안 됩니다. 결과가 아니라 해결 방법에 초점을 맞출 경우에 이 문제는 피할 수 있습니다.

Q. 학생들이 해결 방법 대신 처벌을 제안한다면 어쩌시겠어요?

▶ A. 일단 모든 제안을 기록합니다. 처음 배울 때, 학생들에게 각각의 제안을 검토해보라고 요구하면 도움이 됩니다. 브레인스토밍을 하고 나서 예의에 어긋나거나 도움이 되지 않는다고 생각하는 제안을 제외합니다. 이렇게 하면 학생들은 제안의 장기적 효과에 관해 생각해볼 기회를 얻을 수 있습니다. 또 하나의 방법은 지원자에게 처벌적인 제안에 대해 역할놀이를 하게 하는 것입니다. 역할놀이가

끝난 후 처벌을 경험한 사람에게 어떤 기분이 들었는지, 무엇을 배웠는지, 앞으로 어떻게 하기로 결심했는지 물어보는 겁니다. 이것은 처벌의 장기적 효과를 가르치는 또 하나의 멋진 방법입니다.

Q. 학생들이 어떤 아이를 집단으로 따돌리면 어쩌지요?

▶ A. 가끔 이런 일이 일어납니다. 오랜 시간 긍정적이고 유용하도록 배우고 난 후에라도 말이지요. 새로 전학해온 여학생에 관해 토론하고 있을 때였어요. 그 학생은 운동장에서 '상스러운' 말을 자주 사용했어요. 학생들은 그 여학생을 집단으로 공격해 상처를 주는 것처럼 보였어요. 이때 교사는 효과적인 질문을 통해 학생들을 방향 전환해주었습니다.

"학교에 전학해왔을 때, 어떤 기분인지 아는 사람?"

몇몇 학생들이 자신의 경험에 대해 말했습니다. 그러자 교사는 새로 전학해온 여학생에게 친구가 되어 학교 규칙을 말해준 사람이 있는지 물었습니다. 아무도 손을 들지 않았지요. 교사는 새로 전학해온 여학생에게 시선을 돌려, 다니던 학교에서 아이들이 상스러운 말을 자주 사용했는지 물었습니다. 그 여학생은 그랬다고 인정했습니다. 그러자 교사는 누가 친구가 되어 학교 규칙을 설명해주겠냐고 물었습니다. 많은 학생이 손을 들었습니다. 그러고 나서 학생들은 정상적인 생활로 돌아왔습니다.

한 8학년 교실의 학급회의에서 빌이라는 아이가 친구들에게 집단으로 괴롭힘을 당하는 게 분명해 보였습니다. 나는 학생들에게 물었습니다.

"만약 너희가 지금 빌의 입장이라면, 너희 중 누가 빌에게 도움을

교사와 부모를 위한 긍정 훈육

주고 있는 것 같니?"

아무도 손을 들지 않았어요. 나는 또 물었습니다.

"너희가 지금 빌의 입장이라면, 따돌림당하고 있다는 걸 알까? 그렇다고 생각하는 사람?"

대다수의 학생이 손을 들었습니다. 나는 또 물었어요.

"말할 때, 다른 사람의 입장에서 생각해볼 사람?"

학생들 모두 그렇게 해보겠다고 했어요. 전에 미처 그렇게 생각해보지 못한 게 이상하다고 했지요.

Q. 다른 학급의 학생과 관련된 문제라면 어쩌지요?

▶ A. 많은 학교가 학급회의를 동시에 엽니다. 그래서 다른 반 학생을 초대할 수 있어요. 다른 반 학생을 당신 학급으로 초대하기 전, 학생들에게 다른 교실로 불려오면 어떤 기분이 들지 토론하게 하세요. 초대받은 학생을 상처 입히려는 게 아니라 도와주기 위한 것이라는 생각이 들게 하려면 어떻게 할 수 있을지, 학생들이 토론하게 하세요. 어떤 교실에서는 학생들이 초대받은 학생에게 긍정적인 것들을 브레인스토밍합니다. 그러면 그 학생에 대한 칭찬으로 학급회의를 시작할 수 있지요.

스튜어트는 피터슨 선생의 반에 초대받았습니다. 몇몇 학생이 스튜어트가 모래성을 짓밟았다고 불평을 했기 때문이에요. 학생들은 스튜어트의 뛰어난 스포츠 실력과 리더십 능력을 칭찬하며 회의를 시작했습니다. 그러고 나서 피터슨 선생이 스튜어트에게 모래성을 무너뜨린 이유를 물었습니다. 스튜어트는 한 번은 우연한 사고였고, 다른 한 번은 종이 울렸기 때문이라고 설명했습니다. 교사가 스튜어트에게 이 문제를 해결할 좋은 아이디어가 있는지 묻자 스튜어트는 없다고 했어요. 그러자 누군가가 스튜어트에게 모래성 순찰대가 되어 아무도 모래성을 파괴하지 못하도록 감시하게 하자고 제안했습니다. 스튜어트와 반 아이들은 이 제안에 만장일치로 동의했어요.

칭찬으로 시작하면, 방어심리를 줄이고 협력을 불러일으킵니다.

Q. 몇몇 아이가 의제를 독점할 경우, 선생님은 어떻게 합니까?

▶A. 그 문제를 의제로 올리세요. 그리고 학생들 스스로 그 문제를 해결하도록 하세요. 한 교사에게 이런 문제가 있었다고 하더군요. 토미는 하루에 10개의 항목을 의제로 올렸습니다. 나는 그 선생에게 그 문제를 의제로 올려보라고 제안했습니다. 하지만 교사는 다른 학생이 이미 그렇게 했다는 것을 알았습니다. 그 학급은 각각의 아이들이 매일 하나씩 의제에 올리기로 합의를 봤습니다. 만약 교사가 이 문제를 스스로 해결하려고 했다면, 자신은 하루에 3~5개 정도로 허용했을 거라고 인정했습니다. 하지만 선생은 아이들의 해결 방법을 더 좋아했습니다.

Q. 만약 교사에 대한 불만이 있을 경우, 학생이 그 문제를 의제로 올릴 수 있나요?

▶A. 만약 선생이 학급회의 과정을 독점하고 있다면, 선생은 자신의 실수에 관해 논의하는 것을 배움의 기회로 자연스럽게 느낄 것입니다. 이것은 학생들에게 훌륭한 본보기가 됩니다.

프랭크 미더 Frank Meder 는 시범을 보여주기 위해 자신의 학생들을 '교

교사와 부모를 위한 긍정 훈육

실에서의 긍정 훈육' 워크숍에 데려왔습니다. 쉬는 시간에 프랭크 선생이 학생에게서 포테이토칩을 압수한 것이 의제로 올라왔습니다. 학교 규칙상 운동장에서 음식은 금지하고 있었거든요. 그런데 교무실로 들어가는 길에 프랭크 선생이 압수한 포테이토칩을 조금 먹었습니다. 이 문제에 대한 해결 방법으로 프랭크 선생은 학생에게 포테이토칩을 새로 사주기로 했습니다(그리고 이것을 프랭크 선생이 선택했습니다).

다음번에 한 학생이 프랭크 선생을 또 의제로 올렸습니다. 체육 시간에 그릇된 행동을 한 아이에게 운동장을 돌라고 시켰기 때문이었습니다. 학생들은 이것은 해결 방법이 아니라 처벌이라고 결론 내렸습니다. 학생들은 프랭크 선생이 운동장을 네 바퀴 돌아야 한다고 결정했습니다. 프랭크 선생은 아이들의 결정을 받아들였습니다. 하지만 운동장을 다 돌고 난 후 이것을 의제에 올리고 토론했습니다. 학생은 한 바퀴 돌았는데, 자신은 네 바퀴를 돌아야 한다는 것은 불공정하다고 주장했습니다. 교사는 이 문제를 처벌을 하게 되면 보복에 빠져들기 쉽다는 점을 토론에 활용했습니다.

Q. 아이들이 자신에게 제기된 문제를 인정하지 않으려 할 경우에는 어떻게 합니까?

▶ A. 신뢰와 도움의 분위기가 일단 형성되면, 학생들이 자신의 행동에 대해 책임을 지지 않는 경우는 거의 없습니다. 일부 교사는 벌어진 일에 대해 학생들에게 역할놀이를 제안합니다. 역할놀이는 흔히 흥미롭기에 모두가 즐거워합니다. 이렇게 하면 이따금 내켜 하지 않는 학생들 입을 여는 경우가 있습니다.

여러분은 이 기회를 활용해 왜 학생들이 자신이 저지른 행동을 솔직하게 인정하지 않으려 하는지 질문해도 좋습니다. 이렇게 물어보면 됩니다. "만약 다른 사람이 너를 도와주는 것이 아니라 해치려 한다고 생각한다면, 너희 중 누가 자신이 저지른 행동을 인정하고 싶을까?"

Q. 학생들이 의제를 '보복의 수단'으로 활용한다면 어쩔 겁니까? 저희 반 학생들의 경우에 자기 이름이 의제로 올라가 있으면, 자기 이름을 적어놓은 아이의 이름을 의제로 올립니다.

▶ A. 학생들이 의제의 목표가 보복이 아닌 서로 돕기 위한 것이라는 점을 배우고 익힐 때까지 흔하게 일어나는 일입니다. 많은 교사가 상자를 활용해 이 문제를 해결합니다. 학생들에게 각기 다른 색의 종이에 요일별로 문제를 쓰게 하는 거지요. 그래서 어떤 문제가 가장 먼저 제기되었는지 알아볼 수 있습니다. 그러는 동안, 선생은 신뢰감을 높이기 위해 무엇을 해야 할지 토론을 이끕니다.

또 다른 방법은 학생들이 무기명으로 의제를 적게 하는 것입니다. 그러면 학생들은 그 문제가 누구와 관련된 것인지 신경 쓰지 않고 해결 방법에 초점을 맞춥니다. 이렇게 하면 학생들은 해결 방법에 초점을 맞추는 것에 익숙해질 수 있습니다. 상자를 활용하는 대부분의 교사는 처음에 공개적인 의제를 활용합니다. 일부 교사는 학생들에게 칭찬을 적어 상자 안에 넣게 한 다음, 거기에 적힌 칭찬을 먼저 읽히지요.

Q. 휴식 시간이 끝나 교실로 들어오는 길에 의제를 쓰기 위해 몰려드는

교사와 부모를 위한 긍정 훈육

학생이 많습니다. 교사가 어떻게 해야 할까요?

▶A. 만약 학생들이 의제를 쓰기 위해 교실로 모여든다면, 그래서 수업을 시작하는 데 어려움이 있다면, 교실을 나갈 때에만 의제를 쓸 수 있다는 규칙을 정하세요. 때때로 다음 휴식 시간까지 기다리는 것으로도 냉각기로 삼기에 충분합니다. 어떤 교사는 이 규칙을 시작하고 나서 나중에 학생들이 혼란 없이 잘해 나갈 수 있게 되었을 때, 언제든 의제를 적으라고 했습니다.

Q. 매일 학급회의를 여는 것이 정말로 필요한가요? 저는 그렇게 많은 문제가 있다고 생각하지도 않고, 그렇게 많은 시간을 할애하는 걸 좋아하지도 않습니다.

▶A. 매일 학급회의를 하면 학생들이 사회적 기술과 삶의 기술을 훈련할 수 있습니다. 일주일 이상의 간격이 있으면, 학생들이 이 과정을 제대로 배우지 못합니다. 몇몇 교사가 매일 학급회의를 여는 것이 성공과 실패의 차이를 좌우한다는 것을 알게 되었습니다. 특별히 더 문제가 많은 학급을 맡고 있는 어떤 교사는 매일같이 학급회의를 시작하기 전까지만 해도 학급회의를 포기하려고 했습니다. 그런데 매일 학급회의를 열자, 학생들이 그 과정을 익히며 신뢰하기 시작했다고 합니다. 이 학급의 분위기는 확연하게 달라졌습니다. 학생들이 긍정적인 기술을 배웠기 때문이지요. 학생들은 이런 기술을 하루 내내 사용했던 것입니다.

또 다른 선생은 학급회의를 열어본 적이 없다고 말했습니다. 그 교사는 매우 협력적인 학급을 맡고 있었으니까요. 그리고 아무 문제도 없었습니다. 그러다가 큰 골칫거리가 생겨서 학급 아이들이 그것을 제대로 다룰 수 없다는 것을 알고, 그제야 부랴부랴 학급회의를 시도했습니다. 교사는 문제가 생겼을 때 해결할 수 있는 기술을 가르치는 과정으로서 학급회의의 중요성을 이해하지 못했습니다. 살면서 매일같이 활용할 수 있는 기술을 아이들에게 가르치는 것이 더욱 중요합니다.

또 다른 초등학교 교사는 자기 반 아이들이 의제에 항목을 올려놓지 않는 이유가 일주일에 한 번씩만 학급회의를 열면 항목이 너무 많아지기 때문이라는 것을 깨달았습니다.

초등학교 수준에서는 매일같이 학급회의를 여는 것이 훨씬 좋습니다. 만약 의제에 아무런 문제도 적혀 있지 않다면, 칭찬을 한 후 그 시간에 계획을 짜거나 토론하도록 하세요.

Q. 의제와 관련한 아이가 결석한 경우에는 어떻게 하지요?

▶ A. 의제에 항목을 적은 아이가 결석했다면, 다음 항목으로 그냥 넘어가야겠지요. 결석한 아이가 문제를 일으킨 아이라면, 마찬가지로 건너뛰세요. 하지만 다음번에 제일 처음 논의하세요. 이렇게 하면 의제 때문에 결석할 가능성이 줄어듭니다. 자기 이름이 의제에 올라 있기 때문에 결석한 것 같은 의심이 들면, 이 문제를 학급회의에서 직접 다루어야 합니다. 그래서 누군가에게 상처를 입히려는 것이 아니라 서로를 돕기 위해 학급회의를 한다는 사실을 다시 한 번 확인해주어야 합니다.

Q. 부모들이 반대하면 어쩌지요?

▶ A. 부모들을 초대해 학급회의를 참관하게 하세요. 학급회의가 어

떻게 진행되는지 보고 나서 반대하는 부모는 거의 보지 못했습니다. 어떤 학생들은 자신이 부모로부터 특별한 관심을 받는 것에 부담감을 느낄지도 모릅니다. 학생들이 아무리 학급회의를 정확하게 묘사하려고 해도 부모에게는 인민재판처럼 들릴지도 모릅니다. 부모의 관심을 충분히 이해할 수 있으며, 그 과정을 지켜보지 않고 긍정적 결과가 실행으로 이어지는 것을 보지 않으면 당신도 똑같은 생각이 들 거라고 설명해주세요.

그래도 학급회의 참관을 꺼린다면, 또는 자기 아이가 학급회의에 참석할 수 없다고 한다면, 그 부모의 아이를 다른 학급에 가 있게 하거나 학급회의 동안 도서관에 보내세요. 어떤 학생은 자기 아이를 '과잉보호'하러 학교에 달려온 자기 엄마에게 불평을 터뜨렸어요. 그 엄마는 자기 아이가 학급회의에 참석할 수 없다고 박박 우겼어요. 아들은 학급회의 동안 도서관에 가 있어야 했기 때문에 소외감을 느꼈다고 불평을 터뜨렸습니다.

Q. 학생들이 참여하지 않으려 하면 어쩌지요?

▶ A. 학생들은 이 문제에 대해서는 선택권을 가져서는 안 됩니다. 수학 수업을 듣는 것에 선택의 여지가 없는 것과 마찬가지입니다. 왜 참석해야 하는지, 그리고 어떻게 하면 학급회의를 효율적으로 할 수 있는지, 그 이유를 두고 토론을 해야 합니다. 그래서 모두가 참석하기를 원하게 해야 합니다.

Q. 선생님은 어떻게 결정을 이끌어야 하나요?

▶ A. 교사가 결정을 강요할 필요는 없습니다. 학생들은 무슨 일이

일어나고 있는지 아주 잘 알고 있을 겁니다. 그리고 만약 어떤 학생이 결정된 내용을 '잊어버렸다면', 누군가가 그 학생에게 상기시켜줄 것입니다. 또는 그것이 다시 의제로 올라가겠지요.

Q. 누가 학급회의를 주재하나요? 교사인가요, 학생인가요?

▶A. 가능하면 학생들이 책임을 지도록 하는 게 좋습니다. 많은 교사가 학생들에게 사회자와 서기의 역할을 돌아가며 맡도록 합니다. 한 학생이 일주일 동안 사회자가 되어 의제에 대한 책임을 지고 학급회의를 이끌어나갑니다. 서기는 모든 제안과 최종 결정을 기록합니다.

Q. 유치원과 1학년 교실에서 이런 과정이 어떻게 작동하나요?

▶A. 아주 멋지게 이루어집니다! 저는 1학년 교실을 많이 돌아다녔습니다. 아이들이 아주 잘해 나가고 있었습니다. 꿈인지 생시인지, 저 자신을 꼬집어봐야 할 정도였지요. 아이들은 똑같은 단어와 똑같은 문제 해결 기술을 활용했습니다.

많은 유치원에서 두 살부터 다섯 살까지 아이들을 학급회의에 참여시키고 있습니다. 『취학 전 어린이를 위한 긍정 훈육Positive Discipline for Preschoolers』에서 우리는 나무 조각을 운동장에 던지는 문제를 해결하려 한 학급에 관한 이야기를 했습니다. 몇몇 아이가 몇 가지 아주 훌륭한 제안을 내놓았습니다. 두 살 6개월짜리 크리스티나에게 발언 기회가 돌아갔을 때, 크리스티나는 이렇게 말했어요.

"오늘 아침에 시리얼에 바나나를 넣어 먹었어요."

교사는 크리스티나에게 이야기를 들려줘 고맙다고 말하고 나서 다음 학생에게 발언권을 주었어요. 비록 크리스티나가 아직 학급회의의 목적을 완벽하게 이해하지 못했지만 크리스티나의 참여는 당연했고, 자신이 중요한 사람이라고 느꼈을 것입니다. 그러는 동안 크리스티나는 언니 오빠들의 말을 귀담아들으며 배우고 있던 거지요. 아주 어린 아이들은 자신의 문제를 의제로 올리는 데 도움이 필요할지도 모릅니다. 일부 유치원 교사들은 아이가 의제로 올려놓고 싶어 하는 것이 있으면 아이를 도와주거나 받아 적습니다. 어떤 교사들은 아이에게 자기 이름을 쓰게 하고, 문제를 기억하기 위해 그림을 그리도록 합니다. 저학년의 경우 절반의 문제는 자연스럽게 해결됩니다. 아이가 무슨 일이 있었는지, 그 문제를 기억하지 못하기 때문입니다. 필요한 것은 냉각기입니다. 어린아이들은 빨리 잊고, 빨리 용서합니다.

아주 어린 아이들은 약간 더 많은 방향 전환과 지도가 필요할지도 모릅니다. 그래서 교사는 좀 더 적극적으로 관여해야 할지도 모릅니다. 어떤 교사는 회의를 하기에 앞서 자신의 1학년 학생들에게 학급회의의 목적을 읽어줍니다.

1. 서로 도와주기 위해서,
2. 문제를 해결하기 위해서 회의를 합니다.

그러고 나서 규칙을 읽어줍니다.

1. 한 번에 한 명씩만 말할 수 있어요.
2. 모두 제자리에 얌전히 앉습니다.

그 밖의 제안

· ·

비밀 친구, 마니토

어떤 교사는 월요일 학급회의를 활용해 모든 학생이 그 주 동안 함께할 비밀친구의 이름을 적도록 한다. 금요일 학급회의 때, 그 비밀친구가 어떤 멋진 일을 했는지 들려주어서 누가 자신의 비밀친구였는지 추측하도록 한다.

비밀친구 효과를 보기 위해서는 몇 가지 기본적인 가르침이 중요하다. 첫째, 학생들에게 비밀친구를 위해 무엇을 해줄 수 있는지 브레인스토밍하도록 한다. 멋진 쪽지를 남기거나, 무언가를 함께 나누거나, 도와주거나, 함께 놀아주거나, 매일같이 웃으며 인사하거나, 책상 안에 사탕 하나를 넣어두거나 등등. 여러 가지 아이디어를 칠판에 적고 난 뒤, 학생들이 각자 자신의 마음에 드는 것을 적어도 다섯 가지 이상 적도록 한다. 학생들은 이 목록을 책상 위에 붙여놓고 실천에 옮긴 것을 차례대로 지워나갈 수도 있다. 이런 훈련은 우정에 대한 긍정적 감정을 드높인다.

학급회의에서 자신의 비밀친구에 대해 무언가 칭찬하거나 인정해줄 만한 것을 찾아내는 것 또한 아이들이 해야 할 일이다.

학급 규칙

학생들이 참여할 수 없는 특정한 결정들이 있다. 커리큘럼과 같은 것이 바로 그것이다. 그래도 학생들이 결정 과정에 참여할 수 있는 영역은 아주 많다. 결정 과정에 참여해 결정을 내리게 했을 때, 아이들은 이런 결정을 실행에 옮기는 데 무척 협조적이다.

교사와 부모를 위한 긍정 훈육

많은 교사가 이런 제안을 실행에 옮기는 것을 보면 아주 기쁘다. 대부분의 교실에는 어딘가에 규칙이 붙어 있다. 어떤 규칙이 필요한지 학생들이 브레인스토밍할 경우, 규칙은 '우리가 결정한 것'이라는 걸 표현해야 한다. 학생들이 규칙에 대한 토론에 참여했을 때 협력과 상호 존중이 향상된다.

많은 교사가 학급회의에서 현장학습과 관련한 논의가 이루어진 경우, 현장학습이 훨씬 더 성공적이라는 사실을 깨달았다. 학생들이 현장학습에서 잘못될 수 있는 것을 토론하고, 잠재적인 문제에 대한 해결방법을 정하고, 그러고 나서 현장학습을 유쾌한 경험이 되도록 하기 위해서 뭐가 필요한지 토론하면 좋다.

학급회의는 또한 교사의 일을 수월하게 한다. 나는 학생들에게 학급회의를 처음 소개할 때, 이따금 이 주제를 활용한다. 나는 이렇게 묻곤 했다.

"선생님을 골탕 먹이려면 어떻게 할 수 있을까요?"

학생들은 자신들이 했던 일의 기다란 목록을 제시한다. 이름과 자리를 바꾸고, 문 위에 지우개를 올려놓고 등등. 그러면 나는 이렇게 골탕 먹었을 때 교사는 어떤 기분이 들지 묻는다. 그러고 나서 교사를 기쁘게 해줄 수 있는 아이디어가 있는지 묻는다. 이런 기회를 주면 학생들이 얼마나 사려 깊은지 알 수 있다. 그러고 나서 자발적으로 도와주고 싶은 아이가 있는지 묻는다. 학생들은 모두 동의한다.

학급회의를 끝내는 방법

학급회의가 효과적이면 학생들은 흔히 너무 심취해서 정해진 시간을 넘어서 계속 이어가려는 경향을 보일 때가 있다. 만약 회의를 점심

식사 전 또는 휴식 시간에 열면, 이런 문제는 자연스레 사라진다. 학생들이 점심 시간 혹은 휴식 시간까지 계속하려는 경우는 거의 드물기 때문이다.

나아지기 전에 더 나빠지는 경우도 종종 있다

어른들이 진정으로 자신들의 말에 귀 기울일 것이라고, 진지하게 받아들일 것이라고 학생들은 쉽사리 믿으려 들지 않는다. 처음에 학생들은 이와 같은 변화를 상처가 되리라고, 그리고 처벌에 활용되리라고 의심한다. 그동안 익히 보아왔던 모습이기 때문이다.

당신의 장기적인 목표를 마음속에 간직하자. 자신의 생각과 아이디어를 정당한 것으로 인정해줬는데도 귀담아듣지 않으려는 아이는 없다. 처벌을 통한 비난, 수치, 고통 대신 배움의 기회를 줄 때, 문제에 대한 비처벌적인 해결 방법을 배우는 이점을 거부하는 학생이 있겠는가? 실수에 책임을 지는 게 안전하다는 것을 아는데 책임감 또는 사회적 책임감을 안 배우려는 학생이 있겠는가? 나는 그렇게 생각하지 않는다.

많은 교사는 고비를 앞두고 포기하려는 유혹에 빠진다. 사실 몇몇은 포기하기도 한다. '포기하지 않은' 이들은 나중에 잘 되었을 때 자신과 학생들이 누리는 혜택에 기쁨을 얻는다.

교사와 부모를 위한 긍정 훈육

학급회의 지침

01. 학생들은 둥그렇게 둘러앉고, 교사 또한 그 안에 함께 앉는다(다시 말해, 학생들이 바닥에 앉아 있으면, 교사도 바닥에 앉는다. 학생들이 의자에 앉아 있으면, 교사도 마찬가지로 의자에 앉는다. 교사 혼자 서서 가르치는 것과는 반대다).

02. 곧장 학생들이 회의를 이끌게 한다.

03. 회의를 이끄는 학생은 둘러앉은 아이들에게 돌아가면서 발언 기회를 주고, 칭찬으로 회의를 시작한다. 모든 학생이 칭찬을 하거나 아니면 그냥 통과한다.

04. 칭찬을 받은 사람은 고맙다고 말한다.

05. 회의를 이끄는 교사 또는 학생이 의제를 다룬다.

06. 의제로 올라온 문제를 읽고 난 후 그 항목을 의제로 올린 학생이 다음에서 선택한다. ① 다른 학생이 듣는 가운데 자신의 감정을 이야기하거나 ② 곧장 토론하거나 ③ 문제 해결에 도움을 요청할 수 있다.

07. 만약 학생들이 곧장 토론하겠다면, 그 항목의 해결 방법을 위해 브레인스토밍하자.

08. 교사는 학생의 제안에 대해 코멘트를 자제한다(학생들이 확실히 제안하는 것만 빼고. 이렇게 말해야 할지도 모른다. "어떻게 하면 그걸 제안으로 만들 수 있을까?"). 발언할 차례가 되면, 교사는 코멘트나 제안을 할 수 있다. 오직 자기 차례가 왔을 때뿐이다.

09. 교사는, 또는 가능하다면 학생이 각각의 제안을 공책 또는 플립차트에 적는다.

10. 대부분의 경우, 발언 기회를 두 번 정도 순서대로 준다. 다른 아이들의 이야기를 듣기 전에 미처 생각하지 못했던 제안을 할 기회를 주기 위해서다(이렇게 해도 그다지 오래 걸리지 않는다).

11. 문제를 의제로 올린 학생은 자신이 가장 도움이 된다고 생각하는 제안을 선택할 수 있다. 다른 학생도 함께 관련된 문제일 경우, 그 학생 또한 해결 방법을 선택할 수 있다. 만약 해결 방법이 갈등을 일으킨다면, 두 학생이 따로 함께 모여 둘 모두에게 유효한 것을 결정하도록 한다. 문제가 전체 학생들과 관련된 경우라면 투표를 할 수도 있다.

학급회의가 실패하는 여섯 가지 이유

01. 동그랗게 둘러앉지 않았다.

02. 정기적으로 학급회의를 개최하지 않았다(초등학교에서는 일주일에 3~5일이 적당하다).

03. 교사가 사전에 검열했다(아이들의 관심을 고자질로 판단해버렸다).

04. 학생들이 비처벌적인 문제 해결 기술을 배울 수 있는 시간을 미리 갖지 않았다.

05. 학생들의 능력을 믿지 않았다.

06. 둘러앉은 모든 학생에게 발언 기회를 제대로 주지 않았다.

9장

부모를 위한 성공적인
가족회의 이끄는 법

짐과 베티가 재혼했을 때, 두 사람은 각각 세 명의 아이들을 데리고 왔다. 모두 해서 여섯인 아이들은 여섯 살부터 열네 살까지 나이 차이가 있었다. 분명 수많은 조율과 적응이 필요했을 것이다. 베티는 직장에 나갔다. 베티는 새로운 가족이 정말 좋았다. 일이 끝나면 빨리 집에 오고 싶었다. 하지만 한 가지 문제가 있었다. 집에 돌아와 맨 먼저 마주친 것은 엉망진창이 되어 있는 집 안이었다. 아이들은 학교에서 돌아와 책, 스웨터, 신발을 집 안 여기저기에 마구 내팽개쳤다. 설상가상으로 과자 부스러기, 빈 우유컵, 장난감들이 돌아다녔다. 베티는 잔소리를 늘어놓았다.

"왜 각자 물건을 챙기지 못하는 거지? 이렇게 하면 내가 화낸다는 거 몰라? 난 너희하고 함께 있고 싶어. 하지만 난 너무 화가 나. 이렇게 엉망진창인데, 어떻게 기쁠 수가 있니?"

그제야 아이들이 자기 물건을 주섬주섬 주워 들기는 했지만, 베티는 이미 화가 나서 아이들은 물론이고 자기 자신에게도 몹시 기분이 나쁜 상태였다.

마침내 베티는 일주일에 한 번씩 여는 월요일 밤 가족회의에 이 문제를 의제로 올렸다. 이 문제를 기꺼이 도와줄 의향이 있는지 아이들에게 물었다. 아이들은 베티가 야단을 치거나 꾸중하는 게 아니란 걸 알았다. 결국 아이들은 '임시보관함'을 만들기로 했다. 차고에서 커다란 상자를 찾아냈다. 거실, 가족 방, 부엌 등 집 안에 물건이 여기저기 굴러다니면, 그것을 본 사람은 누구든 그 물건을 임시보관함에 넣어두는 규칙을 정했다. 그렇게 보관된 물건은 일주일 동안 상자에 그대로 놓아두기로 했다. 일주일이 되기 전까지는 주인이 그 물건을 달라고 해도 가질 수 없었다. 계획은 아주 멋지게 실행되었다. 과자 부스러기는 되도록 흘리지 않기로 했다. 이내 임시보관함은 물건으로 가득 찼다. 하지만 곧 이 계획은 시험에 들었다. 아이들이 규칙을 지키지 않으면 아무런 소용이 없었을 것이다. 예를 들어, 열두 살짜리 데이비드는 학교에 신고 갈 신발을 잃어버렸다. 이리저리 뒤져보다 마침내 상자를 기억해냈다. 당연히 신발은 상자 안에 들어 있었다.

데이비드는 냄새나는 낡은 테니스 신발을 신고 학교에 갈 수밖에 없었다. 하지만 다음 날 이것마저 잃어버렸다. 이제 더 이상 신발이 없었다. 하지만 아이들은 일주일 동안 신발을 꺼낼 수 없다고 고집을 부렸다. 데이비드는 엄마에게 이렇게 말했다.

"죄송해요. 전 엄마가 무엇을 할지 몰라요. 하지만 저는 규칙을 지켜야 해요."

형이 자기 침대 슬리퍼를 데이비드에게 주었다. 데이비드는 달리 뾰족한 수가 없었다. 그래서 3일 동안 슬리퍼를 신고 학교에 갔다. 그 후 데이비드는 두 번 다시 신발을 아무렇게나 벗어놓지 않았다.

교사와 부모를 위한 긍정 훈육

그런데 이번에는 데이비드의 여동생 여덟 살짜리 수잔이 코트를 잃어버렸다. 사실 이것은 엄마와 아빠에게는 매우 곤란한 문제였다. 이런 상황에서 가만히 있기가 힘들었다. 자기 아이가 추운 날씨에 슬리퍼를 신고 학교에 가고, 코트 없이 밖에 나가는 걸 어떤 부모가 가만히 보고 있겠는가? 다른 사람들이 어떻게 생각하든 그냥 모르는 체하기로 했다. 그리고 데이비드처럼 수잔 또한 이 문제를 스스로 해결하도록 내버려 두었다. 수잔은 일주일 동안 스웨터 두 장을 겹쳐 입고 학교에 갔다.

짐 또한 타이, 스포츠 코트, 잡지를 '잃어버렸다.' 베티 또한 자신의 많은 물건이 임시보관함으로 사라지는 걸 지켜봐야 했다.

이 계획은 제대로 실행되었다. 그 이유는 다음과 같다.

- 가족회의에서 문제가 논의되었다. 아이들이 해결 방법을 찾아냈다.
- 가족의 결정을 지키는 과정에서 문제가 생겼을 때, 엄마와 아빠는 책임을 넘겨받지 않았다.
- 아이들은 규칙을 지켰다. 엄마와 아빠가 억지로 개입하지 않았기 때문이다.
- 가족의 모든 구성원에게 규칙이 적용되었다. 엄마와 아빠도 예외가 아니었다.

또 다른 가족도 이와 같은 문제를 비슷한 방법으로 해결했다. 다만 이 가족은 가족회의에서 '분실물 상자'를 정하고, 물건을 잃어버린 사람은 누구든 자기가 원하는 시간에 되찾아갈 수 있었다. 하지만 '저금통'에 동전을 넣고 찾아가야만 했다. 저금통에 동전이 꽉 찼을 때, 식구들은 그 돈으로 아이스크림이나 피자를 사다 가족 파티를 즐겼다.

또 다른 가족은 이 상자를 '블랙홀'이라고 불렀다. 그리고 식구들은 일주일에 한 번씩 열리는 가족회의가 끝날 즈음에 자신의 물건을 찾아갈 수 있었다.

문제를 가족회의 의제로 올리도록 제안해서 부모는 아이들과의 충돌을 피할 수 있다. 냉각기를 거친 후에 이 문제들은 해결될 수 있다. 학급회의와 마찬가지로, 아이들을 회의에 참여시키면 혼란의 상당 부분이 사라진다. 그 무엇보다 가장 큰 이익은 아이들이 앞에서 언급한 '일곱 가지 중요 능력'을 배울 기회를 갖는다는 점이다. 자신의 문제 해결 기술을 배우고 실천의 기회를 갖는다.

가족회의는 또한 가족의 협력과 유대감을 증진하는 훌륭한 방법이다. 그리고 가족의 가치와 전통을 향상하는 기회를 준다. 물론, 가족회의가 성공하느냐 실패하느냐는 어른의 태도와 기술에 달려 있다.

학급회의를 다룬 8장을 부모도 꼭 읽어야 한다. 성공적인 학급회의를 위해 중요한 여러 가지 개념들이 가족회의에서도 그대로 적용된다. 그리고 가족회의의 형식은 여섯 가지 중요한 차이를 제외하고 근본적으로 학급회의와 동일하다.

가족회의와 학급회의의 차이점 여섯 가지

● ●

1. 가족회의는 하루에 한 번이 아니라 일주일에 한 번 열려야 한다. 일단 가족회의 시간이 결정되면, 그 무엇 때문에 방해를 받을 수 없다. 전화가 걸려오면 나중에 다시 전화하겠다고 말하자(우리는 전화기를 꺼놓는다). 바쁘다거나 다른 일이 있다는 핑계로 가족회의를 빼먹지 말자.

자녀는 당신이 가족회의를 얼마나 중요하게 여기는지 그대로 따르기 마련이다. 일단 전통이 생기면, 모두 이 기회를 가족의 친목과 연대감을 위한 기회로 바라볼 것이다. 십대가 되기 전까지는 그렇다는 말이다(이 문제는 나중에 논하겠다).

2. 합의를 통해 결정이 이루어져야 한다. 만약 가족이 의제 항목을 합의를 통해 결정할 수 없다면, 다음 회의 때까지 보류되어야 한다. 그때 합의가 이루어질 수 있다. 또 한 번의 냉각기와 새로운 아이디어를 생각해낼 시간을 벌었기 때문이다. 가족회의에서의 다수결은 가족의 분열을 두드러지게 한다. 모두의 의견을 존중하는 해결 방법을 함께 찾아낼 수 있다는, 가족에 대한 믿음을 표현하자.

3. 가족회의는 다음 주의 활동에 대한 리뷰 또한 포함해야 한다. 아이들이 자라면서 베이비시터, 스포츠, 데이트, 레슨 등과 같은 많은 활동에 참여하게 되면 이 점이 특히 중요해진다. 자동차 사용과 서로 간의 편의를 위해 일정을 조정하는 것도 중요하다.

4. 가족회의에서는 다음 주 가족의 오락을 위한 계획도 꼭 있어야 한다.

5. 가족끼리 무언가를 함께하면서 회의를 끝마치자. 함께 게임을 할 수도 있고, 팝콘을 먹거나 순번을 정해 디저트를 만들 수도 있다. 가족 모두가 좋아하는 프로그램이 없다면, 텔레비전을 시청하지는 말자.

6. 깨끗이 정돈된 테이블에 앉는 것도 문제 해결에 도움이 된다. 테이블이 가족에게 경계선처럼 느껴져서는 안 된다. 거실에 자유롭게 앉는 것도 좋다. 하지만 식사를 하면서 회의를 하면, 회의에 집중하는 게 어려울 수도 있다.

가족회의에 필요한 것들

• •

사회자

이 역할은 교대로 돌아가며 맡아야 한다. 아이들은 사회자가 되는 걸 좋아한다. 네다섯 살 정도가 되면 아주 훌륭하게 그 역할을 해낼 수 있다. 칭찬으로 회의를 시작해 문제 해결을 위한 회의를 열고, 빙 둘러앉은 가족에게 발언권을 주는 일을 맡는다. 그러면 모두 의견이나 해결 방법을 내놓을 수 있다.

서기

이 역할 또한 글을 쓸 줄 아는 식구가 돌아가며 맡아야 한다. 서기는 논의된 문제와 정해진 결정을 꼼꼼하게 기록한다(낡은 가족회의 기록장을 읽는 것은 사진 앨범을 보는 것만큼이나 재미있다).

칭찬

가족회의는 각자 식구들에 대한 칭찬으로 시작하자. 아이들에게 서로를 헐뜯는 습관이 있을 경우, 처음에는 조금 어색할 것이다. 이런 경우라면 약간의 시간을 들여 서로에 대해 칭찬의 시간을 갖자. 부모가 가족 구성원에 대한 칭찬으로 회의를 시작해 모범을 보여야 한다. 또한 무언가 멋진 일이 아이들 사이에 진행되고 있다면, 아이들에게 그것을 떠올려 칭찬할 수 있게 하자.

스토버 부인은 다음과 같은 이야기를 들려주었다. 부인의 가족이 가족회의에서 칭찬을 하기 시작했을 때 일어난 일이었다. 여섯 살짜리 태미는 먼저 이야기하겠다고 나섰다. 태미는 엄마와 아빠를 즐겁고도 자연스럽게 칭찬했다. 아홉 살짜리 오빠 마르쿠스의 차례가 됐을 때, 잠시 머뭇거리더니 이렇게 말했다.

"이건 정말 힘들어요."

스토버 부부는 어쨌든 계속 말해보라고 용기를 북돋아 주었다. 태미는 마침내 마르쿠스 오빠에 대해 칭찬을 생각해냈다. 그러고는 이렇게 덧붙였다.

"하지만 오빠는 여전히 나한테 못되게 굴어요."

부부는 태미에게 상기시켜주었다.

"'하지만'은 빼고 말해야지."

마르쿠스 차례가 되었을 때, 마르쿠스는 태미를 칭찬하는 데 별로 열정적이지 않았다. 하지만 칭찬했다. 스토버 부인이 이제 자신이 서로에 대해 편하게 칭찬하겠다고 말했다. 그러고는 이렇게 말했다.

"형제가 서로 아주 멋지게 이야기하다니 정말 근사해. 맨날 못 잡아먹어서 안달인 녀석들이 말이야."

어느 여름, 우리 가족은 너무 바빠서 정기적으로 가족회의를 하지 못했다. 우리에게는 정말 멋진 교훈이 되었다. 다시 한번 가족회의의 중요성을 뼈저리게 느꼈기 때문이다. 엄청난 말다툼과 소란이 일었다. 아이들은 서로 투덜거리며 싸우기 시작했다. 마침내 내가 '깨닫고' 가족회의를 소집했다. 아이들은 서로에게 너무 못되게 굴었다. 그래서 나는 서로에게 칭찬을 해주는 것이 어려우리라고 생각했다. 하지만 오랫동안 훈련을 받아왔기에 아이들은 원래의 상태로 돌아가 서로에게 아주 멋진 칭찬을 해주었다. 정기적으로 가족회의를 하면서 무례하게 구는 행동은 크게 줄어들고, 말다툼과 소란도 잦아들었다.

감사

우리는 늘 칭찬을 받으면 반드시 고마움을 표현했다. 가족 구성원이 각자 자신이 감사하는 것을 한 가지씩 이야기하면, 당연하게 생각해왔던 것을 기억하고 인정하는 데 큰 도움이 된다.

회의 주제

냉장고는 가족회의 때 가장 인기 있는 공간 같다. 자석을 활용해 냉장고 앞에 종이를 붙여놓는 것이 제일 편하다. 이 종이는 모두 보관하는 게 좋다. 우리는 가족회의 앨범에 보관했다.

순서대로 의제 항목을 논의하자. 그래야 어떤 항목이 가장 중요한지 논쟁을 벌일 필요가 없다.

문제 해결

6장에서 설명한 대로 해결 방법에 초점을 맞추어 아이들과 함께 논의하자. '해결 방법에 초점을 맞추는 세 가지 R과 한 가지 H'는 학급회의에서와 마찬가지로 가족회의에서도 문제를 해결하는 데 활용할 수 있다. 하지만 가족회의에서 해결 방법은 합의를 얻어야 한다.

활동 계획

모두 함께 즐길 수 있는 계획을 짤 때 동등하게 참여하면, 식구들은 더욱 자발적으로 협력하려 한다. 모든 가족 구성원이 갈등에 대해, 그리고 어떻게 하면 그것을 피할 수 있는지 토론할 때 주말 활동과 방학을 이용하면 좋다. 다음의 글은 내 남편인 베리 넬슨이 쓴 것으로, 훌륭한 사례가 되어준다.

"아이들을 하와이로 데려가자."

아내가 말했다.

"지금 농담하는 거야? 휴가를 다 망쳐놓을걸. 그 망나니들을 어디로 데려가?"

내가 대답했다.

6주 후, 내 평생 가장 즐거운 가족 여행에서 돌아오게 되리라는 것을 당시에는 전혀 몰랐다. 이 여행의 성공은 가족회의 덕분이었다. 우리는 매주 일요일 밤에 가족회의를 열었다. 식구들은 각자 정중하게 대접받았다. 모든 의견을 듣고, 논의했다.

하와이로 여행을 떠나기 몇 주 전 가족회의에서 나는 아이들에게 하와이로 여행 갈 예정인데 함께 가고 싶은지 물었다. 회의는 아수라장이 되었다. 아이들을 진정시키고 나서 엄마가 말했다.

"이왕 함께 하와이로 갈 거라면 즐거워야겠지. 만약 너희가 서로 싸우거나 사소한 것들을 놓고 논쟁을 벌인다면, 그건 결코 즐겁지 않을 거야."

아이들은 얌전히 굴겠다고 약속했다! 난 그런 말을 전에도 여러 번 들은 적이 있다. 약속 이상의 무언가가 필요했다. 우리는 브레인스토밍을 하기로 하고, 아이들과 함께 휴가를 보낼 때 부모를 끔찍하게 만드는 일의 목록을 작성해보기로 했다.

"우리 아이들을 끔찍하게 만드는 일은 이야기 안 해요?"

마크가 끼어들었다. '건방 떨지 마'라는 말이 목구멍까지 나왔다. 하지만 어쨌거나 공정해야 했다. 엄마는 2개의 세로 칸에 각각 부모를 혼란스럽게 만드는 문제와 아이들을 혼란스럽게 만드는 문제의 목록을 생각나는 대로 적었다.

부모를 혼란스럽게 만드는 목록에는 돈을 달라고 조르는 것, 패스트푸드만 먹겠다고 하는 것, 서로 싸우는 것, 우리와 말다툼하는 것, 자기 물건을 챙기지 않는 것, 자기 가방을 들지 않는 것, 어디 가는지 말도 없이 사라져버리는 것, 너무 늦게까지 깨어 있는 것, 우리가 가고 싶어 하는 곳에 가지 않으려는 것 등이 포함되었다. 아이들을 혼란스럽게 만드는 목록에는 팬시 레스토랑에서 식사하는 것, 팬시 옷을 입는 것, 한 침대에서 함께 자는 것, 용돈을 충분히 주지 않는 것, 물건을 사라 마라 하는 것, 비행기에서 창가 쪽에 앉지 못하게 하는 것 등이 포함되었다. 합의된 해결 방법은 다음과 같았다.

아이들이 자기가 할 수 있는 한도 내에서 저축한다. 우리가 특별히 용돈을 더 얹어줄 수 있고(지나치지 않을 정도로), 아이들이 총액을 7일 동안 나누어 쓸 수 있다. 그래서 매일 그만큼의 돈을 우리에게 달라고 할 수 있다(우리가 아이들에게 준다). 돈을 어떻게 쓰라고 잔소리하지 않는다. 돈이 다 떨어지면 더 이상 주지 않는다. 아이들은 자기 짐은 자기들이 챙기겠다고 약속한다. 그리고 자기가 가져가고 싶은 것 이상을 싸지 않는다. 두 사람이 한 침대에서 자는 것밖에 다른 방법이 없을 경우에 대비해 마크는 슬리핑백을 가지고 간다. 우리가 근사한 레스토랑에서 식사할 때, 아이들은 맥도날드에서 음식을 먹을 수 있다. 아이들이 가고 오는 길에 창가 쪽 자리에 교대로 앉을 수 있다. 싸우지 않기로 약속한다. 그리고 어디 가는지 반드시 우리에게 이야기하고 가기로 한다.

"너희들이 깜빡하고 싸워대기 시작하면 어떻게 하지?"

내가 물었다.

"비밀 신호를 주는 게 어떨까요?"

마크가 제안했다.

"좋은 생각이구나. 만약 너희가 싸우는 소리를 들으면, 우리는 우리 귓불을 잡아당겨 너희한테 신호를 보낼게. 그러면 싸우지 않기로 약속했다는 것을 떠올리겠지."

엄마가 말했다.

"아빠한테도 해당하는 거예요, 아빠."

마크가 맞장구쳤다.

"그게 무슨 소리냐?"

내가 분개하며 물었다.

"아빠가 저나 메리에게 화를 내기 시작하면, 제 귀를 잡아당겨 신호를 보내도 되지요?"

'영악한 놈이군.' 나는 생각했다. 하지만 그때 나는 곰곰이 생각하며 동의했다.

"좋은 생각이다, 아들."

출발하기 일주일 전, 세 번의 회의를 통해 우리의 목록은 더욱 늘어났다. 흥분과 협력의 분위기가 집안에 충만했다. 아이들은 자기 숙제를 하고, 돈을 차곡차곡 모았다.

마크가 스케이트보드를 가지고 가려고 했을 때 첫 번째 갈등이 생겼다. 나는 혼잡한 와이키키 거리에서 스케이트보드를 탈 때 생길 수 있는 문제를 설명했다. 가방에 스케이트보드를 가지고 가는 것도 힘들 거라고 말했다. 협력의 기운이 확립되었기에 마크는 별다른 논쟁 없이 스케이트보드를 집에 놓고 가겠다고 했다.

비행기를 타러 가는 샌프란시스코로의 2시간의 운전은 교통 정체로 인해 3시간으로 늘어났다. 메리는 우리가 교통 정체에 막혀 있는 동안 목마르다고 칭얼대기 시작했다. 마크가 메리에게 우리가 이미 이런 종류의 혼란에 대해 이야기했다는 것을 상기시켜주었을 때, 메리는 재빨리 공항에 갈 때까지 참을 수 있다고 마음을 다잡았다. 또 하나의 가족회의의 승리였다!

호놀룰루 호텔 방에는 더블침대 2개가 있었다. 마크의 슬리핑백을 가지고 와 언쟁을 피할 수 있어서 기뻤다.

가족회의 덕분에 우리는 멋진 시간을 함께 보낼 수 있었다! 아주 사소한 혼란이 있기는 했지만, 우리의 합의를 떠올리며 재빨리 해결했다. 한 번, 아이들이 길을 잃은 적이 있었다. 우리는 가족회의에서 그런 가능성을 어떻게 피할 수 있는지 정해놓았다. 우리는 서로를 본 마지막 장소로 가, 다른 식구가 되돌아와 우리를 찾을 때까지 기다리기로 이미 약속했다. 그리고 아이들은 호텔 이름과 주소를 외워두었다. 그래서 만약 다시 길을 잃으면, 아이들은 경찰서에 그 정보를 알릴 수 있었다.

한 가족으로서 우리가 느꼈던 친밀감은 하와이 여행보다 훨씬 더 멋진 경험이었다. 집에 돌아온 2주 뒤, 우리 집 장남의 전화가 왔다. 플로리다에서 2개월 후에 결혼할 거라고 했다.

"아이들 데려갑시다."

내가 말했다.

가족의 오락 활동

일주일에 한 번씩 가족의 오락 활동을 위해 계획을 세우는 것도 가족회의에서 중요하다. 그런데도 많은 가정에서 이것을 소홀히 다룬다. 함께 재미난 시간을 보내는 행복한 가정을 상상하기는 아주 쉽다. 하지

교사와 부모를 위한 긍정 훈육

만 아무런 노력 없이 '그냥' 그런 가정을 바란다는 게 문제다. 당신이 아무것도 하지 않으면, 이런 일은 절대로 일어나지 않는다. 그러므로 '계획을 짜야 한다.'

우리 가족은 다음과 같이 가족 활동을 짜고 실행에 옮기기 위해 '우리가 할 재미난 일들'이라고 적힌 종이를 활용한다(뒤에서 설명할 것이다). 우리는 매주 토요일 밤에 데이트를 한다. 첫 번째 토요일은 엄마와 마크가 함께하고, 그동안 아빠와 메리가 함께한다. 다음 달 첫 번째 토요일에는 서로 파트너를 바꾼다. 그래서 엄마와 메리가 특별한 시간을 함께 보내고, 아빠와 마크가 특별한 시간을 보낸다. 둘째·넷째 토요일은 엄마와 아빠 단둘이 데이트를 한다. 셋째 토요일에는 모두가 함께한다.

집안일에 대한 토론

가족회의 때 집안일에 대해서도 이야기하자. 그래서 아이들도 함께 문제 해결에 참여하게 하자. 아이들이 자신의 감정을 분명하게 말로 드러낼 수 있을 때, 그리고 계획과 선택 안에서 일정한 역할을 할 때 아이들은 훨씬 더 협조적이다.

가족회의에서 우리는 엄마와 아빠가 하는 집안일 목록(직장에 다니는 것을 포함해서)을 전부 만들어보았다. 아이들에게 뭐 좀 해달라고 부탁할 때마다 "나 혼자 이걸 다 어떻게 하니?"라는 말을 안 하려고 말이다. 그리고 나서 우리는 아이들이 할 수 있는 집안일 목록을 모두 적어보라고 했다. 아이들이 생각해내지 못하는 것을 적을 수 있도록 맞장구도 쳐주었다. 그래도 아이들의 목록이 우리 것보다 훨씬 적었다. 우리가 아이들에게 해달라고 부탁하는 것과 우리가 하는 일 목록을 비교해본 후 아이들은 깜짝 놀랐다. 그리고 나서 우리는 아이들이 할 수 있는 집안일을 종이에 기록했다. 그러고는 병에 담았다. 아이들이 각자 매주 네 가지 집안일을 꺼냈다. 매주 새로운 것을 고르게 했다. 그래서 한 아이가 쓰레기 치우기 따위와 같은 집안일을 계속하지 않게 했다.

마법과 같은 해결 방법은 아니었다. 나는 이것을 '3주 신드롬'이라고 불렀다. 첫째 주, 아이들은 자기도 계획을 세우는 데 일정한 도움을 준 집안일 계획을 따르는 데 열정적이다. 둘째 주, 아이들은 자기가 할 집안일을 하지만 열정은 덜하다. 셋째 주가 되면, 아이들은 불평을 늘어놓기 시작한다. 그러면 다시 가족회의를 해야 한다는 뜻이다.

언젠가 강의가 끝난 후, 어떤 여자가 내게 다가와 말했다.

"가족회의를 한번 시도해봤어요. 아이들은 자기가 맡은 집안일을 일주일 동안 잘해 나갔어요. 하지만 일주일이 지나자 아이들은 그만두더라고요. 제대로 효과가 있는 것 같지는 않아요."

나는 물었다.

"댁의 자녀가 일주일 내내 집안일을 하도록 부추기는 뭔가가 있었나요?"

그녀가 대답했다.

"아닙니다."

내가 말했다.

"제가 볼 때 성공한 것 같습니다. 계속해보라고 권하고 싶습니다."

그러고 나서 나는 그 부인에게 우리의 '3주 신드롬'을 알려주었다. 우리는 가족회의에서 문제를 다룸으로써 그동안 시도했던 그 어떤 방법보다 더 긴밀하게 협력한다고 느낀다. 우리는 잠시 엄청난 책임감을 성취한다. 느슨해지기 시작하면, 다시 가족회의에 부친다.

아이들은 흔히 새로운 계획을 내놓는다. 다트판처럼 집안일 목록을

교사와 부모를 위한 긍정 훈육

적은 돌림판을 만들기도 했다. 매주 새로운 집안일을 고르기 위해 돌림판을 돌린다. 나중에는 집안일 차트 만들기를 재미있어 한다.

집안일로 소란스러운 것보다는 3주 혹은 4주마다 이렇게 변화를 주는 것이 훨씬 더 낫다.

아이들은 각자 두 가지씩 해야 할 집안일을 전화기 근처 칠판에 적어두기로 했다. 협상의 과정에서 나는 아이들이 학교에 돌아온 직후 집안일을 하기로 규칙을 정하고 싶었다. 하지만 아이들은 자기들이 알아서 하겠다고, 집안일을 완수하는 시간에서의 자유를 원했다. 잠자리에 들기 전까지 집안일을 다 끝내겠다고 했다. 내가 물었다.

"잠자리에 들기 전에 너희들이 일을 끝내지 못하면 어떻게 하지?"

만약 자기들이 일을 끝내지 못할 경우, 내가 아이들 이름을 칠판에 동그랗게 표시해놓으면 다음 날 학교에서 돌아오자마자 네 가지 일을 모두 하기로 했다. 6개월 동안 아이들은 이 약속을 아주 잘 지켰다. 이따금 나는 아이들 이름에 동그라미를 쳤고, 아이들은 다음 날 방과 후에 곧바로 집안일 네 가지를 모두 하곤 했다.

하지만 6개월이 지난 후, 아이들 모두 불평을 늘어놓기 시작했다.

"왜 나만 더 힘든 일을 해야 해요?"

나는 공평하게 집안일을 돌아가며 하도록 공을 들였다. 하지만 아이들의 관점에서는 그렇지 않았나 보다. 훈계하는 대신, 나는 그 문제를 의제로 올렸다. 아이들의 해결 방법은 아주 단순하고도 완벽했다. 왜 내가 좀 더 일찍 그런 생각을 해내지 못했는지 정말 안타까울 정도였다. 마크가 말했다.

"네 가지 집안일을 칠판에 적고, 먼저 일어나는 사람이 알아서 고르도록 하면 어때요?"

기회를 주면, 아이들은 너무나도 멋진 해결 방법을 찾아낸다는 것을 나는 다시 한번 깨달았다.

첫째 주, 아이들은 서로 먼저 고르려고 알람을 맞추어놓았다. 나름대로 가장 쉬운 집안일을 고르려고 했다. 하지만 그리 오래가지 못했다. 곧 아이들은 잠자는 게 쉬운 집안일을 하는 것보다는 훨씬 더 중요하다고 판단했다. 그래서 칠판에 늦게 도착한 아이는 자신의 운명을 자연스럽게 받아들였다.

몇 가지 까다로운 문제들

어린아이

일부 가정에서는 가족회의를 하는 동안 네 살 이하의 아이들 때문에 혼란을 겪는다. 우리 집의 경우, 갓난아이와 영유아 아이가 잠들 때까지 기다린 뒤 가족회의를 했다.

아이들이 어느 정도 자라자마자 우리는 아이들을 가족회의에 일정 부분 참여시켰다. 세 살 정도의 아이들은 디저트를 먹은 후 술래잡기 놀이를 아주 좋아한다. 아이들은 칭찬하는 법을 배울 수도 있다. 네 살이 되면, 아주 멋진 문제 해결 방법을 내놓기도 한다.

십대

십대가 되면, 많은 가정에서 힘겨루기와 보복의 악순환이 흔히 일어난다. 가족회의는 이런 유형을 극적으로 바꾸어놓을 수 있다. 하지만 제대로 되려면 특별한 토대가 필요하다. 첫 번째 필수 조건은 부모가 그

교사와 부모를 위한 긍정 훈육

동안 해온 일(지나치게 통제적이거나 지나치게 자유방임적이거나)이 제대로 작동하지 않았던 것을 스스로에게 겸손히 인정하는 것이다. 두 번째 단계는 이런 사실을 십대 아이들에게 인정하는 것이다.

라이언 씨는 자신이 어떻게 십대 자녀가 스스로 올바른 선택을 하도록 했는지 그 이야기를 들려주었다. 라이언 씨는 아이들에게 이렇게 말했다.

"우린 잘못되어도 크게 잘못됐어. 아빠는 너희에게 버럭 소리 지르며 도와달라고 했어. 정말로 처음부터 새로 시작하고 싶어. 그러기 위해서는 너희의 도움이 필요해. 가족회의의 효과에 대해 들었단다. 가족들이 함께 둘러앉아 문제를 해결한다고 해. 서로 배려해주고, 모든 사람의 의견을 정당하게 피력하고 받아들인다는구나. 아빠가 과거의 낡아빠진 통제의 습관을 다시 시작하려 들면 너희가 상기시켜줘. 어때, 너희가 도와줄 수 있겠지?"

라이언 씨의 십대 자녀들은 아버지의 이 새로운 반응에 너무 놀라 한동안 말을 잊었다. 라이언 씨는 현명했다. 그래서 재빨리 이렇게 덧붙였다.

"이게 너희에게 새롭다는 걸 아빠도 잘 알고 있어. 너희가 이 문제에 대해 생각해보고 내일 나한테 말해줄래? 아빠를 도와줄 수 있는지 말이야."

라이언 씨는 부모 연구 모임에 참석해 이렇게 유쾌하게 말했다.

"어떻게 아이들이 거절할 수 있겠어요?"

아이들은 아빠의 제안을 거절할 수 없었다. 라이언 씨는 자신이 가족회의에서 겪었던 여러 가지 멋진 경험을 들려주었다.

아이들은 흔히 자신이 가지고 있는 것과 반대의 것을 원하는 것처럼 보인다. 라이언 씨 아이들은 가족회의를 시작한 것이 기뻤다. 뭔가 새로운 것이었으니까. 우리 집 아이들은 십대가 되었을 때, 가족회의에 대해 불평하기 시작했다. 아이들은 가족회의가 지겨웠다. 우리는 아이들의 불평을 의제로 올렸다. 회의가 너무 길어진다는 따위의 불평 말이다. 결국 가족회의가 15분이 넘지 않도록 합의를 보았다.

어느 날, 가족회의에 대해 불평이 가장 많았던 메리가 밤새도록 친구 집에 있다 집에 돌아와서는 이렇게 말했다.

"와우, 그 가족은 문제가 정말 많아요. 가족회의를 해야 할 것 같아요."

메리가 대학에 들어갔을 때, 메리는 룸메이트와 가족회의를 열었다.

비록 10년째 대학에서 아동발달을 가르치고 있기는 하지만, 나는 십대들의 정상적이고 건강한 반항 과정을 까맣게 잊고 있었다. 부모의 가치를 테스트하지 않는다면, 자신이 어떤 사람이 되고 싶은지 어떻게 발견할 수 있단 말인가? 나는 이런 정상적인 테스트의 기간을 잊었다. 그 이유는 긍정 훈육을 받으며 자란 내 아이들이 너무나도 멋지게 해냈기 때문이다. 십대가 되기 전에 아이들은 자기수양, 책임감, 문제 해결 기술을 익혔다. 완벽하지는 못했다(나 또한 마찬가지다). 하지만 자발적으로 협력하려고 했고, 실수로부터 배우려고 했다.

막내아이의 십대 반항기가 시작됐을 때 나는 허둥댔다(나는 말해야겠다. 자신감과 자립심을 배운 아이들은 때때로 자신의 반항을 과시하는 데서 자유롭게 느낀다). 사람들이 나를 어떻게 생각할지 솔직히 걱정스러웠다. 나는 긍정 훈육을 창밖으로 던져버리고 통제와 처벌로 되돌아가려 했다. 사실, 나는 아주 잠깐 그렇게 하려고 했다. 그리고 힘겨루기와 상처라는 진짜 혼란을 만들었다. 다행스럽게도 나는 정신을 차리고, 아이들이 내 자아보다 훨씬 더 중요하다는 사실을 깨달았다. 나는 린 로트Lynn

Lott와 팀을 이뤄 『십대를 위한 긍정 훈육』을 준비했다. 그러면서 다시 내 자리로 되돌아갈 수 있었다. 부드러우면서도 단호하게 문제를 헤쳐 나갈 방법을 찾을 수 있었다. 그리고 내 십대 아이들을 존중할 수 있도록, 그 과정에서 아이들과 나 자신에게 힘을 줄 방법을 찾을 수 있었다.

한부모 가정

한부모 가정의 아이들이 부족하다거나 궁핍하다는 것은 케케묵은 소리다. 얼마나 많은 위대한 이들이 한부모 가정에서 자랐던가? 『한부모를 위한 긍정 훈육 Positive Discipline for Single Parents』이라는 책에서 우리는 사람들에게 '결손가정'이라는 호칭을 버려야 한다고 했다. 모자란 것이 아니다. 단지 다를 뿐이다.

부모의 태도가 매우 중요하다. 만일 온종일 밖에서 일하는 한부모여서 그로 인해 아이들에게 죄책감을 느낀다면, 아이들은 슬픔을 느낄 것이고 거기에 부합하는 행동을 할 것이다. 자신이 처한 환경에서 최선을 다하고 있다는, 그리고 실패가 아니라 성공을 향해 노력하고 있다는 사실을 부모가 받아들인다면, 아이들은 이에 맞는 감정을 느끼고 행동을 할 것이다.

한부모 가정에서도 가족회의 과정은 똑같이 효과적이다. 가족회의는 아이들에게 긍정적인 감정을 전달할 뿐만 아니라, 조종이 아닌 해결 방법을 찾는 과정에 참여하게 하는 훌륭한 방법이다.

도허티 부인과 래티머 부인은 혼자서 한 아이를 키우고 있다. 이들은 함께 살고 있다. 두 사람은 일주일마다 가족회의를 하지 않았다면 견뎌 내지 못했을 것이라고 이야기한다. 일주일에 한 번, 부모와 자녀 그리고 형제자매 사이에서 일어나는 문제뿐 아니라, 룸메이트 사이에서 전형적으로 일어나는 모든 문제를 이야기 나누며 해결할 수 있었다.

가족회의에 활기를 불어넣자

• •

이제 일주일에 한 번씩 가족회의를 하는 것이 많은 가족의 전통이 되었다. 가족회의는 아이들에게 건강과 행복, 자기확신, 중요성, 소속감을 준다. 또한, 가족의 오락, 상호 존중, 문제 해결의 경험 그리고 행복한 추억을 만들어준다.

당신의 가정도 다음과 같은 활동을 하며 즐거운 시간을 보낼 수 있을 것이다. 가족회의가 보다 다채롭고 활기차질 것이다. 바인더를 활용해 가족회의 앨범을 만들자. 깨끗한 플라스틱 커버도 준비하자. 앨범에 가족사진을 붙일 수 있다. 이 앨범에 가족회의 의제를 쓰고, 브레인스토밍으로 나온 제안들과 선택한 해결 방법의 목록을 적어보자.

좌우명

좌우명으로 무엇을 정할까 토론하다 보면, 식구들끼리 보다 친밀해진다. 게다가 멋진 시간을 보낼 수 있다. 매달 다른 좌우명을 고를 수도 있다. 몇 가지 사례를 제시하겠다.

좌우명 샘플

1. 모두를 위한 한 사람이 되고, 한 사람을 위한 모두가 되자.
2. 서로 사랑하고 도와주자.

3. 피할 수 없다면 즐기자. 대충대충 하는 사람치고 훌륭한 사람 없다. 하는 일 한 가지, 한 가지에 가진 것 모두를 쏟아붓자.

4. 한 사람에게라도 도움이 된다면, 해볼 만한 가치가 있다.

5. 실수는 배움의 멋진 기회다.

6. 우리는 훌륭한 발견자들이다.

7. 우리는 문제 해결자다.

8. 비난이 아니라 해결 방법을 찾자.

9. 감사의 마음을 갖자.

10. 매일 하느님의 은혜를 생각하자.

가족회의에서의 좌우명 활동

1. 식구 모두 함께 그달의 좌우명을 선택하자.

2. 첫째 주

   ▶ 식구들 모두에게 아무것도 적혀 있지 않은 종이를 나누어주자. 모두 일주일 동안 좌우명을 생각해 자신의 생각을 적어보라고 하자. 그것이 무슨 의미인지 알려달라고 하자(글을 쓰기에 너무 어린 아이들의 경우에는 받아쓸 수 있도록 하자).

3. 둘째 주

   ▶ 가족회의에서 각자 쓴 것을 모두 돌려보도록 하자. 좌우명이 적힌 용지를 가족회의 바인더에 넣자. 또 한 장의 백지를 건네자. 그리고 시간을 갖도록 하자. 그 주 동안 그것이 그들에게 어떤 의미인지를 나타내는 그림을 그리도록 하자.

4. 셋째 주

   ▶ 가족회의에서 모두 그림을 나누어 보고 이야기할 수 있는 시간

을 갖자. 냉장고 위 또는 모두가 잘 볼 수 있는 곳에 그림을 붙여놓자. 식구들이 가족 좌우명을 어떻게 실행하는지 주목하도록 모두에게 부탁하자.

5. 넷째 주

▶ 가족회의에서 자신이 어떻게 가족 좌우명을 활용했는지 들려주도록 하자. 다음 달에는 어떤 좌우명을 정하면 좋을지 생각해보자.

6. 다음 달의 첫째 주

▶ 또 다른 좌우명을 선택하자. 그리고 앞에서 설명한 과정을 반복하자.

감사 기록장

감사의 태도는 저절로 나오는 게 아니다. 그것도 가르쳐야 한다. 일상적인 훈련과 공유가 가족 구성원 모두가 감사의 태도를 익히는 데 도움을 줄 것이다.

가족회의에서의 감사 활동

1. 매번 가족회의를 끝마칠 즈음, 아무것도 적혀 있지 않은 '감사 기록장'을 건네자. 식구들이 감사 기록장을 쉽게 찾을 수 있는 곳에 놓도록 하자. 거기에 각자 고맙게 여기는 것을 적도록 하자.

2. 가족회의 동안(또는 식사 시간 동안) 감사한 것을 서로 나누는 시간을 갖자.

3. 가족회의에서 감사 기록장을 모아 가족회의 바인더에 보관하자.

칭찬 기록장

서로의 장점을 바라보는 법을 배울 때, 그리고 긍정적인 말을 표현할 수 있을 때 가족 안에 긍정적인 분위기를 만들어낼 수 있다. 완벽함을 기대하지는 말자. 형제나 남매지간에는 괜한 말다툼이 잦다. 하지만 아이들이(그리고 부모가) 서로 칭찬을 주고받는 법을 배우면 부정적인 긴장 관계는 현저히 줄어든다. 물론 가족이 정기적으로 가족회의를 열어 문제의 해결 방법을 찾는다면 더욱 돈독한 긍정적 분위기를 만들 수 있다.

가족회의에서의 칭찬 활동

1. 백지의 칭찬 기록장을 냉장고 위(또는 기타 장소)에 붙이자. 매일 모두가 칭찬을 쓸 수 있게 하자(어린아이들의 경우는 자신이 칭찬하고 싶은 내용을 식구들에게 받아 적게 할 수 있다).

2. 누군가 칭찬받아 마땅한 행동을 할 때 그것을 적자. 또는 누군가 좋은 일을 한 것을 아이와 함께 봤다면 아이에게 이렇게 말하자. "우리 칭찬 기록장에 써볼까?" 습관을 들이고 나면 아이들은 굳이 시키지 않아도

실수를 통해 내가 배운 것

내가 저지른 실수	내가 배운 것	앞으로는 어떻게 할 것인가

알아서 해낼 것이다.

3. 매번 가족회의를 시작할 때 가족 구성원들은 자신의 칭찬을 읽을 수 있다.

4. 글로 표현하지 않은 칭찬 내용을 말로 표현하도록 하자.

5. 식구 모두가 적어도 하나 이상의 칭찬을 받도록 하자.

6. 칭찬 기록장을 가족회의 바인더에 끼워 넣자. 그리고 또 다른 종이를 냉장고 위에 붙여놓고, 다시 시작하자.

가족 오락 기록장

대부분의 가정이 충분한 여가를 함께하지 못한다. 흔히, 좋은 의도가 있어도 우리는 따로 달력에 적고 일정 짜는 시간을 제대로 할애하지 못한다.

계획의 첫 단계는 식구들에게 다음과 같은 제목이 적힌 용지를 나누어주는 것이다.

온 가족이 즐길 수 있는 오락거리		
	가족 모두	남편과 아내	혼자
공짜			
비용			

교사와 부모를 위한 긍정 훈육

가족회의에서의 가족 오락 기록장 활동

1. 가족회의에서 식구들과 함께 '가족 오락' 기록장을 활용해 브레인스토 밍 시간을 갖자. 온 가족이 함께할 수 있는 것이 무엇인지, 비용은 얼 마인지 아이디어를 짜내보자.
2. 식구들에게 종이를 나누어주고, 일주일 동안 생각나는 대로 적도록 하 자. 가족 모두와 함께하는 오락거리뿐만 아니라 혼자 할 수 있는 오락 거리도 쓰도록 하자. 부부끼리 할 수 있는 것도 따로 생각해두자.
3. 집 안에 잡지가 있다면, 식구들에게 자기가 원하는 사진을 오려 기록 장에 붙이게 하자.
4. 가족회의 때, 이렇게 작성된 목록 중 하나를 선택하자. 선택한 것을 달 력에 표시해놓자. 가족의 오락을 위해 언제 시간을 비울 수 있는지 확 인하자. 언제, 얼마나 많은 비용을 쓸지 결정하자.
5. 결정된 연중 계획표대로 실천하자.

가족회의에서의 '실수를 통해 내가 배운 것' 활동

아이들에게 실수는 배움의 멋진 기회라는 점을 가르쳐주자. 정기적 으로 식구들에게 '실수를 통해 내가 배운 것' 기록장을 나누어주고, 여

실수를 통해 내가 배운 것

내가 저지른 실수	내가 배운 것	앞으로는 어떻게 할 것인가

기에 자신이 저지른 실수와 실수로부터 배운 것을 기록하게 하자. 그리고 다음번 가족회의에서 그것을 읽도록 하자(글을 아직 모르는 아이들의 경우, 어른이 받아 적어도 좋다. 네 살 이하의 아이는 이 활동을 하기에는 너무 어리다). 기록장은 다음과 같이 쓰도록 하자.

이 기록장을 가족회의 앨범에 보관하자. 아이들이 자란 후 이것을 읽으면 얼마나 즐겁겠는가?

가족의 식사 계획

가족 식사는 협조와 헌신을 가르칠 수 있는 훌륭한 기회다. 어린아이들도 수프와 토스트 치즈샌드위치, 채소, 상추 샐러드, 젤로(Jell-O, 과일의 맛과 빛깔과 향을 낸 디저트용 젤리로, 상표명이다) 등과 같은 단순한 음식을 만들 수 있다.

가족회의에서의 식사 계획 활동

1. 레시피가 들어 있는 잡지를 가족회의에 꺼내놓자. 아이들(그리고 부모)이 만들고 싶은 새로운 레시피를 고르게 하자(가족 요리책을 만드는 것도 재미있다. 레시피와 사진을 오려 바인더로 묶자. 처음에 식구들은 맛으로 레시피 등급을 매기려 할 것이다. 점수가 높은 레시피를 보관하자).
2. 레시피를 위해 3×5 카드를 활용하자. 레시피 뒤에 필요한 재료를 써넣자(이 카드들을 상자에 보관해서 자주 활용하도록 하자).
3. 가족회의를 하는 동안 '가족 식사 계획' 기록장을 활용해 식구들이 모두 다음과 같은 제목으로 일주일 치 식단을 짜도록 하자.
   '요리 담당' 항목 아래에는 요리할 사람의 이름을 적자. 그 사람이 주요

	요리 담당	주요리	채소	샐러드	디저트
월요일					
화요일					
수요일					
목요일					
금요일					
토요일					
일요일					

리, 채소, 샐러드, 디저트를 고른다(각자 집안에 맞게 이러한 틀을 바꿀 수 있다).

4. 쇼핑하는 날, 가족 모두 식료품점으로 가자. 아이들이 바구니를 들고 레시피 카드 뒤에 적힌 재료들을 찾을 수 있다. 아직 어린 아이들은 언니 오빠를 돕는 역할을 하게 하자.

가족회의는 아이들에게 훌륭한 인격 형성을 위한 사회적 기술과 삶의 기술을 가르쳐주는 기회가 된다. 아이들은 가족회의에서 다음과 같은 것을 배울 수 있다.

- 듣기 기술
- 브레인스토밍 기술
- 문제 해결 기술
- 상호 존중
- 문제 해결 전 냉각기의 필요성
- 다른 사람들에 대한 배려
- 협력
- 환경에 대한 책임성
- 사람들을 배려하는 해결 방법을 고르는 방법
- 소속감과 중요성
- 사회적 책무

- 실수는 배움의 멋진 기회라는 점

가족회의는 부모에게 다음과 같은 기회를 준다.
- 힘겨루기를 피한다.
- 아이들이 자기규율을 배울 수 있도록 해준다.
- 아이들의 말에 귀 기울인다.
- 정중하게 책임감을 나눈다.
- 가족 전통을 통해 좋은 추억을 만든다.
- 아이들이 배웠으면 하고 바라는 모든 기술의 모델이 된다.

부모가 가족회의의 가치를 진정으로 이해한다면, 이것은 가장 소중한 육아의 도구가 될 것이다. 가족회의를 위해 일주일에 15~30분 정도의 시간을 갖기 위해 모든 노력을 기울일 것이다.

긍정 훈육의 도구들

01. 가족회의를 열자.

02. 해결 방법에 초점을 맞추자.

03. 어질러진 물건들을 처리하기 위해 '임시보관함'을 활용하자.

04. 해결 방법과 가족 규칙을 정할 때 아이들을 참여시킨다.

05. 규칙을 지킨다. 아이들의 일을 대신해주지 않는다.

06. 문제를 해결할 때, 자녀에게 믿음을 보이자.

07. 가족의 해결 방법을 위해 합의를 끌어내자.

08. 달력에 가족 오락 시간을 표시하자.

09. 아이들과 함께 사전에 전형적인 문제에 대한 해결 방법을 찾자.

10. 해결 방법이 제대로 효과를 발휘하지 못할 때, 그 문제를 다시 의제로
    올리자.

11. 아이들에게 동기를 북돋아 주는 다양한 집안일을 활용하자.

12. 반항기의 십대들에게 신뢰를 보내자.

13. 활기찬 가족회의를 위한 도구를 활용하자.

14. 식구들의 실수를 이야기하고, 식구들이 그것을 통해 배운 것이 무엇인지 확인하자.

15. 요리와 청소 담당을 정하고 계획대로 실천하자.

질문

01. 성공적인 가족회의를 위해 필요한 근본적인 개념과 어른의 태도는 무엇인가?

02. 가족회의에 참여해 아이들이 배울 수 있는 기술은 무엇인가?

03. 가족회의와 학급회의의 차이점 여섯 가지는 무엇인가? 왜 이렇게 달라야 하는가?

04. 모두가 식구들을 칭찬하는 것은 어떤 가치가 있는가?

05. 고맙게 여기는 것을 이야기하게 하는 것이 아이들에게 어떤 가치가 있는가?

06. '임시보관함' 계획이 성공하기 위해 필요한 네 가지 개념은 무엇인가?

07. 어떻게 하면 큰 소동 없이 가족 휴가를 보낼 수 있을까?

08. 아이들에게 집안일을 통해 책임감과 협력을 가르치는 최고의 방법은 무엇인가?

09. 한부모 가정이 가족회의를 하는 것이 중요한 이유가 무엇인가?

10. '가족 오락' 활동을 계획할 때, 당신이 깨달을 수 있는 이득은 무엇인가? 토론해보자.

교사와 부모를 위한 긍정 훈육

11. 가족회의 활동에 활기를 불어넣어 주는 것에는 무엇이 있는가? 당신
    은 무엇이 가장 흥미롭다고 생각하는가? 각각의 활동에서 당신 가족
    은 어떤 혜택을 받는가?
12. 지금까지 언급한 목록들을 이루는 데 가족회의는 어떤 도움을 주는
    가?

10장

어른의 성격이 아이에게
어떤 영향을 미칠까?

4장에서 당신은 아이들의 그릇된 목표를 배웠다. 어른도 그릇된 목표가 있는데, 그것을 '삶의 우선순위lifestyle priorities'라 부른다. 아이들이 자신의 그릇된 목표를 자각하지 못하는 것과 마찬가지로, 어른도 자신의 삶의 우선순위를 자각하지 못할지도 모른다. 이처럼 숨겨진 우선순위가 성인의 그릇된 행동을 이끌고, 이것은 아이들에게 영향을 미친다. 성인의 삶의 우선순위를 자세히 살펴보기 전에 그것이 현실의 삶에서 어떤 모습인지, 그리고 어떻게 아이들에게 영향을 미치는지 몇 가지 예를 들겠다.

제스퍼 집의 취침 시간. 제스퍼 부인은 아이들이 잠잘 시간만 되면 무척 힘들다. 부인은 '안락한 삶'에 우선순위를 두고 있다. 부인은 아이들이 방바닥에 잠들 때까지 기다리곤 한다. 아이들이 잠들면 침대로 옮긴다. 잔소리를 하며 스스로 감정적인 고통과 스트레스를 받고 싶지 않기 때문이다. 부인은 아이들의 잠투정을 피하는 게 안락한 삶을 살아가는 한 가지 방법이라고 여긴다.

하지만 남편 제스퍼 씨는 생각이 다르다. 제스퍼 씨는 '통제'에 삶의 우선순위를 두고 있다. 아이들이 스케줄대로 움직이는 게 중요하다. 아이들은 파자마를 입고, 이를 닦고, 저녁 7시 30분에 잠자리에 들어야 한다. 그는 스스로를, 상황을 또는 다른 사람들을 통제해야 수치와 비난을 피할 수 있다고 믿는다.

따라서 제스퍼 부부는 같은 상황에서도 각기 달리 행동한다. 이것이 서로에게 힘들다. 부부의 각기 다른 스타일은 아이들을 혼란스럽게 만들고, 때로 아이들은 부모를 시험해보기 위해 그릇된 행동을 하기도 한다. 안락한 삶에 우선순위를 두는 부모는 고통과 스트레스를 피하려 한다. 부모가 고통과 스트레스를 회피하는 사이, 자녀는 행동의 제약과 조직적인 행동을 배울 기회를 얻지 못한다. 그래서 아이들은 언제나 자기 마음대로 할 수 있다고 믿거나 사회적 책임을 지지 않으려 한다. 통제에 삶의 우선순위를 두는 부모는 지나치게 엄격해서 행동에 대한 제약을 정하는 과정에 아이들을 참여시키지 않는다. 이럴 때 어떤 아이들은 좌절감을 느끼고 반항을 일삼거나, 자포자기하여 사랑을 받기 위해서는 언제나 다른 사람들의 비위를 맞춰줘야겠다고 다짐한다.

삶의 우선순위란 무엇인가? 이것은 어디서 생겨날까? 육아 스타일과 어떤 관련이 있을까? 아이에게 어떤 영향을 미치는가? 우선, 산체스 집안을 살짝 엿보면서 또 다른 삶의 우선순위를 알아보자.

산체스 집안의 취침 시간. 산체스 부인은 정해진 시간에 잠자리에 드는 것이 아이들에게 좋다고 믿고 있다. 그리고 '바르게' 행동하라고 타일러서 아이들이 깨닫게 하려고 노력한다. 그러나 아이들이 자신의 훈계를 진지하게 받아들이지 않아 계속 좌절을 맛보았다. 아이들은 부인이 이야기를 하면 듣는 둥 마는 둥 한다. 이 얼마나 창피한 일인가! 산체스 부인은 '우월성'에 삶의 우선순위를 두고 있다. 부인은 의미 없는 것들이 자기 인생에서 없었으면 한다. 그리고 부인은 '올바른 것'을 행동으로 옮기는 것이 삶을 의미 있게 만드는 한 가지 방법이라고 믿고 있다.

그런데 산체스 씨는 생각이 다르다. 그는 자녀가 행복하기를, 취침 시간이 편안하기를 바랄 뿐이다. 그는 남의 눈치를 보는 데 삶의 우선순위를 두고 있다. 그는 '사랑스러운' 자녀가 침대에 들도록 갖은 애를 다 쓴다. 아이들과 게임을 하고, 파자마를 입히고, 이를 닦아준다. 아이들에게 책을 읽어주고, 물을 한 잔, 또 한 잔 가져다주고, 끊임없이 '마지막' 포옹을 한다. 그것이 아이들에 대한 사랑이라고 여긴다. 그는 아이들이 해달라는 건 다 해준다.

이렇게 산체스 부부는 서로 달랐다. 당연히 아이들은 부모를 수없이 시험했다. 우월성에 삶의 우선순위를 두는 부모는 자녀의 진짜 요구를 제대로 깨닫지 못한다. 어떻게 아이들이 부모의 높은 기대에 부응할 수 있단 말인가? 이 아이들은 금세 절망에 빠져 포기할 수도 있다. 남의 눈치를 보는 데 삶의 우선순위를 두는 부모는 거절을 하지 못한다. 하지만 남의 비위를 맞추어주기 위한 그들의 노력은 자녀에게 그 기회를 이용하라고 유혹할지도 모른다. 그래서 이렇게 결심할지도 모른다.

'다른 사람들이 나를 돌봐줄 때, 그리고 내가 원하는 것이라면 뭐든지 줄 때 나는 비로소 소속감을 느낄 수 있는 거야.'

극단적인 예이긴 하지만, 이것은 삶의 우선순위라는 개념을 잘 보여준다.

앞 장에서 우리는 많은 부분 아이들이 왜 그러한 행동을 하는지 살펴보았다. 이번 장에서 우리는 삶의 우선순위라 불리는 이론을 바탕으로 어떻게 아이들이 어른의 결정과 행동에 영향을 받는지에 초점을 맞추어 살펴볼 것이다. 이 이론은 이스라엘 아들러학파 심리학자인 니라 케퍼가 개발한 것이다. 교사와 부모는 자신들의 삶의 선택이 어떻게 자신의 육아 스타일과 교육 스타일에 영향을 미치는지, 그리고 이것이 어떻게 아이들 삶의 선택에 영향을 미치는지 알아야 한다.

각각의 스타일에는 아이들과의 상호작용에 미치는 장점과 단점이 있다. 이론에 대한 올바른 이해를 바탕으로 장점을 키우고 단점을 줄이는 법을 배울 수 있다. 우선 개념의 올바른 이해가 필요하다.

삶의 우선순위란 무엇인가?

우리는 어릴 적 우리도 모르게 수많은 결정을 해왔다. 이것이 결합해 우리 삶의 우선순위를 형성한다. 바로 지금 아이들은 각자 결정을 쌓아가고 있다. 삶의 우선순위는 당신이 누구인지를 묘사하지 않는다. 그것은 당신이 삶을 통해 내린 결정들을 상징한다. 이것이 소속감과 중요성을 찾는 방법에 영향을 미친다.

어른들은 근본적인 삶의 우선순위와 부차적인 삶의 우선순위를 모두 형성한다. 이 장에서 다루는 내용을 통해 당신의 근본적인 우선순위(이 세상에서의 당신의 소속감과 중요성이 불안정하거나 위협받고 있다고 느낄 때 당신이 행동으로 옮기는 것)와 부차적인 우선순위(당신이 안전하다고 느낄 때의 일상적인 행동)를 확인할 수 있다.

대부분의 사람은 각각의 우선순위에서의 장점을 원하고, 단점을 거부한다. 예를 들어, 대부분의 사람은 자신의 삶을 통제하기를 좋아한다. 그리고 비난과 수치를 싫어한다. 그런데 비난과 수치는 통제적인 삶의

교사와 부모를 위한 긍정 훈육

우선순위를 지닌 사람이라면 견디기가 더욱 어렵다. 이것은 '정도'의 문제다. 통제에 삶의 우선순위를 두는 사람은 창피를 당하지 않고 사는 최선의 방법은 통제를 유지하는 것이라고 믿는다. 기억하자. 이것은 개인적인 믿음이다. 현실이 아니다. 통제에 삶의 우선순위를 두는 사람에게 수치스럽게 보일 수도 있는 상황을 어떤 이들은 그냥 웃어넘겨 버리기도 한다. 이것은 인식의 문제다. 그런데 다른 사람들을 통제하는 것은 흔히 통제에 삶의 우선순위를 두고 있는 사람의 초점이 아니다. 이런 사람들은 자신에 대해, 그리고 안전하다고 느끼는 상황을 통제하고 싶어 한다. 하지만 아이들은 이것을 자신에 대한 통제로 해석할 가능성이 무척 높다. 그래서 반항을 일으키기도 한다. 긍정 훈육 워크숍에서 어떤 부모가 이렇게 말했다.

"이제야 아이들이 저한테 무엇을 말하려고 했는지, 왜 아이들이 그처럼 '반항적이었는지' 알게 되었어요."

많은 사람이 우월성을 원한다. 그리고 무의미하고 중요하지 않은 것을 불편하게 생각한다. 그런데 우월성에 삶의 우선순위를 두는 사람의 경우에는 무의미하고 중요하지 않은 것은 어떻게든 피하려고 한다. 또 하나 중요한 점. 우월성을 최고로 치는 사람은 다른 사람들에게 우월하려는 경우는 거의 없다. 그들은 단지 자신이 우월하지 않으면 충분하지 않다는 그릇된 믿음을 지니고 있을 뿐이다. 이것은 때때로 아이들에게 무능력하다고 느끼게 만든다. 워크숍에서 누군가가 이렇게 말했다.

"이런 세상에! 왜 내 아들이 그렇게나 자신이 무능력하다고 느꼈는지 저는 도무지 이해할 수 없었어요. 저는 아이에게 끊임없이 이야기했어요. 노력만 하면 더 잘할 수 있다고요. 그런데 이것이 아이를 더욱더 무능하다고 느끼게 만든 거예요. 어떻게 해서든 이런 식에서 빠져나오

+ 네 가지 삶의 우선순위: 안락함, 통제, 타인의 시선, 우월성 +

우선순위	가장 두려워하는 것	가장 두려워하는 것을 피할 수 있는 방법이라고 믿는 것
안락함	• 감정적, 심리적 고통과 스트레스 • 다른 사람들의 기대 • 다른 사람들로 인해 난처해지는 상황	• 안락함을 찾는다. • 특별대우를 요구한다. • 다른 사람들을 편안하게 해준다. • 가장 손쉬운 방법을 선택한다.
통제	• 수치, 비난 • 예상하지 못한 것들	• 자기 자신, 타인 또는 상황을 통제한다.
타인의 시선	• 거절 • 버림받음 • 싸움과 혼란	• 다른 사람들을 즐겁게 해준다. • 적극적으로는 인정을 받고 싶어 한다. • 소극적으로는 연민을 불러일으킨다.
우월성	• 의미 없는 것 • 중요하지 않은 것	• 일을 많이 한다. 다른 사람보다 더 잘한다. • 올곧게 행동한다. • 보다 더 유용하도록 한다. • 보다 더 경쟁적이 된다.

장점	단점	주변 사람들로부터 불러일으키는 반응	그러면 ~에 대한 불평을 야기한다
• 느긋하다. • 요구를 거의 하지 않는다. • 참견하지 않는다. • 평화주의자 • 온화하다. • 감정이입 • 예측 가능	• 재능을 계발하지 않는다. • 생산성을 제한한다. • 개인적인 성장을 회피한다.	• 성가심 • 짜증 • 따분함 • 조바심	• 생산성의 감소 • 조바심 • 개인적 성장의 부족
• 리더십 • 조직적 • 생산적 • 끈기 • 적극적 • 규칙을 준수한다.	• 완고하다. • 창조성, 자발성 또는 사회적 친밀감을 배우지 못한다.	• 반항 • 저항 • 도전 • 좌절	• 친구와 친밀감의 부족 • 불안감
• 우호적 • 사려 깊다. • 타협 • 공격적이지 않다. • 자원봉사	• 상대가 좋아하는 것이 무엇인지 확인하지 않는다. • 자신을 돌보지 않는다.	• 처음에는 기쁘지만 나중에는 인정과 대가를 요구한다.	• 자신과 타인에 대한 존경의 부족 • 분노
• 박식하다. • 이상주의자 • 끈기 • 사회적 관심 • 실천적	• 일 중독 • 과도한 짐 • 과도한 책임 • 과도한 관여	• 무능력감과 죄책감 • '난 도저히 따라갈 수 없어.' • 판단을 피하기 위해 거짓말한다.	• 억눌림 • 시간의 부족 • '내가 모든 걸 해야 돼.'

고 싶어요. 그리고 실망 대신 용기를 심어주고 싶어요."

누구나 삶에서 위안을 얻고, 감정적이고 심리적인 고통과 스트레스를 피하고자 한다. 그런데 안락함에 삶의 우선순위를 두는 사람의 경우에는 고통과 스트레스를 피하는 것이 최우선적인 관심이 될 수 있다. 다른 것에 우선순위를 두는 사람들은 고통과 스트레스 때문에 움츠러들지는 않는다. 이런 스타일의 사람들은 아이들을 제멋대로 굴게 하거나 지나치게 응석받이로 만든다. 어떤 엄마가 말했듯이, "맙소사! 이제 제가 왜 늘 스트레스를 받았는지 알 수 있을 것 같아요. 저는 아이들에게 자신을 어떻게 돌보는지, 어떻게 행동해야 하는지 가르치지 않았어요. 분명 제가 모든 것을 엉망진창으로 만들었던 거예요."

거부와 버려진 느낌을 즐기는 사람은 없다. 그런데 남의 눈치를 보는 데 삶의 우선순위를 두는 사람의 경우는 불안감을 느낄 때마다 거부를 피하는 것이 최우선적인 관심사다. 그러다 보면 다른 사람들이 그 사람을 이용하게 만들 수도 있다. 또는 불안정한 상태에서 괴로운 느낌을 불러일으킬 수 있다. 어떤 아빠는 이렇게 말했다.

"우리 아이들이 나한테 고맙게 여기지 않았던 게 하나도 이상하지 않군요. 저는 굳이 아이들의 의견을 물어보지 않았어요. 그저 아이들이 고마워할 줄도 모르고 배려할 줄도 모른다고만 생각했어요. 그런데 저야말로 아이들을 배려하지 않았던 거예요. 아이들이 무엇을 원하는지 생각해보지 않았으니까요."

각각의 우선순위로부터 동기 부여받은 행동이 때때로 개인이 의도했던 것과는 정반대의 것을 만들어낸다. 예를 들어, 무조건 아이들에게 헌신하려 애쓰는 어른은 매번 패배를 경험한다. 아이들의 비위를 맞추려 한 행동이 과연 아이들이 원하는 것인지 확인하지 않기 때문이다.

교사와 부모를 위한 긍정 훈육

안락함을 원하는 어른은 그 순간에 불편한 것처럼 보이는 단계를 피하려 한다. 그러다가 보다 큰 스트레스를 받기도 한다. 모든 걸 다 통제해야 한다고 생각하는 어른은 아이들이 반항할 때, 때로 비난과 수치심을 불러일으킨다.

이 모든 삶의 우선순위는 근본적으로 소속감과 중요성을 찾기 위한 것이다. 하지만 소속감과 중요성을 얻기 위한 '그릇된' 의도에서 그릇된 목표를 선택한 아이들처럼, 어른도 '그릇된' 방법을 선택한다. 그리고 원하던 것과 정반대의 것을 얻는다. 우리는 '그릇되게 행동한다.' 그리고 소속감과 중요성 대신 인간관계에서 거리감을 만들어낸다. 이것을 인식하고 유머러스하게 대처하면, 그릇된 것들을 뛰어넘을 수 있다. 그러면 우리는 아이들에게, 그리고 우리의 삶에서 보다 더 효과적일 수 있다.

근본적인 동기를 알자

삶의 우선순위는 아이들이 자신의 세상을 인식하고, 그것에 대해 결정을 내리고, '그러니까 난 …… 그런 사람이야'라는 믿음을 포함한 근본적인 결론에 다다를 때 길러진다. 다음의 사례들은 아이들이 똑같은 환경에서 만들어낼 수 있는 각기 다른 결정들을 예시한다.

- '다른 아이들은 키가 크고 나는 키가 작아. 그러니까 나는 다른 사람들이 나를 돌봐주도록 해야 해.' (안락한 삶)
- '다른 아이들은 키가 크고 나는 키가 작아. 그러니까 나는 나 자신

과 상황을 끊임없이 통제해야만 해. 그래야 수치심을 느끼지 않을 수 있어.' (통제적인 삶)

- '다른 아이들은 키가 크고 나는 키가 작아. 그러니까 나는 다른 사람들에게 잘 보여야 해. 그래야 내가 사랑받을 수 있는 거야.' (남의 눈치를 보는 삶)

- '다른 아이들은 키가 크고 나는 키가 작아. 그러니까 따라잡기 위해 열심히 노력해야 해. 더 잘해야만 해.' (우월성을 추구하는 삶)

이런 결정이 미래에 결과를 낳는다. 당신 행동의 청사진이 세 살 때 이미 만들어졌다고 생각하면, 뜨끔하지 않은가?

삶을 위한 당신의 청사진

• •

당신이 꿈꾸는 집의 청사진을 만드는 데 세 살짜리를 고용할 것인가? 너무 우스꽝스럽게 들려 나를 비웃을지도 모르겠다. 하지만 당신의 삶은 당신이 아주 어렸을 때 만들어진 청사진에 따른 것이다. 사실, 당신이 태어난 순간부터 청사진은 이미 만들어지기 시작했을 것이다. 하지만 대부분의 사람처럼 당신은 갓난아이 또는 유아기였을 때 당신이 내린 결정을 기억하지 못한다. 하지만 이런 초기의 결정들이 세 살, 네 살, 다섯 살 때 당신에 의해 입증되었다. 그리고 나서 여섯 살부터 열 살 때까지, 무의식적으로 살을 붙여가며 당신 삶의 청사진을 계속 만들어나갔다. 그리고 호르몬이 과다하게 분출되는 십대에 단지 재미로 몇 가지 결정, 사고, 감정, 태도를 곁들여 청사진을 완성했다. 당신 삶의 청사진에 결함이 있다는 게 놀랍지 않은가? 삶의 청사진을 만드는 일에 아무런 훈련도 받지 않은, 객관적으로 삶을 해석할 수 있는 충분한 경험도 없는 어린아이 또는 십대에게 무엇을 기대할 수 있단 말인가?

삶의 청사진(당신의 삶의 우선순위)을 이해하면, 그것을 스스로 수정할 기회가 생긴다. 또한, 아이들이 어떤 청사진을 활용하기 시작하는지 확인해볼 수도 있다. 아울러 아이들이 불안감을 느낄 때 어떤 반응을 보이는지 더 잘 이해할 수 있게 된다. 만약 자기 삶의 우선순위가 무엇인지 모르겠다면, 다음의 예를 보고 확인하자.

- '나는 나와 내 주변 사람들이 편안할 때 기분이 좋다. 긴장, 고통, 스트레스를 받으면 나는 최악이야.' (안락한 삶)
- '모든 일이 질서 있게 잘 짜여 있고, 나 자신과 상황을 통제할 때 기분이 좋다. 당혹스럽고, 창피하고, 또는 내가 알았어야 하거나 했어야 할 무언가로 비난받는 나는 최악이다.' (통제적인 삶)
- '내가 다른 사람들에게 기쁨을 줄 수 있을 때, 그리고 삶이 즐겁고 힘들지 않도록 갈등을 피할 때 기분이 좋아. 내가 거절당하고, 홀로 남겨지고, 제대로 인정받지 못할 때 나는 최악이다.' (남의 눈치를 보는 삶)
- '내가 목표를 이루고 뭔가 의미 있는 공헌을 할 때 기분이 좋아. 내가 쓸모없고, 의미 없고, 어리석다고 느낄 때 나는 최악이다.' (우월성을 추구하는 삶)

스트레스를 받을 때(또는 불안감을 느낄 때) 당신에게 가장 와닿는 내용이 당신의 근본적인 우선순위다. 여기서 '스트레스를 받을 때'라는 전제 조건이 중요하다. 스트레스를 받지 않을 때 우리는 수치, 거절, 무의미함 또는 고통을 별로 걱정하지 않는다. 삶의 평온한 시기에 우리는 어린 시절의 결정, 행동 유형, 믿음에 문제를 별로 느끼지 못한다. 우리가 스트레스를 받거나 불안감을 느낄 때에만 우리의 근본적인 삶의 행동이 부정적인 측면으로 내몰리게 된다. 여기에서 비롯된 행동 때문에 아이들과의 힘겨루기에 빠져든다.

나는 '인식된' 스트레스라고 말한다. 중요한 것은 스트레스를 어떻게 느끼는가 하는 점이다. 나에게만 스트레스지 다른 사람에게는 전혀 스트레스가 되지 않는 경우도 많다. 아들러는 이렇게 말했다.

"당신 생각은 아무런 의미가 없다. 스스로 당신 생각에 의미를 부여하기 전까지는." (『평온함: 삶과 인간관계에서 스트레스를 제거하고 기쁨과 평화를 얻는 방법 Serenity: Eliminating Stress and Finding Joy and Peace in Life and Relationships』에서 좀 더 많은 정보를 찾을 수 있다.)

부차적인 우선순위를 발견하자

• •

당신은 이렇게 말할지도 모른다.

"글쎄, 나는 어떻게든 수치심과 당혹스러움을 피할 거야. 하지만 내가 다른 사람 혹은 상황을 통제하려고 하지는 않는다고."

만약 그렇다면, 당신은 부차적인 우선순위와 동일시하고 있을 뿐이다. 당신의 일상적인 작동 방식 또는 '스타일'은 남의 눈치를 보는 것이다. 이것은 당신의 부차적인 우선순위다. 이것은 당신이 안전하다고 느낄 때 일상적으로 행동하는 것이기 때문이다. 하지만 당신이 불안함을

교사와 부모를 위한 긍정 훈육

우선순위	긍정적 영향	부정적 영향	보완할 점
안락함	• 아이들에게 느긋하고 친절하며, 예측 가능하고 작은 기쁨에도 즐거워하는 모범이 된다.	• 자유방임 • 아이들이 지나치게 버릇없이 굴며 무리하게 요구하기도 한다. • '상황의 필요'보다는 그저 안락함에 더 많은 관심을 갖는다.	• 일과표를 만들자. • 목표를 설정하자. • 함께 문제를 해결하자. • 삶의 기술을 가르치자. • 아이들 선택에 자연적인 결과를 경험하게 해주자. • 가족회의를 활용하자.
통제	• 아이들에게 조직의 기술, 리더십 기술, 끈기, 확신, 법과 질서에 대한 존중, 시간 관리 기술을 가르칠 수 있다.	• 완고하다. • 지나치게 통제하려 든다. • 반항과 저항 또는 억지스러운 기쁨을 불러일으킬 수 있다.	• 가만히 내버려 두자. • 선택을 허락하자. • 애정 어린 질문을 하자. • 결정에 아이들을 참여시키자. • 가족회의를 활용하자.
타인의 시선	• 아이들이 다정하고, 사려 깊고, 공격적이지 않고, 평화주의자, 협상가, 자원봉사자, 사회적 약자의 수호자가 되는 법을 배우는 데 도움을 줄 수 있다.	• 짓밟히고도 가만히 있는 사람이 될 수 있다. • 가슴에 꽁하고 새겨둔다 ('이제 당신이 나한테 빚졌어'). • 분노, 의기소침 또는 복수를 불러일으킬 수 있다.	• 아이들이 자신의 문제를 해결할 수 있다고 믿자. • 함께 문제를 해결하자. • 감정에 솔직해지자. 주고받는 법을 배우자. • 가족회의를 활용하자.
우월성	• 성공과 성취의 모범이 된다. 아이들에게 타고난 자질을 판단하도록 가르치고, 남보다 뛰어나려는 동기를 부여해준다.	• 훈계, 설교 그리고 너무 많은 기대 • 아이에게 무능하다는 패배자의 감정을 불러일으킨다. • 모든 것을 가능성보다는 옳고 그름의 이분법으로 바라본다.	• 자연스레 흘러가게 하자. • 아이들 세계로 들어가 필요와 목표를 지지해주자. • 무조건적인 사랑을 보여주자. • 과정을 즐기자. • 유머 감각을 발휘하자. • 가족회의를 열자. 모든 가치는 소중하다고 가르치자.

느끼거나 압박을 느끼면, 당신의 '천성적인' 믿음으로 돌아간다. 그러면 당신은 남의 눈치를 보는 것을 포기할지도 모른다. 그리고 당신의 통제 방식을 활용해 자각된 수치심을 피하려고 할 것이다.

우리는 하나의 우선순위를 선택한다. 우리의 작동 방식으로서(또는 부차적인 우선순위로서) 이것은 우리가 안전하다고 느낄 때, 일상적인 기반에서 활용하는 것이다. 우리가 압력, 불안함 또는 위협을 느낄 때, 우리는 근본적인 우선순위로 되돌아가는 경향이 있다. 다시 말해, 서로 다른 조건과 상황에서 우리는 각기 다른 우선순위로부터 행동을 선택한다. 하지만 이것은 언제나 '천성적인' 우선순위를 지키려는 목적이 있다. 예를 들어, 통제에 삶의 우선순위를 지닌 사람은 다른 사람들을 통제하려고 그 사람들의 비위를 맞추어주기도 한다. 또는 통제를 얻기 위해 남보다 뛰어나려고 애쓸 수도 있다. 또는 통제의 느낌을 얻으려 사람 혹은 상황을 편안하게 만드는 것인지도 모른다.

삶의 우선순위와 육아 및 교육 스타일

• •

각각의 우선순위가 지닌 수많은 장점과 단점이 부모의 행동에 영향을 미친다. 삶의 우선순위를 이해하는 목적은 고정관념이 아닌, 올바른 인식을 위한 것이다. 이것이 보다 구체적인 선택을 도와준다. 삶의 우선순위의 단점을 이해할 때, 그것을 극복할 전략을 익힐 수 있다. 억울한 희생자처럼 굴지 않고, 당신의 선택과 행동으로 빚어낸 결과에 대해 당신은 보다 더 큰 책임을 질 수 있다.

긍정적인 측면에서 안락함에 삶의 우선순위를 두는 성인은 아이들에게 느긋하고, 능수능란하고, 긍정적인 행동의 모델이 될 수 있다. 자녀 또는 학생들은 삶에서 소박한 기쁨을 즐기는 법을 배울 것이다. 그리고 '한가롭고 여유로운' 시간을 보낼 것이다. 긍정 훈육 기술은 아이들에게 지나치게 허용적인 경향의 성인을 이해하도록 도울 수 있다. 그 순간에는 이것이 더 쉬워 보이기 때문이다. 안락함을 추구하는 어른은 흔히 자유방임, 허용적인 스타일을 선택한다. 이것은 가정에서 '버릇없는 선머슴' 또는 교실에서의 혼란을 만들어낼 수도 있다. 안락함에 우선순위를 두는 사람들은 제한을 정하고, 일정표를 만들고, 목표를 정하고, 가족회의 또는 학급회의에서 함께 문제를 해결하는 데 아이들을 참여시킬 때 보다 효과적일 수 있다.

카터 부인의 우선순위는 안락함이다. 부인은 자녀에게 너무 많은 결정권을 주는 경향이 있다. 그리고 아이들의 요구를 지나칠 정도로 빨리 들어준다. 그것이 '더 편하게' 보이기 때문이다. 하지만 이상하게도, 쉬운 길을 갔음에도 그것이 언제나 삶을 더 편안하게 만들어주지는 못했다. 부인은 상당한 스트레스와 불편함을 느끼기 시작했다(자녀도 마찬가지였다). 왜냐하면 그들이 따랐던 방식이란 고작 감정적인 가혹 행위(엄마가 포기할 때까지 칭얼거리거나 성질을 부리는 것)를 통해서였기 때문이다. 아이들을 편안하게 해주는 대신 카터 부인은 무의식적으로 집안 분위기에 엄청난 긴장감을 불러일으켰다.

카터 부인은 삶의 우선순위를 제대로 이해하면 자신의 단점이 아니라 장점을 부각할 수 있다는 걸 알고는 퍽 고무되었다. 부인은 아이들에게 상호 존중과 삶의 기술을 가르칠 수 있는 시간을 갖기 시작했다. 그리고 아이들에게 자신들이 배운 것을 행동에 옮길 기회를 주었다. 부인은 아이들에게 용돈을 주었는데, 저축과 소비에 대해 토론하고 나서 자신의 선택에 따른 결과를 경험할 수 있도록 해주었다.

자녀가 졸라댔을 때, 부인은 아이들의 요구를 가족회의 의제로 올려 토론했다. 가족회의에서 부인은 아이들이 스스로 노력을 통해 자신이 원하는 것을 얻을 수 있도록 다양한 방법으로 토론과 브레인스토밍을 유도했다. 아이들은 아침 일과(일정표)와 취침 일과(일정표)를 만들었다. 집안일의 계획을 짜고, 간단한 가족 소풍을 계획했다. 카터 부인은 적당한 유치원을 선택하고, 행동에 대한 분명하고 일관된 경계와 기대를 정하는 등 자신이 많은 결정을 내려야 한다는 것을 배웠다. 언제 목욕을 하고 싶은지, 주말에 베이비시터를 둘지, 여러 가지 결정을 내릴 때 아이들에게 의견을 물었다. 일단 부인이 아이들에게서 선택의 짐을 덜어주자 아이들은 보다 더 안락함을 느꼈다. 분명한 기대가 아이들에게 안도감을 가져다준 것이다. 이에 반해 카터 부인의 과거 행동은 원래의 목표였던 안락함과는 정반대로 불안감을 불러일으켰다. 카터 부인은 자신이 훨씬 더 편안해진 것을 깨닫고 감사하고 있다. 집안에는 긴장이 현저히 줄었다. 그리고 아이들은 보다 안락해졌다. 또한, 자신의 요구를 충족시킬 수 있는 기술을 배웠다.

통제

긍정적인 측면에서 통제에 우선순위를 두는 교사와 부모의 아이들이 조직과 리더십의 기술, 확신, 법률과 질서에 대한 존중을 퍽 잘 배운다.

교사와 부모를 위한 긍정 훈육

긍정 훈육의 육아법은 통제에 우선순위를 둔 부모가 자녀에 대해 지나칠 정도로 엄격하고 통제적인 성향을 줄여준다. 지나친 통제는 부모가 바라는 기술을 아이가 배우도록 자극하는 대신 반항이나 저항을 불러일으킨다. 선택을 제안하고, 애정 어린 질문을 던지고, 결정을 내리는 과정에 아이를 참여시키는 기술을 익히려고 노력한다면, 통제에 우선순위를 두는 어른은 보다 더 효과적일 수 있다.

존스 부인의 삶의 우선순위는 통제다. 부인은 자녀에게 이거 해라, 저거 해라, 쉴 새 없이 잔소리한다. 부인은 아이들의 말대꾸를 일절 허용하지 않았다. 부인은 이것이야말로 책임 있는 부모가 해야 할 일이라고 진정으로 믿었다. 부인의 통제적인 행동은 아이들이 자기규율, 책임성, 협력, 문제 해결 기술을 배울 수 없게 했다. 세 명의 아이 중 두 명은 끊임없이 반항했다. 아이들은 엄마를 시험에 들게 했다. 그러다 벌을 받곤 했다. 결국 통제 불능이 되었다. 이것은 부인이 그토록 피하려고 했던 것이었다. 부인은 두 자녀와 함께 끊임없는 힘겨루기에 빠져 있었다.

나머지 한 아이는 '남의 눈치를 보는 아이'가 되었다. 그 아이는 엄마의 기대에 부응해 살려고 노력했다. 엄마를 기쁘게 해서 엄마로부터 인정받으려고 노력했다. 하지만 행복하게 살기 위해, 이 세상에서 성공한 시민이 되기 위해 필요한 삶의 기술을 익히는 대신 아이는 무엇이 자신을 기쁘게 하는지 전혀 몰랐다. 그리고 자신은 누구도 행복하게 할 수 없다는 두려움을 안고 살았다.

우선순위를 배운 뒤 존스 부인은 자신의 단점보다는 장점을 강조할 수 있게 되었다. 부인은 가족회의를 활용하기 시작했다. 자녀들이 문제 해결에 참여하도록 했다. 애정 어린 질문을 통해 자신과 자녀들이 자신의 결정이 가져오는 결과를 발견하도록 도왔다. 그리고 무조건적인 사랑의 분위기에서 자신의 실수로부터 배우도록 도왔다. 자신이 모든 것에 책임을 져야 한다는 생각을 버렸다. 부인이 통제에 대한 압박을 벗어남으로써 오히려 부인과 아이들 모두 자신을 잘 통제할 수 있게 되었다.

남의 눈치를 보는 것

긍정적으로 보면, 남의 눈치를 보는 것에 우선순위를 두는 교사와 부모는 아이가 친근하고, 동정심 많고, 비폭력의 행동을 배울 수 있게 해준다. 모든 사람을 행복하게 만들고자 하는 열망 때문에 이들은 흔히 중재자(조정자)의 역할을 한다. 이들은 타협하는 데 아주 능숙하다. 때로는 다른 사람들을 돕기 위해 발 벗고 나서기도 한다. 그러나 불행히도, 남의 눈치를 보는 어른이 자신의 희생을 대가로(그리고 다른 사람들이 예의로 화답하지 않을 때) 사람들의 비위를 맞추기 위해 지나치게 열심일 때, 이것이 자칫 분노와 좌절을 불러일으킬 수도 있다. 긍정 훈육 기술을 사용하면 이런 어른을 도와 모두를 행복하게 만들려고 지나치게 열중하는 성향을 고칠 수 있다.

남의 눈치를 보는 데 우선순위를 두는 교사와 부모는 지나치게 다른 사람들의 요구에 집중하는 대신 자신의 요구를 돌아보면 보다 더 효과적일 수 있다. 그리고 아이들에게 솔직하고, 함께 문제를 해결하는 기술을 가르쳐야 한다. 자신이 무엇을 생각하고, 느끼고, 원하는지를 표현하는 법을 배울 때 어른과 아이 모두에게 이득이 된다(물론 말은 쉽지만 행동은 그렇게 쉬운 건 아니다!). 다른 사람들의 필요를(자신의 필요도 포함해서) 배려하도록 배우는 것은 상호 존중을 강화하기 위해 가장 중요하다.

스미스 씨의 삶의 우선순위는 남의 눈치를 보는 것이다. 그는 자녀들

교사와 부모를 위한 긍정 훈육

이 서로에게, 이웃에게, 할아버지 할머니에게, 교회 사람들에게, 선생님들에게 친절하게 행동하도록 엄청난 에너지와 노력을 바쳤다. 그는 자녀들이 다른 사람들을 어떻게 대하느냐에 큰 관심을 가졌다. 때로 아이들이 칭얼대거나 울음을 터트릴 때, 그는 자녀들에게 너무나 많은 특별 서비스를 주곤 했다. 예를 들어, 아이들이 잠자리에 들기 전에 과자를 달라고 하거나 이야기를 더 들려달라고 하면, 그는 아이들의 요청을 다 들어주려고 했다. 그런데 과자와 이야기로도 아이들을 충분히 만족시키지 못해 기쁜 마음으로 잠자리에 들지 못하게 되면, 그는 화가 났다. 그러다 보니 너무 자주 모두가 흥분한 상태에서 잠자리에 들었다. 만족하는 사람이 아무도 없었다!

스미스 씨에게는 자녀들이 자신을 좋아하고 아버지로서 자신을 인정해주는 것 또한 중요했다. 그런데 아빠가 자기들의 감정을 신경 쓰지 않는다고 아이들이 불평을 늘어놓자 그는 도저히 이해할 수 없었다. 자신이 아이들을 위해 모든 것을 해주었음에도 아이들이 자신의 감정 따위는 생각조차 않는다고 믿었다.

스미스 씨가 자신이 삶의 우선순위에 관한 정보를 믿었는지 아닌지 정확히는 모르겠다. 하지만 그가 가족회의를 활용해 아이들과 함께 문제를 해결하려고 노력했을 때, 가족의 분위기는 확연히 달라졌다. 그리고 스미스 씨와 자녀들은 자신의 감정을 드러내는 법을 배웠다.

그는 상황의 필요뿐만 아니라 자기 자신의 요구를 고려하는 게 중요하다는 것을 알았다. 그는 자녀들의 잠투정에 부드러우면서도 단호하게 대처하는 법을 배웠다. 이렇게 말이다.

"지금은 잠자리에 들 시간이야. 취침 시간 일과표에 다음에 할 일은 뭐라고 되어 있지?"

처음에 그는 이런 단순한 말을 여러 차례 되풀이해야만 했다. 하지만 일단 아이들이 아빠의 말을 이해하게 되자 아빠를 조종하려는 시도를 포기했다.

스미스 씨는 무엇이 아이들을 기쁘게 하는지 먼저 확인하지 않고 아이들을 기쁘게 해주려고 노력했을 때, 그는 진정으로 누구도 기쁘게 해주지 못했다는 것을 마침내 깨달았다. 이 가족은 서로의 이야기를 경청하고, 그들이 무엇을 원하는지 묻고, 다른 사람의 소원을 들어줄 것인지 아닌지 솔직해지기 시작했다. 스미스 씨가 우선순위와 긍정 훈육을 배웠을 때, 그의 자녀들 또한 무척 기뻤다. 그리고 스미스 씨는 진정으로 부모로서의 기쁨을 만끽하기 시작했다.

우월성

우월성에 삶의 우선순위를 두는 교사와 부모는 성공과 성취의 본보기를 보이는 데 아주 뛰어나다. 이들은 아이의 자질을 판단하고 격려할 수 있다. 그리고 '뛰어난 사람이 되기 위한 동기 부여'의 비결을 알고 있다. 하지만 이들의 아이는 때때로 이것을 '완벽함에 대한 압력'으로 받아들인다. 그리고 교사와 부모의 높은 기대를 충족시키기에 자신은 부적격하다고 느낀다.

긍정 훈육 기술은 이런 어른이 아이에게 너무 많은 것을 바라는 성향을 없애준다. 지나친 우월성은 때때로 원래 의도했던 것을 성취하기보다는 부적절하다는 감정을 초래한다. 모든 일이 '올바르고' '최고로' 되어야 한다는 생각에서 자유로워지려고 노력하면(물론 이것은 자기 자신의 기준에 따른 것이다), 그리고 아이의 세계로 들어가 아이에게 무엇

교사와 부모를 위한 긍정 훈육

이 중요한지 발견할 수 있는 기술을 연마하면, 우월성에 우선순위를 두는 어른은 보다 더 효과적일 수 있다.

또한 실수가 배움의 멋진 기회라는 것, 그리고 문제를 해결하기 위한 아이의 아이디어를 귀담아듣고 수용하는 것이 본보기가 되도록 가르칠 수 있다. 때때로 우월성에 우선순위를 두는 어른은 결과에 지나치게 중점을 두어 그 과정에서 오는 기쁨을 완전히 놓치고 만다.

린돌 씨의 삶의 우선순위는 우월성이다. 그는 자신이 자녀들에게 무엇을 기대하고 있는지 뿐만 아니라 자신이 이룬 성취들을 아이들에게 자주 들려주었다. 그렇게 해서 아이들이 자신의 선례를 따랐으면 했다. 그리고 아이들이 자신을 뛰어넘어 보다 큰 업적을 이루리라는 기대에 모든 것을 아낌없이 쏟아부었다. 하지만 린돌 씨는 일 중독자였다. 그래서 가끔 가족에게 소홀했다. 식구와 함께 시간을 보내는 것이 아이들이 원하는 것임을 제대로 알지 못했다.

이 아빠의 우월성이라는 우선순위는 실제 목표와는 정반대의 결과를 가져왔다. 한 아이는 학교에서 하루가 멀다고 말썽을 일으켰다(만약 최고 중의 최고가 되어 아버지의 기대에 부응할 수 없다면, 적어도 최악 중에서 최고가 되리라). 다른 아이는 완벽주의자가 되었다. 그 아이는 패배를 견딜 수 없었다. 그리고 이겼을 때조차도 편안하게 자신의 성취를 즐길 수 없었다. 실패로 인한 당혹스러움과 수치를 끊임없이 두려워했기 때문이다.

린돌 씨는 자신의 단점 대신 장점을 강조하기로 했다. 그리고 그가 언제나 되고 싶었던 아버지가 되려고 했다. 가족과 함께 실수에 관해 토론하고, 함께할 수 있는 프로젝트를 시작하며, 유머 감각을 기르기 위해 노력했다. 때때로 그들은 실수를 저질러도 상관없다는 것을 다시 확인하기 위해서 함께 실수를 저지르는 위험을 감수했다. 린돌 씨는 가족회의를 활용해 자녀들과의 의사소통을 향상하는 법을 배웠다. 단지 결과만을 중요시하지 않고 과정을 즐기며 서로 협력했다.

린돌 씨는 훈계를 그만두고 의견의 차이에 관해 토론을 유도했다. 자녀들과 함께 공동체 서비스 프로젝트를 했다. 린돌 씨는 이전보다 훨씬 더 잘 아이들과 의사소통할 수 있게 되었다. 자신이 아이들로부터, 그리고 아이들과 함께 배운 것을 통해 용기를 얻었다.

아이들 또한 격려를 받고 있다는 표시를 드러내기 시작했다. 아이들은 집과 학교에서 모두 열정적이고 자발적으로 협력하려 했다.

린돌 씨는 아이들 축구팀에 코치로 자원하기도 했다. 처음에 그는 기술이 뛰어나고 열심히 훈련하려는 아이들만을 원했다. 특히 승부욕이 강한 아이들을 원했다. 하지만 새로운 시야를 통해 자기가 아이들을 격려해주기만 하면, 모든 아이가 잠재력이 있다는 것을 알게 되었다. 그는 이런 아이들과 함께하기 시작했다. 공차기, 달리기, 패스를 연마했다. 경기에서 이기는 것보다는 최선을 다하는 것이 더 중요함을 아이들에게 가르쳤다. 린돌 씨 자신이 배운 교훈이기도 하다.

축구팀은 여러 경기에서 승리했다(물론 몇 경기는 졌다). 하지만 린돌 씨는 팀원들이 드러내는 태도에서 자신의 최고의 기쁨을 발견했다. 그들은 함께 연습하며 경기를 즐겼다.

삶의 우선순위 간의 충돌

우리는 지금까지 교사와 부모가 삶의 우선순위 스타일과 긍정 훈육 방법을 배울 때 어떤 일이 일어나는지 이야기했다. 긍정 훈육 방법과 삶

교사와 부모를 위한 긍정 훈육

의 우선순위 스타일에 대해 함께 이해하면, 어른과 아이가 별다른 갈등 없이 함께 생활할 수 있다. 이 장의 도입부에서 우리가 소개했던 두 부부를 기억하는가? 알프레드 아들러는 이렇게 자주 말했다.

"서로의 다른 성격에 끌린다. 하지만 함께 살기에는 어려움이 있다."

사람들은 자신에게 없는 장점이 있는 사람에게 매력을 느낀다. 하지만 처음에는 귀엽고 사랑스럽게 보였던 바로 그 장점이 결혼 후에는 정반대로 짜증을 불러일으키는 경우가 흔히 있다. 존슨 부부의 예를 들어보자.

데이비드와 수잔 존슨은 스카이 슬로프에서 만났다. 둘은 첫눈에 끌렸다. 급속도로 가까워졌다. 수잔이 데이비드에게 끌린 이유는 그가 느긋하고, 마음 편하고, 주변 사람들을 정말 편안하게 해주는 사람이었기 때문이다. 스키를 탈 때조차도 그는 산 아래로 편안하게 미끄러져 내려가는 것처럼 보였다.

데이비드가 수잔에게 끌린 이유는 그녀가 밝고, 매력적이고, 자기주장이 분명하고, 창조적이었기 때문이다. 지금껏 만나본 여자 중에서 가장 성공했고 재능도 뛰어났다. 둘은 공통점이 아주 많았다. 둘 다 스키를 무척 좋아했다.

데이비드의 우선순위는 안락함이었다. 이에 반해 수잔의 우선순위는 우월성이었다. 우리는 자기가 부족하다고 믿는 무언가를 가지고 있는 듯 보이는 누군가에게 끌린다. 사실 데이비드는 수잔의 성공을 격려했다. 결국 수잔의 야망과 추구는 데이비드의 삶을 편안하게 만들어주었다.

그때 첫째 아이가 태어났다. 이내 (그리고 삶의 우선순위에 대한 아무런 지식 없이) 아이는 불가사의한 능력을 지닌 것처럼 보였다. 데이비드를 불편하게 만들고, 수잔을 실패한 사람처럼 느끼게 했다. 아이에게는 두 사람을 육아법과 스타일을 놓고 논쟁하게 만드는 능력(?)도 있었다. 아빠는 너무 느긋했고 엄마는 너무 열성적이었다. 이것이 바로 데이비드와 수잔이 서로에 대해 말하는 내용이었다.

친절한 누군가가 그들에게 삶의 우선순위에 관해 설명해준 뒤 데이비드와 수잔의 상황은 급변했다. 두 사람은 육아 수업에 함께 참석해 하나의 팀으로 아이를 기르기 위해 노력했다. 그들은 자신들의 우선순위의 장점들을 정당하게 평가하는 데 초점을 맞추었다. 사실 이것이 바로 처음에 둘을 결합하게 한 것 아니었는가? 둘은 서로 비난하지 않고 돕고 이해하기로 했다. 그들은 특히 자신들의 새로운 긍정 훈육 방법이 둘 모두의 스타일에 딱 들어맞는 것을 알고는 기뻤다. 그리고 자신들이 그토록 원하던 것, 즉 행복한 가정을 꾸밀 수 있게 도와주었다.

우리의 단점을 장점으로 바꾸는 법을 배울 때, 우리는 성장한다. 우리가 통찰력과 자각을 얻었기 때문에 성장은 흥미진진하고 가치가 있다. 자신의 삶의 우선순위를 이해하고 우리와 아이와의 관계에 어떤 영향을 미치는지 이해하면, 시간과 인내와 더불어 최고의 부모, 최고의 인간이 될 수 있다. 우리는 할 수 있다.

교사와 부모를 위한 긍정 훈육

리뷰

이 장에서는 도구 또는 질문 대신에 다음의 활동을 활용해 당신 삶의 우선 순위를 파악하도록 하겠다. 함께 모여 해보는 것이 훨씬 더 도움이 된다. 그리고 나서 각각의 삶을 상징하는 소그룹으로 나누어 함께 브레인스토 밍할 수 있다. 다음의 빈칸을 채워보자.

01. 범퍼 스티커를 만들자.
02. 당신의 장점(그룹 대부분의 구성원이 자신이 공통으로 갖고 있다고 생각하는 것)
03. 당신의 단점(그룹 대부분의 구성원이 자신이 공통으로 갖고 있다고 생각하는 것)
04. 이 스타일이 아이에게 어떤 행동을 불러일으키는가?
05. 당신의 삶과 아이와의 관계를 향상해줄 수 있는 구체적인 조치들

삶의 우선순위 활동

무의미 & 중요하지 않음	비난 & 수치	거절 & 포기	스트레스 & 고통
☐	☐	☐	☐

01. 상자 안에 1부터 4까지 번호표를 당신이 가장 싫어하는 순서대로 넣자. 왼쪽에서 오른쪽으로, 상자는 우월성, 통제, 남의 눈치를 보는 것, 안락함을 상징한다.

02. 내 근본적인 삶의 우선순위는 ＿＿＿＿＿＿＿＿＿ 이다. (상자는 1번으로 순위 매긴다.)

03. 내 부차적인 삶의 우선순위는 ＿＿＿＿＿＿＿＿＿ 이다. (상자는 2번으로 순위 매긴다.)

04. 내 삶의 우선순위를 위한 범퍼 스티커는 이렇게 될 수 있다.

＿＿＿＿＿＿＿＿＿＿＿＿＿＿＿＿＿＿＿＿＿＿＿＿＿＿＿

05. 내 최고 장점은 이렇다.

_____

06. 내 가장 큰 약점은 이렇다.

_____

07. 내 삶의 우선순위가 아이들에게 불러일으키는 것은 다음과 같다.

_____

08. 위의 문제를 고치기 위한 구체적인 조치들

_____

11장

내 아이에게 맞는 방법을 고르자

이 책에서 설명한 대부분의 원칙은 기본적인 개념 및 어른의 태도에 대한 이해와 적용이 필요하다. 이것을 모두 조립하면, 아이에게 평생 유익한 영향을 미칠 개성을 키울 훌륭한 도구를 만들어줄 수 있다. 모든 아이의 상황에 딱 들어맞는 단 하나의 도구는 없다. 이 장에서 제시하는 도구들은 이미 앞에서 설명한 것들이다. 하지만 어른과 아이 사이에서 어떻게 적용하는지 새로운 사례들을 보게 될 것이다. 그리고 몇 가지 도구들을 함께 활용하면 보다 큰 효과를 나타낼 것이다.

화장실 이용하기

· ·

냉각기를 위한 긍정적 타임아웃의 가치는 여러 차례 말한 바 있다. 냉각기의 목적은 흥분한 상태에서 갈등을 해결하려는 대신 '합리적으로 생각'할 시간적 여유를 갖는 것이다. 그러므로 어떤 형태로든 한발 물러나는 것이 좋다. 아이에게 타임아웃을 주는 대신 부모 스스로 타임아웃을 갖는 것도 도움이 된다.

한발 물러나기 전, 당신이 무엇을, 왜 하려고 하는지 아이에게 설명해주자(아이는 당신의 말이 아니라 행동을 통해 배운다). 가족회의에서 설명하거나 아이에게 따로 이야기해줄 수도 있다. 이렇게 말하면 된다.

"화가 나면, 난 화가 가라앉을 때까지 잠시 자리를 비울 거야. 나중에 서로를 배려하는 해결 방법을 함께 찾아보자."

이것은 아이에게 훌륭한 본보기가 된다.

화장실은 부모가 잠시 물러날 수 있는 좋은 장소다. 드레이커스는 '화장실 기술'로 유명하다. 드레이커스가 화장실을 제안한 이유는, 대부분의 가정에서 화장실이 안에서 문을 걸어 잠글 수 있는 유일한 곳이기 때문이다. 오랜 시간 화장실에서 냉각기를 가져야 할 경우, 당신은 책이나 잡지를 보거나 방송이나 영상을 시청하며 시간을 보낼 수 있다.

샤워하거나 산책하러 나가거나 쇼핑하면서 냉각기를 갖는 사람도 있다. 어떤 형태로 냉각기를 활용하든 배려하는 태도가 중요하다. 이렇게 말하면 좋다.

"혼자만의 시간을 갖고 나 자신을 돌아봐야겠어. 기분이 나아지면, 행동도 달라지겠지."

아이에게서 벗어나기 위한 것이 아니라, 당신 자신을 돌보기 위해 잠시 물러서는 것이라는 점을 아이에게 확실하게 알려주자. 기분이 좋아지면, 배려와 협력을 통해 문제를 해결할 수 있다.

소설책 이용하기

· ·

교사는 학생들을 교실에 그냥 남겨둘 수는 없다. 따라서 교사가 갈등의 시간에서 잠시 벗어날 수 있는 방법은 자리에 앉아 소설을 읽는 것이다 (이 방법을 시도해본 교사들은 이것이 매우 효과적이라고 했다. 하지만 많은 교사가 이 방법을 별로 편안하게 생각하지 않는다. 당신 스타일에 맞으면 시도해보자).

먼저, 학생들에게 당신 계획을 말해줘야 한다. 당신은 가르치는 입장이고 학생들은 배우는 입장이라는 걸 다시 한번 말하자. 학생들이 자기가 해야 할 일을 하지 않을 경우, 당신은 당신 일을 할 수 없다. 그러므로 학생들이 너무 소란스러워 가르칠 수 없을 때 당신은 자리에 앉아 소설을 읽고, 학생들이 자기 일을 할 준비가 되면 당신도 당신 일을 할 수 있다는 걸 학생들이 알게 하자.

일부 교사가 이 방법을 좋아하지 않는 이유는 이 불편한 시간을 견디지 못하기 때문이다. 흔히 아이들은 자신에게 주어진 새로운 자유의 시간을 시험하면서 매우 소란스럽다. 하지만 오래지 않아 아이들은 차분히 자리에 앉아 공부할 준비가 되었다는 것을 교사에게 알려준다. 모든 학생이 다 자신에게 주어진 자유를 시험해보는 건 아니다. 선생님이 소설을 읽는 모습을 깨닫기 전까지 학생들은 자신들이 소란스럽다는 것을 미처 알아차리지 못한다. 그러다 이런 비언어적 실마리를 알아차리면, 학생들은 즉각 조용해진다.

이 방법은 교사가 학생들의 존경을 받는 경우에 효과적이다. 또한, 초등학생 아이들에게 가장 효과적이다. 십대의 경우에는 해가 될 수 있다. 십대는 어른의 인정認定이 아니라 친구들의 인정에 관심을 더 두기 때문이다.

라스무센 씨는 4학년부터 6학년까지 특별학급을 가르치는 교사다. 그는 학생들이 소란을 피울 때 교실을 잠시 벗어나도 된다는 허가를 교장에게서 받았다. 그는 먼저 학생들에게 설명했다. 아이들이 공부할 준비가 되어 있지 않으면, 잠시 교실에서 나갈 것이라고. 준비가 되면 교사 휴게실로 자신을 부르러 오라고 가르쳐주었다. 바로 그날, 학생들은 너무 시끄럽게 굴었고, 라스무센 선생이 언성을 높여야 선생의 목소리가 겨우 들릴 지경이었다. 그와 보조교사는 커피잔을 들고 교실을 나와버렸다.

교사 휴게실에 앉아 있는 동안 라스무센 선생은 화가 났다. 그는 이 방법이 제대로 먹힐 거라고는 전혀 확신하지 못했다. 학생들이 교실에서 무슨 짓을 하고 있을지 생각하며 불안해했다. 30분이 지나고도 학생들이 자기를 부르러 오지 않자, 그는 의구심이 들기 시작했다. 이러다 학교에서 잘리는 건 아닐까 불안한 생각도 들었다.

45분이 흐른 뒤 학생 하나가 교사 휴게실로 들어와 준비가 되었다고 알려주었다. 다음 날, 학생들이 꽤 협력적으로 나왔기에 라스무센 선생은 무척 기뻤다. 다음번에 학생들이 다시 소란스러워졌을 때, 라스무센 선생과 보조교사는 선반에서 커피잔을 들어 올렸다. 즉각 학생들은 자리에 얌전히 앉아 준비가 되었다고 말했다. 학생들이 라스무센 선생을 정말로 좋아했다는 데 주목할 필요가 있다. 그는 학생들의 존경을 한 몸에 받고 있었던 것이다.

긍정적인 타임아웃

∙ ∙

근본적인 이유를 미리 설명해준다면, 아이들이 자신을 기분 좋아지게 만드는 장소를 정하는 걸 돕는다면, 그리고 부모나 교사가 "긍정적 타임아웃 장소로 가는 게 도움이 될까?"라고 질문한다면 냉각기는 효과적으로 작용한다.

화장실과 소설을 활용한 방법은 효과적이다. 아이에게 무엇을 하라고 시키는 대신 당신이 스스로 무엇을 할지 결정하기 때문이다. 하지만 많은 교사와 부모는 화장실을 활용하기보다는 긍정적 타임아웃을 활용하기를 좋아한다. 저녁식사를 준비하거나 수업을 진행하거나 따위의 해야 할 일이 산더미 같은데 화장실로 물러나는 것은 비효율적이라고 느끼기 때문이다(하지만 아이들이 책임감과 협력을 배우도록 격려하고 용기를 북돋아 주는 데 있어 짧은 시간 동안의 불편은 얼마든지 감수할 수 있다).

다시 한번 더 살펴봐야 할 중요한 개념은 다음과 같다. 아이가 더 잘하도록 도와주기 위해 먼저 아이 기분을 나쁘게 만들어야 한다는 정신 나간 생각은 도대체 어디에서 나오는 걸까? 아이를 고통스럽게 해야 한다는 그릇된 생각을 갖고 있는 어른이 의외로 많다.

"네 방에 가서 네가 한 짓을 반성해봐."

목소리 톤은 흔히 이런 뜻을 담고 있다.

'가서 좀 괴로워해 봐.'

어떤 부모는 심지어 이렇게 불평을 했다.

"아이를 방으로 보내봐야 아무 소용이 없어요. 아이는 그걸 좋아하거든요."

내가 말했다.

"멋지군요. 그것이 더 좋은 결과를 만들어낼 겁니다."

사실 나는 차분하고 행복한 시간에 자녀에게 긍정적 타임아웃을 가르칠 것을 제안한다(6장 참조).

"흥분하거나 화가 나면, 네 방으로 들어가 기분이 좋아지는 뭔가를 하면 도움이 될 거야. 책을 읽거나, 장난감을 가지고 놀거나, 음악을 듣거나, 낮잠을 자도 좋아. 그렇게 네 기분이 좋아지면, 방에서 나와서 함께 해결 방법을 찾아보자."

개인적인 타임아웃 장소를 찾는 데 아이를 참여시키자(아이가 선택하도록 하는 방법에 대한 세부적인 내용은 『가정과 교실에서 힘겨루기를 피하는 긍정적 타임아웃과 오십 가지 이상의 방법Positive Time-Out and Over 50 Ways to Avoid Power Struggles in Home and Classroom』을 참조하자).

세 살이 안 된 아이들은 흔히 너무 어려서 타임아웃을 시킬 수 없다(또는 타임아웃을 선택할 수 없다). 제아무리 긍정적 타임아웃이라 할지라도 말이다. 하지만 당신이 아이와 함께 타임아웃을 할 수는 있다. 제임스 부인은 14개월 된 딸 앤이 그릇된 행동을 했을 때 앤을 침대로 데려갔다. 부인은 앤을 무릎에 앉히고 잠시 책을 읽어주었다. 그러고 나서 다시 밖으로 데리고 나왔다. 마침내 앤이 차분해지면, 제임스 부인은 이렇게 말했다.

"이제 엄마 안아줄 준비 되었니?"

기억하자. 이것은 그릇된 행동을 보상해주는 것이 아니라 앤이 흥분했을 때 자신의 감정을 조종하도록 배려해주는 것이다. 앤이 어떤 감정을 느끼든 상관없다. 하지만 자기가 하고 싶은 대로 해서는 안 되는 것을 알려준다. 이 방법은 격려야말로 행동을 개선하도록 동기를 부여하는 가장 강력한 방법이라는 기본 개념에 근거한다. 또한, 건전한 아동

발달 원칙sound child development principles에 바탕을 두고 있다. 즉, 14개월짜리 아이는 감독 없이도 자신의 행동을 통제할 수 있는, 정교한 차원에서의 원인과 결과를 제대로 이해하지 못한다. 그렇다면 왜 처벌을 하려고 하는가?

앤이 칭얼거리는 등 '의기소침한 행동'에 빠져 있을 때, 또는 가구 위에서 팔짝팔짝 뛰는 것처럼 '시험에 들게 할 때' 제임스 부인은 부드러우면서도 단호하게 앤을 자기 방으로 데리고 가서 함께 침대에 앉곤 했다. 때때로 제임스 부인은 앤에게 타이머를 갖다 주며, 앤이 기분 좋아질 수 있을 만큼 시간을 맞추라고 해서 관심을 다른 곳으로 돌리게 했다. 때로 부인은 앤에게 이렇게 선택할 수 있도록 했다.

"혼자 네 방으로 갈래, 아니면 네 기분이 좋아질 때까지 엄마가 함께 있어줄까?"

네 살이 되었을 때, 앤은 이 과정에 아주 익숙했다. 차분하게 기분을 가라앉혀야 할 때 앤은 혼자 자기 방으로 들어가거나 엄마에게 함께 가자고 부탁한다. 앤은 잠시 훌쩍거리거나 뿌루퉁해 있을 때도 있었다(앤은 그런 감정이 괜찮다는 것을 알고 있었다). 하지만 곧 마음이 차분해지며 기분이 좋아졌다. 어떤 때는 그저 자기 방에서 혼자 놀거나 잠을 잔다. 방에서 나왔을 때, 앤의 행동은 꽤 달라져 있었다. 서로를 배려하는 해결 방법을 찾을 준비가 되어 있었다. 앤은 긍정적 타임아웃을 통해 자제를 행동에 옮길 수 있었다. '강제로' 타임아웃을 당한다는 '반항'의 느낌이 전혀 들지 않았기 때문이다.

제임스 부인은 화장실을 활용하는 방법(스스로 타임아웃을 하는 것)의 효과를 알게 되었다. 당시 부인은 수술을 받은 지 얼마 되지 않았기 때문에 앤이 그릇된 행동을 해도 앤과 함께 침대로 갈 힘이 없었다. 어느 날, 앤이 칭얼거렸다. 그래서 제임스 부인은 쩔뚝거리며 화장실로 들어갔다. 앤이 부인을 따라와 울면서 문을 쿵쾅쿵쾅 두드렸다.

"엄마, 밖으로 나와."

몇 분 뒤 제임스 부인은 앤이 무의식적으로 흐느낌을 참으려고 애쓰는 소리를 들었다. 그러더니 이내 행복한 목소리로 이렇게 말했다.

"저는 준비되었어요. 엄마 나와요."

제임스 부인이 밖으로 나오자 앤이 말했다.

"엄마가 준비되어서 너무 좋아. 난 엄마랑 같이 있는 게 좋아. 왜 가족회의 의제에 칭얼거리는 문제를 안 올려요? 그러면 우리가 문제를 해결할 수 있는 좋은 방법을 찾아낼 수 있을 거예요."

아이에게 시키지 말고 당신이 무엇을 할지 결정하자

· ·

아이에게 자기 방으로 가라고 말할 경우, 만약 아이가 이것을 거절하면 힘겨루기를 초래할 수 있다는 잠재적 위험이 있다. 또는 아이가 이것을 처벌로 받아들이거나 상처로 느낀다면, 보복의 악순환을 초래할 수도 있다. 특히 큰 아이의 경우에 그렇다. 당신의 결정이 자연적인 결과 혹은 논리적인 결과로부터 배울 수 있도록 아이에게 일깨워준다면 이런 가능성은 줄어든다.

보니는 여섯 명의 아이가 딸린 홀아비와 결혼했다. 가장 큰 아이가 여덟 살이었고, 가장 어린 아이가 두 살짜리 쌍둥이였다. 이 아이들의 친엄마는 막내 쌍둥이를 낳다 죽었다. 여섯 명이나 되는 아이들을 돌볼 베이비시터를 찾는 것이 얼마나 어려웠는지 상상이 갈 것이다. 일자리가 꼭 필요한 사람들도 오래 버티지 못했다. 그래서 보니가 새엄마가 되기 전까지, 아이들은 안정적인 보살핌을 받지 못했다. 그래서 많은 혼란이 있었다. 특히 식사 시간이 가장 끔찍했다. 아이들은 서로 싸우고, 말다툼하고, 음식을 던졌다.

보니는 긍정 훈육 원칙을 배웠다. 이제 그것을 실행에 옮길 기회를 얻게 되었다. 가장 먼저 가족회의를 열었다. 보니는 아이들이 식사 시간에 보여준 행동에 대해서는 한마디도 하지 않았다. 단지 아이들에게 몇 분이면 식사 시간이 충분한지 정하자고 했다. 아이들은 식사 시간은 15분이면 충분하다는 데 합의했다(아이들은 싸우고, 다투고, 음식을 던지는데 얼마나 많은 시간이 드는지 생각하는 걸 까먹었다). 아이들은 모두 저녁 식사가 6시부터 6시 15분까지라는 가족 규칙에 따르기로 자발적으로 동의했다.

다음 날 저녁, 보니와 남편은 아이들이 저녁을 먹으며 싸우는 걸 무시했다. 하지만 6시 15분이 되자마자 식탁을 치웠다. 아이들은 아직 배고프고, 아직 덜 먹었다고 강력하게 저항했다. 보니는 부드러우면서도 단호하게 대답했다.

"난 우리가 합의한 규칙에 따르는 것뿐이야."

그러고는 저녁 내내 소설책을 들고 귀마개를 하고 냉장고 앞에 앉아 있었다.

다음 날 저녁도 전날과 똑같았다. 아이들은 새엄마가 '진심'인지를 알아보려 했다. 세 번째 저녁이 되자, 아이들은 새엄마가 진심임을 깨달았다. 아이들은 서둘러 저녁을 먹어치웠다. 그래서 싸우거나 말다툼하거나 음식을 던질 시간이 전혀 없었다.

이 이야기에는 사랑스러운 속편이 있다. 6년 후, 나는 보니 부부가 주말 휴가를 보내는 동안 아이들과 함께할 기회가 있었다. 아이들은 책임감이 무척 강했고, 잘 해냈다. 주말 내내 나는 손가락 하나 까딱할 필요가 없었다.

아이들은 식사를 모두 준비했고, 내가 전혀 개입하지 않아도 집안일을 스스로 척척 다 해냈다. 아이들은 내게 자신들의 식사 계획과 집안일 계획을 보여주었다. 아이들은 매달 첫 번째 가족회의에서 일주일 동안의 메뉴를 짰다. 보니(보니는 쇼핑을 해주었다)와 첫째(축구 연습을 했다)를 제외하고 아이들이 저녁마다 돌아가며 요리를 했다.

나는 아이들에게 모든 일이 이렇게 매끄럽게 돌아가는지 물어보았다. 아이들은 "항상 그런 건 아니"라고 말해주었다. 요리를 하는 사람은 부엌을 치우지 않는다는 규칙을 세웠는데, 이것이 문제를 불러온 적이 있었다고 했다. 부엌을 치워야 하는 아이는 언제나 지저분한 요리 과정에 관해 불평을 늘어놓았기 때문이다. 그래서 아이들은 규칙을 바꾸기로 결정했다. 결국 그날의 요리사가 부엌을 치우기로 했다. 이렇게 해서 불평을 끝낼 수 있었다.

어떻게 이 방법이 성공할 수 있었을까? 한번 들여다보자.

- 당신이 무엇을 할 생각인지 아이가 미리 알게 하자. 가능하다면, 특정한 상황에 어떻게 할 것인지 아이의 동의를 얻자.
- 말은 중요하지 않다. 부드러우면서도 단호한 행동을 보이자. 아이가 당신의 새로운 계획을 시험해보려고 하면, 가급적 말을 줄이는 것이 좋다. 입을 다물고 행동에 옮기자.
- 말을 할 때에는 부드러우면서도 단호하게 해야 한다.
- 아이는 모든 방법을 동원해 당신을 시험해보려 할 것이다. 힘겨루

기 혹은 보복의 악순환에 빠져들고 싶은 유혹을 뿌리치자.

- 계획을 실행에 옮길 때 아이의 행동을 무시해버리면 아이가 '벌을 모면하도록' 내버려 두는 것이라고 생각할지도 모른다. 처벌이 훨씬 더 빠른 결과를 가져오는 건 사실이다. 하지만 아이의 행동을 무시할 경우, 그것이 결국 아이가 책임감과 삶의 기술을 배우도록 돕는다. (장기적인 효과)
- 좋아지기 전에 오히려 더 나빠질 수도 있다. 새로운 행동 계획에 일관성을 보이자.

다음의 내용은 아이에게 무언가를 시키는 대신 스스로 무엇을 할 것인지 결정하는 몇 가지 사례들이다.

- 아이에게 더러워진 옷을 빨래 바구니에 넣으라고 시키지 말자. 대신, 빨래 바구니에 담긴 옷만 세탁할 것이라고 규칙을 정하자. 아이들이 옷을 입으려고 찾았을 때, 깨끗한 옷이 없게 되는 이런 자연적인 결과를 통해 곧 배우게 될 것이다.
- 부엌을 깨끗이 치우라고 아이에게 잔소리하지 말자. 대신, 부엌이 깨끗해지기 전까지 요리하지 말자. 기다리면서 재미난 소설책을 읽는 것이 얼마나 즐거울지 생각해보자. 처음에 아이는 배고플 때 땅콩버터 샌드위치를 직접 만드는 게 신난다고 생각할지도 모른다. 하지만 잠시 후면 시큰둥해진다. 아이는 서로 도와야 하는 과정을 곧 알게 될 것이다.
- 이 방법을 힘겨루기나 보복의 악순환으로 왜곡하지 말자. 어떤 부모는 이 개념을 오해해 아이를 협박하거나 수치심을 주어 자신이

원하는 대로 아이를 움직일 때 이 방법을 활용하려 한다. 또는 아이가 해야 할 일을 하지 않는 것에 대한 보복으로 활용하려 한다. 이 개념은 이런 상황에서는 아이가 무엇을 하는지 관심을 갖지 않게 된다. 다시 말해, 만약 아이가 빨래를 빨래 바구니에 넣는 대신 더러운 옷을 입겠다고 해도 그냥 무시하자. 아이가 부엌을 치워 당신이 요리할 수 있게 하는 대신 땅콩버터 샌드위치를 먹는 걸 더 좋아한다고 할지라도 그냥 내버려 두자. 대신, 부엌에서 휴식을 즐기자.

문제를 해결하는 데 반드시 한 가지 방법만 있는 건 아니다. 육아의 도구 상자에 더 많은 도구를 갖추고 있을수록 우리는 더욱더 효과적일 수 있다. 『긍정 훈육의 모든 것Positive Discipline A-Z』에서 우리는 구체적인 행동 문제에 대해 1천 가지 이상의 비처벌적인 해결법과 방법을 제시했다. 『긍정 훈육: 교사용 지침서Positive Discipline: A Teacher's A-Z Guide』에는 교사를 위한 수많은 목록이 있다. 교사와 부모는 자신이 볼 때 가장 만족스러운 제안이나, 아이 또는 학생에게 가장 잘 먹힐 것 같다고 생각하는 것을 선택하면 된다.

감정적으로 한발 물러서자

냉각기를 갖는 목적은 힘겨루기나 보복의 악순환으로 빠져드는 대신 감정적인 갈등이 끝날 때까지 그 상황에서 한발 물러나기 위한 것이다. 그러면 문제를 합리적으로 해결할 수 있다. 화장실을 활용하거나 긍정적 타임아웃을 하는 것도 좋은 방법이다. 대부분의 어른과 아이는 갈등의 장소를 벗어나기 전까지는 감정을 식히기 힘들다. 만약 우리가 감정적으로 한발 물러나 힘겨루기에 빠져들지 않을 수 있다면, 굳이 그 장소를 떠날 필요는 없다.

앞에서 예를 든 보니와 남편은 자신들의 새로운 행동 계획을 따르는 동안 저녁식사 자리에서 아이들의 그릇된 행동을 무시할 수 있도록 감정적으로 한발 물러설 필요가 있었다.

3학년을 맡은 발데스 선생은 나를 초대해 학급회의를 참관하도록 했다. 나는 일찍 도착해 발데스 선생이 '감정적으로 한발 물러서는 방법'을 얼마나 효과적으로 활용하는지 살펴볼 기회가 있었다. 수학 시간이 끝나고 읽기 시간을 시작할 때였다. 아이들은 무척 소란스러웠다. 나는 발데스 선생이 교실 뒤쪽을 응시하는 걸 알아차렸다. 마치 꿈꾸는 것처럼 보였다. 아이들도 이 모습을 알아차렸다. 그러고는 속삭이기 시작했다.

"선생님이 지금 숫자를 세고 있어."

이 말이 교실에 퍼졌다. 곧 아이들은 조용히 자리에 앉아 집중하기 시작했다.

나중에 교무실에서 나는 발데스 선생에게 물었다.

"얼마까지 세나요? 그러고 나서 어떻게 하시지요?"

선생이 말했다.

"진짜 숫자를 세는 건 아니에요. 단지 아이들이 조용해질 때까지는 가르칠 수 없다고 마음을 먹는 것뿐이에요. 그래서 저는 잠시 휴식을 취하는 거예요. 기다리는 동안 내가 뒤쪽을 응시하기 때문에 아이들은 내가 시계를 보며 숫자를 센다고 생각하는 거예요. 아이들에게 제자리에 앉으라고 잔소리했을 때는 아이들이 절대 내 말을 들으려 하지 않았어요. 하지만 아이들이 준비가 되기 전까지는 가르치지 않겠다고 한 이후부터 아이들은 아주 조용해졌답니다."

감정적으로 한발 물러나는 것은 아이에 대한 사랑에서 뒤로 물러난다는 뜻이 아니다. 단지 갈등을 불러일으키는 상황에서만 물러나는 것이다. 하지만 이렇게 냉각기를 거친 후에는 반드시 격려, 훈련, 방향 전환, 문제 해결 활동이 뒤따라야 한다.

아침 대소동을 피하는 방법

다음의 이야기는 일의 순서를 정하는 것이 얼마나 중요한가 뿐만 아니라 앞에서 언급한 몇 가지 개념, 태도, 방법을 보여주는 예이다.

대니네 아침 시간은 언제나 야단법석이다. 대니는 이 시간이야말로 자기 때문에 엄마를 바쁘게 만드는 멋진 시간이라는 걸 깨달았다. 대체로 이런 식이다.

"대니, 빨리 일어나! …… 더는 안 깨워! …… 도대체 왜 아직까지 가방을 챙기지 않은 거야? …… 아직 옷도 안 입었잖아. 5분 뒤에 버스 온단 말이야! …… 대니, 이번이 마지막인 줄 알아. 더는 학교까지 안 태워 줄 거야. 버스 놓치면 걸어가든 말든 네가 알아서 해. 도대체 책임감이라고는 없으니, 원."

이런 장면이 친숙한가? '동병상련'이라는 오래된 말이 떠오르는가? 수백만의 가정에서 이런 일이 매일같이 되풀이되고 있다는 것을 알면 당신은 위안을 얻을지도 모르겠다. 대니가 버스를 놓쳐 엄마가 학교까지 데려다준 것도 이번이 마지막은 아니다. 대니도 잘 알고 있다. 이런 협박은 수도 없이 들어왔으니까. 그래서 이것이 무의미한 말이라는 걸 잘 알고 있다.

엄마 말이 옳다. 대니는 책임감을 배워야 한다. 하지만 이런 아침 장면을 보면, 엄마는 사실상 대니에게 전혀 책임감을 훈련하도록 하지 않는다. 책임감을 훈련하도록 기회를 주지 않는다. 엄마는 대니가 해야 할 모든 일을 끊임없이 되풀이하고 있다. 엄마가 한발 물러나 대니가 지각의 결과를 경험하도록 내버려 둘 때 대니는 책임지는 행동을 배울 것이다. 대니는 버스를 놓치면 학교까지 걸어가야 할지도 모른다. 또한, 대니 스스로 아침 일정표를 만든다면 책임감이 더 생길 것이다.

일정표

• •

이런 아침 대소동은 훈련을 통해 피할 수 있다. 일정표를 짜고, 문제를 해결하는 데 아이를 참여시키고, 아이에게 부드러우면서도 단호한 태도를 보여주자.

일정표가 있는 교실은 그렇지 않은 교실에 비해 훨씬 더 원만하게 굴러간다. 아이들이 그 순서 만드는 걸 도왔을 때 특히 효과적이다. 학생들은 일정표를 만들어 붙일 수 있다. 이렇게 되면 일정표가 대장 노릇을 한다. 학생들이 정해진 순서에서 벗어나면, 교사가 이렇게 물어볼 수 있다.

"이제 우리가 뭐할 차례인지, 누가 말해볼래?"

누군가 일정표를 확인하고 반 아이들에게 무엇을 할 차례인지 상기시켜줄 것이다. 이 방법은 교사의 통제가 아닌 아이들 스스로 통제하도록 하는 아주 단순하면서도 좋은 방법이다. 이렇게 하면 반항 대신 협력을 불러일으킨다.

취침 시간의 대소동을 피하는 방법

다음의 이야기를 보면, 아침의 대소동을 피하려면 전날 밤 잠자리 대소동을 피하기 위해 짜놓은 일정표가 잘 지켜져야 한다는 걸 알 수 있다.

펠릭스 부인은 매슈가 두 살 때부터 스스로 옷을 입도록 훈련했다. 부인은 입고 벗기에 편한 옷을 구입한 뒤, 매슈에게 몇 차례 훈련을 했다. 아이가 어느 정도 익숙해졌다는 판단이 들자 곧바로 혼자 옷을 입게 했다.

매슈가 유치원에 가기 시작하면서 펠릭스 부인은 아침에 옷을 입고 식사를 하기에 충분한 시간을 갖도록 매슈를 일찍 깨웠다. 그래서 출근하는 길에 아이를 유치원에 데려다주었다. 부인은 매슈에게 만약 제시간에 옷을 입지 못하면, 옷을 종이봉투에 넣어 자동차 안에서 입으라고 말했다. 이것은 훌륭한 논리적 결과였다.

그들은 다음과 같은 일정표를 만들었다. 저녁 7시에 파자마를 입고, 야식으로 간식을 먹는다. 다음에 화장실에 간다. 매슈의 가족은 차례대로 식구들의 칫솔을 꺼내 그 위에 치약을 묻히는 전통을 즐겼다. 매슈는 스툴에 올라가 식구들의 칫솔에 치약을 짜는 걸 너무도 좋아했다. 비록 치약이 흘러넘치기도 했지만 말이다. 식구들이 화장실에 가서 치약이 이미 칫솔에 묻혀 있는 걸 보면, 이렇게 노래하듯 소리쳤다.

"고마워."

교사와 부모를 위한 긍정 훈육

그러면 엄마나 아빠가 매슈를 방으로 데리고 가, 다음 날 입을 옷을 직접 고르도록 해준다. 이 과정을 거치면 아침에 무엇을 입을지 고르느라 야단법석을 피울 필요가 없어진다. 시간에 쫓겨 아이가 부모에게 자기 입을 옷을 골라달라며 조르지 않는다. 또는 입고 싶은 옷이 빨래 바구니에 들어 있는 경우도 없다(매슈는 자라면서 책과 코트를 비롯해 아침에 필요한 모든 물건을 준비해놓는 법을 배우게 될 것이다). 그러고 나서 엄마나 아빠는 그날 있었던 일을 이야기해주고, 책을 읽어주고, 잘 자라는 인사와 함께 아들을 침대에 눕힌다.

매슈는 자기 자명종이 있어 아침에 혼자 일어난다. 매슈는 일어나자마자 안방 침대에 와 잠깐 누워 있기를 좋아한다. 이것은 부모를 깨우는 좋은 방법이다. 모두 일어나면, 매슈는 자기 방으로 가 옷을 입고 부엌으로 나와 아침 식사 준비를 돕는다(이 집에서는 모두가 아침 식사에 각자 할 일이 있다. 가족회의에서 각자 할 일은 돌아가며 바꾼다). 매슈가 가장 좋아하는 일은 달걀을 휘저어 익히는 것이다. 이건 '훈련의 시간'을 거치면 두 살짜리 아이도 충분히 잘 할 수 있는 일이다. 매슈가 유치원에 가기 전에 자기 일정표를 끝마치면, 장난감을 가지고 놀 수도 있다.

어느 춥고 비 오는 날, 매슈는 게으름을 피우다 그만 집을 나서야 할 시간까지 준비가 되지 않았다. 아빠가 벌거벗은 매슈를 한쪽 손으로 잡고, 다른 손에는 옷을 들고, 쏟아지는 빗속을 걸어갔다. 그때 이웃이 신문을 가지러 밖으로 나왔다(아이에게 책임감을 가르칠 때, 다른 사람들이 어떻게 생각할지 걱정할 필요는 없다).

매슈는 학교 가는 내내 울부짖었다. 아빠가 부드럽게 말했다.

"내려놓을게. 입고 싶으면 옷 입어도 돼."

하지만 매슈는 이 상황을 시험해보았다. 옷을 입는 것은 전혀 흥이

나지 않았다. 매슈가 학교에 도착했을 때, 이런 원칙을 잘 알고 있었던 선생은 이렇게 부드럽게 말했다.

"안녕, 매슈. 아직 옷을 입지 않았구나. 내 사무실로 네 옷을 가져가렴. 옷을 다 입으면 그때 나와라."

매슈는 그렇게 했다.

약 한 달 뒤, 매슈는 다시 시험을 해봤다. 이번에 매슈는 파자마를 입고 있었고, 학교에 도착하기 전 자동차 안에서 옷을 입었다. 매슈는 울어봐야 소용없다는 것을 이미 알고 있었다. 그때부터 쭉 매슈는 제때 옷을 잘 입었다. 가끔 매슈의 엄마가 아들이 게으름을 피우는 걸 알아차리면 이렇게 말했다.

"자동차 안에서 옷을 입기로 했나 봐."

매슈는 차에서 옷 입기가 끔찍이 싫어서 서둘러 옷을 입었다. 엄마는 이렇게 한마디 던지는 것만으로도 매슈가 논리적 결과를 다시 한번 경험하도록 해주었다.

어떤 사람들은 의문을 제기한다. 옷을 입지 않은 아이를 학교로 데려가는 것이 수치심을 불러일으킨다고. 나는 매슈가 상관하지 않았다는 걸 장담할 수 있다.

매슈의 아빠는 어떤 결과가 생길지 비난과 수치심을 부추겨 채찍질할 수도 있었다. 하지만 매슈 아빠는 이렇게 말하지 않았다.

"당연한 거야! 어쩌면 다음번에는 서둘러야 할걸. 너 때문에 내가 늦었어. 옷을 입지 않은 네 모습을 보면, 아이들 모두 분명 너를 비웃을 거야."

이런 말은 그 경험을 수치스럽게 만들었을 것이다.

이 이야기를 듣고, 어떤 엄마는 약간 변형시켜보려 했다. 네 살짜리 딸

교사와 부모를 위한 긍정 훈육

셀레나는 유치원에 가기 전에 제때 옷을 입지 않았다. 그래서 엄마는 종이봉투에 옷을 넣고, 파자마를 입은 셀레나를 자동차에 태웠다. 엄마는 셀레나를 파자마 바람으로 유치원에 데려가지는 않았다. 대신, 학교 앞도로에 차를 세우고는 딸에게 이렇게 말했다.

"네가 보이는 곳에 있을게. 옷을 다 입으면 유치원으로 와."

셀레나는 입을 삐죽이며 약 5분간 자동차에 앉아 있었다(아마 따분했을 것이다). 그러나 곧 옷을 입고 유치원에 들어갔다.

멋진 베드타임을 서로 즐기자

• •

잠자리에 들 때 아이가 부모를 힘들게 하는 이유 중 하나는, 부모가 자기에게서 벗어나려 한다고 느끼기 때문이다. 긴 하루를 끝내고 부모가 평화롭고 조용한 시간을 기대하는 건 당연하다. 하지만 이게 쉽지 않다. 함께 이야기를 나누며 잠깐 짬을 내면 그리 어렵지 않을 것이다.

부모가 서둘러 자신에게서 벗어나려 한다는 느낌을 받을 때 아이는 어딘가에 속해 있지 못하다는 느낌에 좌절한다. 그러면서 물을 달라거나 화장실에 가고 싶다거나 무섭다고 보채는데, 이것은 아이들이 흔히 보이는 행동이다. 부모가 진정 몇 분 동안 아이와 함께 이야기를 나누는 걸 즐긴다고 느끼면, 아이들은 소속감을 느끼고 그릇된 행동을 할 필요를 느끼지 못한다.

그날 있었던 가장 슬펐던 일과 가장 기뻤던 일을 나누면 아이들은 만족감을 느낀다. 부모도 이 과정을 즐길 수 있다. 당신 또한 그날 있었던 가장 슬펐던 일과 가장 행복했던 일을 들려줄 수 있다. 먼저, 아이가 말할 동안 귀담아듣자. 그러고 나서 당신이 이야기를 들려주면 된다. 이렇게 이야기를 주고받는 것이 취침 시간 일과의 마지막을 장식할 때 가장 효과적이다. 이야기 시간을 경험하면서 아이는 소속감을 느낀다. 그러면 아이가 퍽 흡족하게 잠자리에 들게 할 수 있다.

식사 시간의 대소동을 피하는 방법

식사 시간은 종종 엄청난 전쟁터가 된다.

윌리엄스 부인은 네 살짜리 사라에게 오트밀을 아침식사로 주었다. 사라는 먹지 않으려 했다. 엄마가 아무리 야단쳐도 소용없었다. 부인은 오트밀을 냉장고에 넣고 그걸 다시 점심으로 주었다. 사라는 여전히 먹지 않으려 했다. 저녁에 또 그걸 내밀었다. 윌리엄스 부인은 권위주의적인 엄마였다. 여러 면에서 사라를 지배하려 했다. 사라는 어떻게 하면 엄마를 '이기는지' 알지 못했다. 하지만 식사 시간만은 예외였다. 이때만큼은 자신이 독립적이고 마음대로 할 수 있다는 걸 느꼈다. 그래서 사라는 자신의 육체를 희생했다. 결국 사라는 구루병(영아나 소아기 때 비타민D 섭취 부족 때문에 뼈의 성장에 결함이 생기는 질환)에 걸렸다.

윌리엄스 부인은 사라를 데리고 의사를 찾아갔다. 의사는 현명한 사람이었고, 이렇게 충고했다.

"식탁 위에 영양제를 올려놓으세요. 당신은 식사를 하세요. 그리고 아이를 혼자 그냥 놔두세요! 재미난 이야기를 하거나 아니면 그냥 아무 말 말고 가만히 계세요."

윌리엄스 부인은 이런 일이 일어난 것에 기분이 좋지 않았다. 자신이

교사와 부모를 위한 긍정 훈육

사라에게 음식을 강요한 이유는 딱 하나다. 그건 바로 사라를 사랑하고, 딸아이가 밥을 잘 먹고 건강해지는 유일한 방법은 잔소리를 하는 것이라고 잘못 생각했기 때문이다. 아이에게 숱하게 통제적인 방법들을 사용했지만, 그것은 결국 역효과를 냈다. 부인은 자신이 원하는 것과 정반대의 것을 얻었다. 부인은 의사의 충고를 받아들여 식사 전쟁을 그만두었다. 사라는 식욕이 왕성해지지는 못했다. 하지만 구루병을 극복하고 건강해질 정도로 충분히 먹었다.

보릿고개라든가, 없이 살던 시절의 사람들과 얘기를 해보라. 그들에게 문제란 '먹을 게 없으면 어쩌지?'뿐이었다. 누가 밥을 먹지 않는다고 해도 아무도 신경 쓰지 않았다. 이때는 아이의 먹는 문제로 골치 썩을 일이 아무것도 없었다.

아이들을 참여시키자

· ·

계획을 짜고 해결 방법을 모색하는 데 아이를 참여시키는 것은 식사 시간 문제를 피하는 최고의 방법이다. 가족회의에서 다음 주 식사 계획표를 짜자.

에인지 가족은 9장에서 설명한 식사 계획 활동을 했다. 그들은 누가 요리를 하고, 무엇을 먹을지 함께 칸을 채워나갔다. 덕분에 집안 분위기가 화기애애했다. 계획을 짜느라 모두 머리를 맞대고 아이들은 보다 더 자발적으로 움직였다.

에인지 가족은 함께 쇼핑했다. 쇼핑 목록을 식료품의 종류별로 나누고, 각자 한 부분씩 담당했다. 이렇게 함께하며 아이들은 쇼핑에 대해 많은 걸 배웠다. 이 가족이 왜 저녁식사 시간에 '전쟁 게임'을 하지 않는 지 그 이유는 간단하다. 그들은 자신의 '힘'을 서로에게 도움 주고, 협력 하고, 즐기는 데 사용했던 것이다.

아이들 싸움에 끼어들지 말자

싸움쟁이 아이로 키우는 가장 좋은 방법은 계속해서 아이들 싸움에 참 견하는 것이다. 아이들이 싸우는 주된 이유가 부모를 자기들 싸움에 끌 어들이기 위한 것이라면 믿겠는가? 아이들 싸움에서 한발 물러서 본 부모라면, 아이들 싸움이 상당히 줄어든다는 걸 알 것이다.

대부분의 부모는 출생 순서에 따른 자식들의 전형적인 싸움 유형을 알고 있다. 첫째는 흔히 '괴롭히는' 역할을 하고, 막내는 흔히 엄마를 싸 움에 끼어들게 해서 대신 보복하는 역할을 한다. 그러므로 막내는 때때 로 첫째를 자극한다. 첫째의 얼굴을 찌푸리게 하는 것에서부터 첫째의 방에 있는 물건을 마구 어지르는 일까지, 무엇이든 자극한다.

첫째가 미끼를 덥석 물어 막내를 뒤쫓으면, 막내는 비명을 질러대며 엄마에게 달려온다. 그러면 엄마는 첫째를 꾸짖으며 이 싸움에 개입하 게 된다. 동생이 먼저 시비를 걸었다는 첫째의 말에 엄마는 이렇게 답 한다.

"누가 싸움을 시작했건 상관없어. 네가 형이니, 네가 더 잘해야지."

막내의 얼굴에서 승리의 표정을 눈치챌 수 있다면, 막내의 의도(그릇 된 목표)를 알아차릴 수 있을 것이다.

이렇게 엄마는 아이를 훈련한다. 어떻게 해서든 소속감과 중요성을

교사와 부모를 위한 긍정 훈육

얻고자 하는 아이의 그릇된 믿음을 엄마가 키워준 꼴이다.

리더 부인은 아이들 싸움에서 멀찍이 물러서 있기로 결심했다. 부인은 아이들에게 정말 싸움에 끼어들고 싶지 않다는 것을 설명했다. 아이들이 스스로 문제를 해결해나갈 수 있으리라 믿는다고 말해주었다.

다음 날, 리더 부인은 일곱 살짜리 트로이가 장난감 권총으로 다섯 살짜리 숀의 머리를 때리는 모습을 우연히 목격했다. 부인은 이것은 그냥 못 본 체하고 넘어갈 수 없다고 생각했다. 그래서 방으로 들어가 싸움을 말리려 했다.

그때 숀이 엄마를 보자마자 크게 울기 시작했다. 리더 부인은 자신이 싸움에 휘말렸다는 걸 깨닫고 재빨리 몸을 돌려 화장실로 가 문을 잠가버렸다. 아이들 모두 엄마를 쫓아와서는 문을 열어달라고 졸라대기 시작했다. 서로 자기 이야기를 하려고 했다.

리더 부인은 화장실에 앉아 아이들이 문을 쾅쾅 두드리며 누가 먼저 싸움을 시작했는지 떠들어대는 소리를 들으며 생각했다. '아무 효과가 없잖아!' 그래도 부인은 좀 더 참아보기로 했다. 이윽고 아이들은 지쳐 가버렸다.

리더 부인은 계속 아이들 싸움에서 멀찍이 떨어져 있었다. 아이들이 엄마에게 와 불평을 늘어놓기 시작하면 이렇게 말했다.

"너희들끼리 해결할 수 있지?"

그러는 사이 가족회의에서 해결 방법을 계속 토론해나갔다. 그렇게 아이들은 문제 해결의 기술을 배워나갔다.

그로부터 약 한 달 뒤, 네 살짜리 콜린이 트로이에게 이렇게 말하는 걸 엿들으며 리더 부인은 역시 그 방법이 매우 효과적이라는 걸 깨달았다.

"엄마한테 이를 거야."

트로이가 이렇게 대답했다.

"그래봤자 네가 알아서 해결하라고 그럴걸."

(콜린도 트로이 말이 옳다는 걸 알고 있었다. 엄마에게 이르지 않았으니까.)

그 후로 아이들 싸움은 75퍼센트 정도 줄어들었다. 그리고 나머지 25퍼센트의 싸움도 훨씬 얌전해졌고, 쉽게 해결되었다.

싸움에서 한 발짝 물러서는 것이 힘들거나 부적절한 경우는 다음과 같다.

- 일부 어른은 무관심해지는 게 불가능하다고 여긴다. 설령 무관심한 게 최선이라는 걸 이성적으로 믿는다고 할지라도.
- 아이들이 아주 어리다면, 서로에게 아주 치명적인 해를 입힐지도 모른다. 예를 들어, 두 살짜리 아이가 6개월 된 아이의 머리를 장난감 불자동차로 때리는 경우가 그렇다(많은 어른이 그래서 어쩔 수 없이 아이들 싸움에 끼어드는 것이라고 말한다). 만약 아이들이 정말로 서로에게 상처 주기를 원한다면, 어른이 주변에 없을 때 일을 벌일 것이다. 어른이 하루 24시간 보호해주지 못하는 이상 큰아이에게 보호자 역할을 맡기는 것을 당연하게 여겨서는 안 된다.
- 교사는 학생들의 안전에 책임이 있다. 그래서 싸움에서 한발 물러나 있을 수는 없다.

어떤 부모는 아이들이 대부분 부모 때문에 싸운다는 걸 믿지 않는다. 그러면서 아이들이 자기들 주변에 없을 때에도 싸운다고 한다. 그러면 나는 언제나 이렇게 되묻는다.

"당신이 주변에 없을 때 아이들이 싸운다는 걸 당신은 어떻게 아나

교사와 부모를 위한 긍정 훈육

요?"

그들은 부끄러운 듯 이를 드러내며 웃는다. 이렇게 인정하면서.

"아이들은 내가 알 거라는 걸 확신하니까요. 아이들은 보통 나를 문 앞에서 맞이합니다. 온갖 불평을 한 아름 안고 말이에요. 때때로 아이들은 회사에까지 전화를 해서 나를 끌어들이려고 해요. 이제 알겠어요. 아이들이 나를 다른 아이에 대한 판사, 배심원, 집행관으로 만들려 하고 있다는 걸 말이에요."

만약 당신이 아이들 싸움에서 못 벗어나겠다면, 그래서 끼어들기로 마음을 먹었다면, 가장 효과적인 방법은 '아이들을 같은 배에 태우는 것'이다. 한쪽을 편들거나 누가 잘못을 저질렀는지 판단하려 하지 말자. 당신이 틀릴 수도 있다. 어떻게 모든 것을 완벽하게 볼 수 있단 말인가? 당신에게 옳은 것처럼 보이는 것이 어떤 아이의 관점에서는 불공평하게 보일 수도 있다. 싸움을 말리기 위해 어쩔 수 없이 당신이 끼어들 수밖에 없다면 판사, 배심원, 집행관이 되지는 말자. 아이들을 같은 배에 태워 똑같이 대하자.

해밀턴 부인은 두 살짜리 매릴린이 8개월 된 샐리를 때리는 장면을 목격했다. 동생이 언니를 화나게 할 짓을 아무것도 하지 않은 것 같았다. 그래도 부인은 두 아이를 모두 '같은 배에' 태웠다. 먼저 샐리를 들어 올려 유아용 침대에 누이며 말했다.

"언니랑 그만 싸울 거면 내려줄게."

그러고는 매릴린을 자기 방으로 보내며 말했다.

"동생이랑 더 이상 안 싸울 거면 엄마한테 와서 말해."

언뜻 우스꽝스러워 보일지도 모른다. 왜 싸웠다는 이유로 갓난아이를 유아용 침대에 누이는가? 아이는 천진난만하게 그냥 거기에 앉고,

엄마의 경고를 이해하지 못하는데 말이다. 많은 이는 두 아이를 똑같이 다루는 목적이 큰아이의 잘못을 회피하도록 혜택을 주는 게 아닌가 생각한다. 사실, 둘을 똑같이 다루는 것은 둘 모두에게 이득이다. 부모가 희생자라고 '생각하는' 아이의 편을 들면, 그 아이가 피해자 내지는 희생자가 되도록 훈련하는 꼴이 된다. 싸움을 시작했다고 '생각하는' 아이를 '야단치면', 그 아이에게 '불량배'의 성향을 취하도록 훈련하는 꼴이 된다.

샐리가 매릴린의 화를 돋운 것인지 어쩐지 정확히 알 수 없다(화를 돋우었다면, 그것이 악의 없는 것인지 아니면 일부러 그런 것인지 아무도 모른다). 만약 화를 돋운 것이라면, 매릴린을 야단치는 것은 불공평할 뿐만 아니라 엄마를 자기편으로 만드는 좋은 방법을 샐리에게 가르쳐주는 꼴이 된다. 만약 샐리가 매릴린의 화를 돋운 게 아니라면, 매릴린을 야단치는 것은(언니라는 이유로) 샐리에게 매릴린을 화나게 만들어 자신이 특별한 관심을 받을 수 있는 방법을 가르쳐주는 꼴이 된다. 그러면 매릴린은 자신이 정말 나쁜 아이라는 그릇된 믿음을 채택할 것이다.

여전히 사람들은 아무 잘못 없는 갓난아이를 유아용 침대에 넣는 것이 말도 안 된다고 이의를 제기한다. 하지만 누가 무엇을 했느냐가 중요한 게 아니다. 당신이 두 아이를 똑같이 대하고, 그래서 한 아이는 '희생자'가 되고 다른 아이는 '불량배'가 되는 상황을 배우지 않게 하는 게 중요하다. 분명 갓난아이는 잠깐 자기 침대에 혼자 누워 있다고 해도 별로 신경 쓰지 않을 거다. 중요한 건 당신의 태도다.

아이들을 같은 배에 태우는 또 다른 방법은 모두 똑같은 선택을 하도록 하는 거다.

"그만 싸우든가, 밖에 나가 싸움을 해결하도록 해."

교사와 부모를 위한 긍정 훈육

또는 "각자 방으로 들어가. 더 이상 안 싸울 거면 나와. 아니면 둘이서 한 방에 들어가서 함께 해결 방법을 찾아볼래?"

"둘 다 그만 싸울 준비가 될 때까지 내 무릎에 앉아 있을래?"

행동으로 하건 말로 하건, 당신에게 편안한 것이어야 한다.

그래도 여전히 이의를 제기하는 사람이 있을 거다.

"큰아이가 정말로 동생을 아무 이유 없이 때렸으면 어떻게 하지요? 큰아이가 벌을 받아야 하는 거 아닌가요? 동생을 다독여줘야 하는 거 아닌가요?"

지금까지 이 책을 읽었으니 당신은 처벌은 대안이 아니라는 점을 분명히 알 것이다. 아이에게 이렇게 말하는 것은 우스꽝스러운 일이다.

"다른 사람들을 때리지 못하도록 가르쳐주겠어. 그러니 내가 널 때리겠어."

먼저 큰아이를 달래주고, 그러고 나서 큰아이가 작은아이를 달래주도록 하자. 다시 말하지만, 이것은 싸움을 '시작한' 큰아이에게 대가를 치르게 하는 게 아니다. 같은 이유로, 이것은 큰아이가 낙담하고 있는 것을 인정해주는 것이다. 어쩌면 큰아이는 동생 때문에 권좌에서 물러난 느낌을 받을지도 모른다. 어쩌면 큰아이는 당신이 동생을 더 많이 사랑한다고 생각할 수도 있다. 지금 그 이유는 중요하지 않다(그래도 행동 뒤에 숨어 있는 믿음을 제대로 다루어야 한다). 아이들이 언제 낙담하고 격려가 필요한지 알아야 한다.

이렇게 격려하면 된다.

"네가 흥분한 것 같은데." (감정을 인정해주는 건 매우 큰 격려가 된다.)

"꼭 안아주면 도움이 될까?"

처벌과 모욕 대신 사랑과 이해를 받을 때 아이들은 상당히 감동한다.

아이가 기분이 좀 좋아지면, 당신은 이렇게 말한다.

"동생 기분이 좋아지도록 네가 좀 도와주겠니? 네가 동생을 꼭 안아줄까? 아니면 엄마가 동생을 안아줄까?"

이런 몸짓이 격려와 온순한 행동을 촉진한다는 걸 아는가?

큰아이가 너무 흥분해 있어 당신을 꼭 안아주지 못한다고 가정해보자. 또는 동생을 안아줄 생각이 없다는 걸 가정해보자. 그래도 몸짓으로 보여주자. 그러고는 이렇게 말한다.

"아직 준비가 안 되었나 봐. 엄마는 동생을 달래줄 거야. 준비되면 너도 와서 도와줘."

당신이 큰아이를 달래줄 동안 갓난아이는 별로 고통스러워하지 않을 거다. 이렇게 당신은 희생자 훈련을 피할 수 있다. 그리고 갓난아이가 이렇게 결심하게끔 만들지 않을 수 있다.

'여기서 특별한 애정을 받으려면 언니를 화나게 만드는 거야.'

만약 당신이 이 방법을 진지하게 여기면 좋은 아이디어를 얻을 것이다. 아이의 입장이 되자. 무엇이 당신을 가장 잘 도와주고 가르쳐줄 것인가? 그리고 항상 유머 감각을 잊지 말자.

어떤 아빠는 싸우는 아이들 앞에 엄지손가락을 치켜들며 이렇게 말하곤 한다.

"저는 CBC 리포터입니다. 누가 먼저 여기 마이크에 대고 지금 여기서 무슨 일이 벌어지고 있는지 알려주겠어요?"

때로 아이들은 그냥 웃기만 한다. 때로는 각자 돌아가며 자기 이야기를 들려준다. 아이들이 왜 싸우는지 각자 자기 이야기를 하면, 아빠는 가상의 시청자에게 돌아서서 이렇게 말한다.

"자, 여러분. 지금 이야기를 들었습니다. 이 똑똑한 아이들이 이 문제

교사와 부모를 위한 긍정 훈육

를 어떻게 해결했는지 내일 알아보도록 하겠습니다."

만약 그때까지 문제가 해결되지 않으면 아빠는 이렇게 말한다.

"문제를 가족회의 의제로 올려 식구 모두 제안을 하도록 할까? 아니면 여기서 내일 다시 만나 우리 시청자들한테 어떻게 되었는지 들려줄까? 같은 시간, 같은 곳에서."

어른이 아이들 싸움에 끼어들기를 거부할 때, 또는 아이들을 같은 배에 태워 똑같이 대우할 때 싸움의 가장 큰 동기는 사라진다.

비언어적 신호

· ·

지금까지 언급한 대부분의 방법은 비언어적 신호의 형태를 띠고 있다. 이것들은 모두 냉각기를 갖는 것, 부드러우면서도 단호하게 행동하는 것 등의 중요한 개념과 태도가 구체화하고 있다. 말보다는 행동을 강조한다. 말이 필요한 경우라 할지라도 가급적 말은 적을수록 좋다. 아이들을 문제 해결 모임에 참여시키는 것이 효과적이다.

교장인 페리 씨는 자기 학교 부모 연구 모임에 참석하기로 했다. 그는 자신이 한 사람의 학부모로서 모임에 참석하는 것이라고, 자기 아이들에게 활용할 기술을 배우고 싶다고 분명히 말했다.

어느 날 저녁, 페리 씨는 아들 마이크와 관련한 문제를 해결할 수 있게 모임에 도움을 요청했다. 마이크는 언제나 쓰레기통을 치우겠다고 말은 하지만, 끊임없이 상기시켜주지 않으면 절대 하지 않았다. 모임 사람들은 페리 씨에게 몇 가지를 제안했다. 쓰레기통을 깨끗이 치울 때까지 텔레비전 시청을 못 하게 하거나, 언제 할지에 대한 선택권을 마이크에게 주라는 내용이었다. 그런데 누군가 자신은 비언어적 신호를 사용한다고 말해주었다. 그러면서 만약 마이크가 쓰레기통을 치우지 않으면, 저녁식사 시간에 마이크의 빈 그릇을 뒤집어놓아 보라고 제안했다. 페리 씨는 이 방법을 써보기로 했다.

먼저, 가족회의에서 쓰레기 치우는 문제를 논의했다. 마이크는 다시 잘 하겠다고 다짐했다. 페리 씨는 말했다.

"네가 따라주기로 해서 고맙다. 하지만 자꾸 까먹게 되지. 그럴 때 우리가 네게 암시를 줘도 괜찮겠지? 그러면 굳이 잔소리하지 않아도 되잖아."

마이크는 어떤 신호인지 알고 싶어 했다.

페리 씨는 저녁 식탁에서 마이크의 빈 그릇을 뒤집어놓을 거라고 설명해주었다. 마이크가 식탁에 와 자기 그릇이 뒤집힌 걸 보면 다시 기억할 수 있을 거다. 그러면 식탁에 앉기 전에 쓰레기통을 비울 수 있다. 마이크가 말했다.

"좋아요."

8일 후, 마이크는 쓰레기통 비우는 걸 까먹었다(아이들이 문제 해결을 위한 토론에 참여할 때, 흔히 계획을 시험해보기 전에 잠시 협력을 잘 한다). 식탁에 와서 그릇이 뒤집힌 걸 보자마자 마이크는 화를 내며 투덜거렸다.

"배고파요! 쓰레기는 나중에 치울게요! 이건 정말 웃기는 짓이잖아요!"

마이크의 엄마와 아빠가 이런 불쾌한 행동을 무시하는 건 참으로 어렵다. 대부분의 부모는 이렇게 말하고 싶어 한다.

"왜 그러니. 네가 동의했잖아. 애처럼 굴지 마!"

교사와 부모를 위한 긍정 훈육

만약 마이크가 그릇된 행동을 지속했다면, 부모는 계획을 잊고 처벌을 사용할 것이다(이것은 당장의 행동을 멈출 수는 있지만 문제를 해결하지는 못한다. 쓰레기통을 비우고, 마이크가 책임감을 배울 수 있도록 하지 못한다). 페리 부부는 마이크의 행동을 계속 무시했다. 심지어 마이크가 발을 구르며 부엌으로 들어가 쓰레기통을 가지고 밖으로 나가며 문을 쾅 닫고, 식사 시간 내내 시무룩한 표정으로 포크로 접시를 달그락달그락했을 때조차도.

다음 날, 마이크는 쓰레기통 비우는 걸 기억해냈고 저녁 식사 내내 아주 유쾌했다. 합의된 계획을 따를 때의 일관적인 태도로 마이크는 그 뒤 2주 동안 쓰레기통 비우는 걸 잊지 않았다. 자신의 빈 그릇이 뒤집혀 있는 걸 발견하면, 마이크는 이렇게 말했다.

"아차!"

그리고는 쓰레기통을 들고 밖으로 나갔다가 식탁으로 돌아왔다. 자기 그릇을 돌려놓고 식구들과 함께 즐겁게 식사를 즐겼다.

비일 부인은 아이들이 학교에서 돌아와 소파 위에 책을 아무렇게나 내팽개칠 때 너무 화가 나 속상했다. 아무리 잔소리를 해도 달라지지 않았다. 가족회의에서 부인은 더 이상 이 문제로 고함치거나 잔소리하지 않겠다고 아이들에게 말했다. 부인은 소파에 책이 아무렇게나 놓여 있다는 표시로 텔레비전 위에 베갯잇을 올려놓는 비언어적 신호를 제안했다. 아이들은 이 계획에 찬성했다. 그리고 이것은 아주 효과적이었다. 엄마는 더 이상 신호 이외에 다른 개입을 하지 않았다. 베갯잇을 보면 아이들은 알아서 책을 치웠다.

몇 주 후, 부인은 아이들을 학교에 보낸 뒤 좋아하는 드라마를 보고 싶었다. 그런데 텔레비전 위에 베갯잇이 놓여 있는 걸 보고 깜짝 놀랐다. 소파를 둘러보니, 전날 밤에 자신이 둔 꾸러미가 놓여 있었다. 전날 저녁 준비를 하느라 미처 치우지 못한 것이었다.

식구들 모두 이 사건으로 한바탕 웃었다. 식구들은 이 방법을 아주 즐거워했다. 그때부터 아이들은 문제의 해결 방법으로 여러 가지 비언어적 신호를 생각해냈다.

노우드 부인과 딸 메리는 말다툼 때문에 기분이 좋지 않았다. 어느 날 둘은 이 문제를 이야기했고, 싸움 중에 '사랑해요'라는 비언어적 신호로서 손을 가슴에 얹는 것을 누가 먼저 기억해내는지 보자고 했다. 노우드 부인은 메리가 언제나 먼저 기억해내 꽤 창피했다고 말했다.

선택

· ·

어른은 아이가 선택을 하도록 하는 대신 강요하는 큰 실수를 자주 저지른다. 아이는 흔히 강압에는 반응하지 않으려 해도 선택에는 적극적으로 반응한다. 특히 당신이 "네가 결정해"라고 할 때 그렇다. 선택은 상대방에게 정중해야 하며, 그 상황에서 무엇이 필요한지 관심을 집중하도록 만들어야 한다. 선택은 책임과 직접 관련된다. 어린아이는 폭넓은 책임을 질 수 없다. 그러므로 어린아이의 선택은 좀 더 제한적이어야 한다. 큰 아이는 폭넓은 선택을 할 수 있다. 큰 아이는 자신의 선택의 결과에 책임을 질 수 있기 때문이다.

예를 들어, 어린아이에게는 지금 혹은 5분 안에 침대로 가도록 선택을 줄 수 있다. 좀 큰 아이에게는 자기들이 알아서 취침 시간을 선택하게 할 수 있다. 그 정도 되면 알아서 아침에 일어나고, 별다른 소동 없이

교사와 부모를 위한 긍정 훈육

학교에 갈 책임을 완전히 지기 때문이다.

선택은 또한 다른 사람에 대한 배려와 편리함과 직접 관련된다. 어린 아이에게는 제시간에 식사하거나 다음번 식사 때까지 기다리도록 선택을 줄 수 있다. 큰 아이에게는 제시간에 오거나 아니면 자기 먹을 건 자기가 챙겨 먹고 나서 깨끗이 정리해놓도록 선택을 줄 수 있다.

선택권을 줄 때마다, 각각의 선택이 어른에게 만족스러워야 한다. 내가 했던 첫 번째 선택은 세 살짜리 아이에게 이렇게 묻는 것이었다.

"이제 자러 갈까?"

딸아이는 아니라고 했다. 분명 내가 아이에게 준 선택은 딸아이가 잠을 자러 가느냐 마느냐가 아니었다. 그리고 내가 제안했던 선택은 받아들일 수 있는 대안이 없었다. 나는 5분을 기다려 다시 물었다.

"핑크색 잠옷 입을래, 파란색 잠옷 입을래? 네가 결정해."

딸아이는 파란색 잠옷을 선택했고, 옷을 입기 시작했다.

"네가 결정해"라고 덧붙인 건 아이가 선택한다는 걸 강조하기 위해서다.

만약 아이가 두 가지 선택 중 어떤 것도 원하지 않고 다른 걸 하고 싶어 하면 어떨까? 제3의 선택을 당신이 수용할 수 있는 것이라면 상관없다. 만약 그렇지 않다면 이렇게 말하자.

"그건 선택에 포함되지 않아."

그러고 나서 선택을 되풀이하자. "네가 결정해"라고 말하자.

아이가 모든 것에 선택권이 있는 건 아니다. 예를 들어, 숙제를 할래 말래 등에 선택권을 줄 수는 없다. 숙제는 반드시 해야 한다. 하지만 아이는 언제 숙제를 하고 싶은지는 선택할 수 있다. 학교에서 돌아와 곧장 할지, 아니면 저녁 먹기 전까지 마칠지, 아니면 저녁 먹고 할지…….

'~하자마자 곧장'

· • •

"장난감을 치우자마자 곧장 공원에 갈 거야."

이 말은 보통 다음의 말보다 훨씬 효과적이다.

"네가 장난감을 치우면 우리는 공원에 갈 거야."

첫 번째 말은 아이들에게 부드러우면서도 단호한 말로 들린다. 특정한 상황이 되면 당신이 무엇을 할지 알려준다. 두 번째 말은 아이에게 협박처럼 들리기도 한다(그리고 흔히 이것이 어른의 본심이기도 하다).

'~하자마자 곧장'은 상당히 효과적이다. 다시 말해, 당신이 공원에 가든 말든 그건 문제가 되지 않는다. 당신은 아이가 공원에 가고 싶어 하는 걸 잘 알고 있다. 그러나 그 요구를 충족시키는 것은 아이에게 달렸다. 아이가 장난감을 치우지 않기로 선택했다면, 당신은 공원에 가지 않으면 된다. 만약 당신이 공원에 데리고 가고 싶다면, 이렇게 애정 어린 질문을 던지자.

"공원에 가고 싶은 사람? 우리가 공원에 가려면 무엇을 먼저 해야 할까?"

이렇게 말하는 게 상당히 효과적이라는 걸 많은 교사가 알고 있다.

"준비되면 곧장 수업을 시작할 거야."

이런 교사는 스스로에 대해, 학생들에 대해, 그리고 상황의 필요에 대해 배려할 줄 아는 태도가 있다. 이런 배려의 태도야말로 성공의 열쇠다.

'~하자마자'는 요구가 충족될 때까지 당신이 그 상황으로부터 물러나 있겠다는 뜻을 드러내는 말투로 해야 한다. 그리고 당신은 아이가 자신의 선택의 결과를 경험하도록 그냥 내버려 두어야 한다. 그렇지 않

교사와 부모를 위한 긍정 훈육

으면 아이와의 힘겨루기가 될 수 있다.

용돈

용돈은 훌륭한 교육 도구가 될 수 있다. 정기적으로 용돈을 받으면, 아이는 돈의 소중함을 배울 수 있다.

용돈은 처벌이나 보상의 수단으로 사용해서는 안 된다. 대부분의 부모가 아이들에게 집안일을 책임지게 하는 수단으로 용돈을 사용한다. 집안일을 잘 하면 부모는 보상으로 용돈을 준다. 그리고 집안일을 하지 않으면 그에 대한 벌로 용돈을 주지 않는다. 이런 위협이 사라지면, 아이는 돈과 책임에 관해 훨씬 많은 걸 배우게 될 것이다. 가족회의를 활용해 집안일에 대한 책임감을 가르치자. 그리고 용돈은 이것과 별개의 문제로 다루자.

아이들이 용돈을 받으면, 부모는 쇼핑에서의 난처한 상황을 피할 수 있다. 마리가 "나 이거 사줘!"라고 말할 때마다 엄마는 "돈은 충분히 있니?"라고 대답한다. 보통 마리에게는 돈이 충분하지 않다. 그러면 엄마는 이렇게 말한다.

"음. 돈을 좀 더 모으면 살 수 있겠구나."

마리는 흔히 자신이 그 물건을 너무나 사고 싶다고 생각한다. 그 물건을 살 수 있을 만큼 돈을 열심히 모으겠다고 생각한다. 하지만 시간이 지나면서 그건 까맣게 잊는다. 마리는 보통 그 물건을 그처럼 열렬히 원하지 않는다.

아이가 자라면서, 그리고 자전거처럼 비싼 물건을 원하면서 부모는 아이에게 10달러 또는 그 이상을 저축하도록 할 것이다. 아이가 어떤 물건에 자신의 돈을 투자하면, 아이는 그 물건을 훨씬 더 아낀다.

리뷰

세심하게 활용하여 가르치면, 이 장에서 설명한 모든 방법은 효과적이다. 당신의 태도, 의도 그리고 방법이야말로 성공의 열쇠. 일부 어른은 이 방법을 처벌을 활용할 때와 똑같은 방법으로 활용하고, 똑같은 목적으로 사용한다. 처벌적인 접근법은 반항과 맹목적인 복종을 불러온다. 긍정적으로 접근하면 협력과 상호 존중, 책임감, 사회적 책임감을 불러온다.

긍정 훈육의 도구들

01. 냉각기를 갖자. 기분이 나아지면 훨씬 더 잘할 수 있다. 화장실을 활용한 방법(부모), 소설을 활용한 방법(교사), 긍정적 타임아웃(아이와 어른 모두)도 고려해보자.
02. 아이가 무엇을 하게끔 만들려고 노력하지 말고 당신이 무엇을 할지 결정하자.
03. 당신이 무엇을 할 예정인지 아이가 미리 알게 하자.

04. 부드러우면서도 단호하게 행동하자. 말은 필요 없다(입을 다물고 행동으로 옮기자).

05. 꼭 말해야 할 경우 가급적 적게, 그리고 부드러우면서도 단호하게 말하자.

06. 감정적으로 한발 물러서자. 그래서 힘겨루기에서 물러나자. 마음이 가라앉아 해결 방법에 초점을 맞출 수 있을 때까지 기다리자.

07. 일정표를 활용해 힘겨루기를 피하자.

08. 취침 시간의 대소동을 피하자. 아이들을 침대에 누이며 가장 행복했던 시간과 가장 나빴던 순간에 대한 이야기를 들려주자.

09. 해결 방법을 찾는 데 아이를 참여시킴으로써 힘겨루기를 피하자.

10. 아이들 싸움에 끼어들지 말자. 절대 아이의 편을 들지 말자.

11. 때린 아이를 먼저 보듬어주자. 그러고 나서 때린 아이에게 맞은 아이를 함께 위로해주자고 말하자.

12. 아이의 감정을 솔직히 인정해주자.

13. 꼭 껴안아주자.

14. 유머 감각을 발휘하자.

15. 식사 계획, 요리, 뒷정리에 아이들을 참여시키자.

16. 아이와 함께 비언어적 신호를 정하자.

17. 강요하지 말고 선택하도록 하자.

18. '~하자마자 곧장'이라는 표현을 활용하자.

19. 용돈을 활용해 돈 관리를 가르치자. 처벌이나 보상의 수단으로 용돈을 사용하지 말자.

질문

01. 냉각기로 활용할 수 있는 방법에는 어떤 것들이 있는가?

02. 왜 아이가 무엇을 하게끔 애쓰지 말고 당신이 무엇을 할지 결정해야 할까? 왜 이것이 효과적인가?

03. 앞서 말한 방법들의 효과를 높이기 위해 우리가 기억해야 할 여섯 가지 요점은 무엇인가?

04. 이 방법을 활용할 때 무관심해져야 한다는 게 무슨 의미인가? 무관심하게 행동할 수 없다면, 당신은 어떻게 해야 하는가?

05. 감정적으로 한발 물러선다는 것은 무슨 의미인가?

06. 냉각기 또는 기타 다양한 형태의 물러남 이후, 무엇을 어떻게 해야 하는가?

07. 기상 대소동과 취침 시간 대소동을 피하기 위해 필요한 핵심 개념들은 무엇인가?

08. '이야기를 주고받는 것'이 왜 취침 시간 대소동을 피하게 해줄까?

09. 아이들 싸움에 끼어들 경우, 그것이 가져오는 부정적인 결과는 무엇인가?

교사와 부모를 위한 긍정 훈육

10. 아이들 싸움에 끼어들지 않기로 했다면, 당신이 따라야 할 절차는 무엇인가?

11. 아이들 싸움에서 한발 물러서 있을 수 없는 경우 세 가지는 무엇인가?

12. 아이들 싸움에 개입하기로 했다면, 그때 활용할 수 있는 가장 효과적인 방법은 무엇인가?

13. '아이들을 같은 배에 태워라'는 무슨 의미인가?

14. 비언어적 신호란 무엇인가? 이것을 활용했을 때 무엇을 성취할 수 있는가?

15. 아이들이 스스로 선택할 수 있도록 하면 어떤 장점이 있는가?

16. 선택의 효과성을 확신할 수 있는 지침에는 어떤 것이 있는가?

17. 용돈을 활용하면 어떤 장점이 있는가?

18. 이 책에서 제안하고 있는 방법들을 보다 성공적으로 활용하기 위한 중요한 열쇠는 무엇인가?

12장

완벽함보다는
사랑과 기쁨을 가르치는 훈육법

POSITIVE
DISCIPLINE

긍정 훈육의 최우선 목표는 어른과 아이 모두 보다 큰 기쁨, 조화, 협력, 책임감, 상호 존중 그리고 삶과 인간관계에서의 사랑을 경험하는 것이다. 그런데 우리는 왜 사랑과 기쁨이야말로 아이와 함께하는 전부라는 걸 모르는 것처럼 행동할까? 종종 두려움, 판단, 기대, 비난, 실망, 분노에 사로잡혀 행동하는 우리 자신을 발견한다. 그러면서 왜 우리가 이처럼 불행한지도 모른다.

세 가지 중요한 신호

다음의 내용은 아이와의 관계에서 보다 큰 사랑, 기쁨, 만족을 느끼는 키워드다.

1. 무엇을 하느냐보다 어떻게 하느냐가 훨씬 더 중요하다

우리가 하는 행동 뒤에 숨어 있는 감정과 태도가 '방법'을 결정한다. 행동 뒤에 숨어 있는 감정은 흔히 우리의 목소리 톤에서 가장 분명하게 드러난다.

강연 여행에서 돌아오면, 설거짓거리로 가득 찬 싱크대가 나를 맞이했다. 나는 짜증스러웠다. 그리고 화가 났다. 그래서 꾸짖고 비난하기 시작했다.

"사용한 접시는 식기세척기에 넣기로 약속했잖아? 그런데 왜 내가 없으면 이렇게 약속을 지키지 않는 거지?"

나는 누군가 비난할 사람을 찾았다. 하지만 모두 이렇게 변명을 늘어놓았다.

"내가 안 그랬어요."

나는 기분이 상해 이렇게 말했다.

"좋아, 가족회의를 열어서 이 문제를 어떻게 해야 할지 결정하자."

만약 나의 비난과 불평의 감정을 바탕으로 가족회의를 하려고 했다면, 어떤 결과가 나왔을까? 우리는 효과적인 해결 방법을 찾지 못했다. 효과적인 해결 방법은 사랑과 배려의 분위기에서 나오는 것이다. 나의 공격적인 태도는 서로 간의 조화가 아니라 자기변호와 상호 비난을 고조시켰다.

나는 내가 무슨 짓을 저지르고 있는지 깨달았다. 그래서 즉각 방향을 바꿨다. 나의 부정적인 태도가 내가 원하는 결과를 가져오지 못하리라는 걸 난 알고 있었다. 이럴 때 내 기분이 얼마나 비참한지 말할 필요도 없다. 내가 마음가짐을 고치자마자 내 기분은 달라졌고, 어떻게 하면 긍정적인 결실을 얻을 수 있는지 즉각 영감이 떠올랐다.

교사와 부모를 위한 긍정 훈육

나는 식구들에게 말했다.

"나가서 피자 먹자. 그러고 나서 가족회의를 여는 거야. 비난 대신 해결 방법을 찾아보자고."

이렇게 해서 우리는 매우 성공적인 가족회의를 열었다. 우리는 깔깔 웃으며 빈 그릇을 개수대에 넣은 사람은 분명 유령이었을 거라며 수다를 떨었다. 비난을 그만두고 해결 방법에 초점을 모으자 마크와 메리가 멋진 계획을 제안했다. 우리 모두 일주일에 이틀씩 유령의 더러운 접시를 담당하기로 말이다. 당신도 추측할 수 있겠지만, 이 친밀한 토론 이후 개수대에 놓인 그릇은 훨씬 줄어들었다. 모두가 문제 해결에 책임을 졌기 때문이다.

부정적인 생각과 감정을 바탕으로 행동하는 것은 사랑, 기쁨, 긍정적인 결과에서 벗어날 수밖에 없다. 부정적인 태도를 벗어던지면, 우리의 천성인 선한 감정과 상식이 표면으로 떠오른다.

2. 실수를 배움의 기회로 바라보자

이 책을 통해 나는 아이가 실수를 배움의 기회로 삼도록 하자고 줄기차게 주장해왔다. 그런데 어른이 이 원칙을 자신에게는 적용하지 않는다면 곧바로 사랑, 기쁨, 긍정적 결과에서 멀어질 수밖에 없다. 다음의 경우가 그 예를 잘 보여준다.

2학년인 미키가 반 친구를 발로 찼다. 히튼 선생은 미키에게 무척 화가 났다. 선생은 미키가 친구들을 때리지 못하도록 가르치고 싶었다. 선생은 미키를 교실 문밖으로 데리고 나와 야단쳤다.

"다른 아이가 너를 발로 차면 네 기분이 어떻겠니?"

미키에게 그 느낌을 가르치기 위해 선생이 미키를 발로 찼다. 그런데 생각보다 훨씬 세게 찼다. 학교 직원이 지나가다 이 장면을 목격하고는 교장에게 곧장 보고했다.

히턴 선생은 자신의 행동에 기분이 나빴다. 선생은 긍정 훈육의 원칙을 믿었고, 수년 동안 이 원칙을 적용하려고 노력해왔다.

"뭐가 잘못됐지? 내가 어떻게 이런 짓을 저지를 수 있지? 이제 어떻게 하면 좋을까?"

먼저, 히튼 선생은 자신의 감정이 매우 자연스러운 것이라고 믿었다. 이 지구상에 부모나 교사치고 '화를 낸' 적이 없는 사람이 과연 있을까? 장기적인 효과에 기대는 대신 대부분 버럭 화를 내며 반응한다.

둘째, 히튼 선생은 자신이 실수를 저질렀다는 사실을 인정했다. 그러나 너무 많은 교사와 부모가 자신이 실수를 저질렀다는 사실조차 제대로 인식하지 못한다.

셋째, 히튼 선생은 앞으로 더 잘하리라 마음을 먹었다. 스스로 미래의 개선된 행동을 위한 해답을 찾으려고 했다.

긍정 훈육과 관련한 서적들은 즉각적으로 반응하는 대신 무엇을 할 것인가를 가르쳐준다. 하지만 이것이 이 책의 요점이 아니다. 요점은 우리가 깨달을 필요가 있다는 것이다. 문제는 우리가 아이의 행동에 즉각 반응할 때, 우리는 아이를 배려하지 않고 그릇된 행동을 하게 된다는 것이다. 배려하며 가르치려 하면서도 아이가 저지른 일에 비난, 수치, 고통을 통해 '대가를 톡톡히 치르도록' 하는 데 보다 더 관심을 둔다. 그것이 아이에게 미칠 장기적인 효과를 생각하지 않는 것이다. 만약 그 점을 생각했다면, 그렇게 즉각적으로 반응하지 않았을 것이다.

다행스럽게도 이것은 끝이 아니라 시작일 수 있다. 제아무리 자주 우리가 즉각적으로 반응한다고 할지라도, 그리고 긍정 훈육의 원칙 활용을 까먹는다고 할지라도 우리는 언제나 기본 원칙으로 되돌아갈 수 있다. 이것은 사실이다. 줄기차게, 실수는 배움의 멋진 기회가 된다.

실수로부터 배우고 나면, 아이가 매우 관대하다는 사실을 발견할 것이다. 히튼 선생이 자신의 수치와 자책감으로부터 회복하는 데에는 2주 이상의 시간이 걸렸다. 선생은 미키에게 사과했다.

"미키, 발로 차서 미안하다. 난 네가 친구를 발로 찬 것이 너무 화가 났어. 하지만 내가 너랑 똑같은 행동을 했구나. 내가 정말 멍청했어, 그렇지?"

미키는 그저 선생을 물끄러미 바라보기만 했다. 하지만 선생의 말에 집중했다. 선생이 말을 이어갔다.

"내가 형편없었지, 그렇지?"

미키는 아랫입술을 삐죽이며 고개를 가로저었다.

히튼 선생이 물었다.

"내가 '미안하다'고 말하는 걸 들으니 기분이 좋아지니?"

미키가 고개를 끄덕였다.

히튼 선생이 계속했다.

"네가 조이한테 가서 미안하다고 말하면, 조이 기분이 어떨까?"

미키가 속삭였다.

"좋아지겠지요."

히튼 선생이 물었다.

"네가 조이한테 사과하는 게 어떨까? 그러고 나서 우리 셋이 함께 문제를 풀어보면 어떨까? 아니면 이 문제를 학급회의 의제로 올릴 수도 있어. 그러면 반 아이들 모두가 우리를 도와줄 수 있겠지. 어떤 게 더 마음에 드니?"

미키가 말했다.

"우리끼리요."

히튼 선생이 물었다.

"네가 조이한테 사과하고 함께 문제를 해결하자고 부탁하는 데 얼마 정도 시간이 걸릴까?"

미키가 환하게 웃으며 말했다.

"오늘 할게요."

히튼 선생이 말했다.

"좋아. 너와 조이가 준비되면 선생님한테 말해줘. 그러면 우리 시간을 정하자."

다음 날, 히튼 선생, 미키 그리고 조이가 함께 모였다. 그리고 어떤 일이 있었는지, 왜 그런 일이 있었는지, 기분이 어땠는지, 그 경험으로부터 무엇을 배웠는지 이야기했다. 문제를 해결하기 위한 각자의 생각도 말했다. 또한, 실수란 배움의 기회라는 개념에 대해 토론했다. 사내아이들은 앞으로 싸우지 않기로 약속한 것이 마냥 좋은 듯 함께 집으로 돌아갔다.

실수가 배움의 기회가 된다는 걸 아주 잘 보여주었다. 히튼 선생은 책임지는 모습을 보였다. 자신이 저지른 실수를 인정하고 사과했다. 그러고 나서 미키의 기분이 나아지도록 도와주었다. 그래서 미키는 자신의 실수를 사과할 수 있었다. 선생은 아이들에게 상황에 대한 각자의 의견을 귀 기울여 듣는 훈련을 시켰다. 마지막으로 그들은 해결 방법을 브레인스토밍하고, 둘 모두에게 흡족한 합의를 끌어낼 수 있었다.

이것으로 충분하지 않을까? 실수는 배움의 멋진 기회다. 이것은 어른과 아이 모두에게 해당한다.

유아기 아이를 관찰해보면, 실수가 배움의 기회라는 원칙을 깨달을 수 있다. 걷기를 처음 배울 때 아이는 넘어질 때마다 자기가 할 수 없다고 느끼지 않는다. 그저 다시 일어날 뿐이다. 만약 넘어져서 마음이 상했다면, 잠시 울음을 터뜨릴지도 모른다. 하지만 이내 다시 시도한다. 비난, 비평 또는 자신의 경험에 대해 자기를 파괴하는 다른 메시지를 덧붙이지는 않는다.

우리가 완벽해야 한다고 생각한다면, 삶의 사랑과 기쁨에 도저히 다가갈 수 없다. '실수에서 회복하는 세 가지 R'(2장 참조)은 우리가 제 길로 다시 돌아올 수 있도록 도와준다.

3. 때때로 우리는 같은 일을 반복해서 배워야 한다

얼마나 많은 부모가 이렇게 말하는가?

"도대체 몇 번이나 말해야 알아듣겠니?"

이런 부모는 스스로 절망과 좌절의 구렁텅이에 빠진다. 만약 그 답이 '앵무새가 지껄여대듯'이라면, 도저히 이해하지 못할 거다(나는 우리가 자신에게 무엇을 가르쳐주려고 하는지, 아이가 정말로 이해하지 못하는 경우가 많다고 생각한다. 그 아이가 자라 자식을 낳아 부모의 입장이 되어보기 전까지는 말이다).

이 원칙을 듣고 보르도 부인은 안도의 한숨을 내쉬었다.

"저는 아이들에게 집안일을 도와달라는 가족회의를 딱 한 번만 하면 될 거라고 생각했어요. 그런데 아이들의 열정은 일주일 이상 지속되지 않았어요. 그래서 저는 그 방법이 제대로 작동하지 않는다고 지레짐작해버렸지요. 그리고 일상적인 잔소리로 되돌아가 버렸어요."

보르도 부인은 자신이 얼마나 큰 성과를 이뤘는지 미처 깨닫지 못했다. 아이들이 일주일씩이나 집안일에 열정을 보여줬다니 말이다. 나는 보르도 부인에게 '3주 신드롬'에 대해 설명했다(9장 참조). 매 3주마다 집안일을 다루는 것이 매일매일 잔소리하며 좌절감을 맛보는 것보다 백배 천배 낫다.

아이만 반복해서 배워야 하는 건 아니다. 다시 말해, '실수에서 회복하는 세 가지 R'을 그렇게나 자주 활용해야 하는 이유가 도대체 뭘까? 우리 또는 아이가 무언가를 즉각 알지 못할 때마다 우리는 좌절한다. 사랑과 기쁨으로 가는 방법은 우리가 실수를 저지를 수 있다는 사실을 받아들이는 것뿐만 아니라 우리가 반복해서 배울 기회를 갖게 될 것이라는 사실을 받아들이는 것도 포함한다. 이것은 배움의 과정에서 중요한 부분이다.

이 책에서 수많은 방법을 제시했다. 만약 이 방법들을 단지 하나의 기술로만 인식한다면 실패할 것이다. 많은 긍정적인 태도도 제시되었다. 이 방법이 긍정적인 태도와 결합할 때, 사랑, 상호 존중, 협력 그리고 아이와의 즐거운 환경이 만들어진다.

이 장에는 어른의 참여와 지도가 필요한 수많은 개념이 들어 있다. 사랑과 기쁨의 태도가 핵심이다. 그리고 이것이 상황의 긍정적 측면을 바라보도록 돕는다.

모든 상황에서 긍정적인 면을 보자

• •

로리는 학교 로커에 담배를 보관하고 있다가 정학을 맞았다. 로리가 아빠에게 말했다.

교사와 부모를 위한 긍정 훈육

"어떻게 하다 담배가 거기 있었는지 전 몰라요! 난 담배를 주머니에 넣고, 그걸 교장 선생님에게 갖다 드리려 했어요. 그때 선생님이 와서 나를 교무실로 보낸 거라고요."

아빠는 힘든 시간을 보냈다. 로리 몰래 어떻게 담배가 로커에 있는지 의아했다. 그 로커는 다이얼 자물쇠로 잠가놓았기 때문이다. 아빠는 또한 딸아이가 그걸 교장 선생에게 주려고 주머니에 넣었다는 것도 믿기 힘들었다. 아빠는 로리가 자신에게 거짓말하는 거라고 생각하며 실망했다. 아빠는 딸아이가 담배, 술, 마약에 빠져 삶을 망치는 건 아닐지 걱정했다.

아빠는 딸아이를 야단치고 벌을 주고 자신이 얼마나 실망했는지 보여주고 싶었다. 하지만 그렇게 하지 않았다. 대신, 아빠는 긍정적인 측면을 보기로 결심했다. 아빠가 로리의 세계로 들어갔을 때, 아빠는 딸아이 또한 분명 힘든 시간을 보내고 있음을 이해할 수 있었다. 아빠는 로리가 거짓말을 하는 거라면, 그건 딸아이가 아빠를 너무나 사랑하기 때문이라는, 그래서 아빠를 실망하게 하고 싶지 않아서라는 것을 깨달았다.

이런 이해를 바탕으로 아빠는 로리에게 다가갔다. 꾸짖고 벌을 주는 대신 아빠는 다정하게 말했다.

"로리, 네가 정말 힘든 거 아빠도 잘 알아. 사람들이 널 믿어주지 않을까 봐, 또 친구들이 널 얼간이라고 부를까 봐 걱정도 되고."

로리는 안도하며 말했다.

"네, 그래요."

아빠는 말을 이었다.

"만약 네가 우리에게 거짓말을 했다면, 그건 네가 우리를 너무나 사랑해서 우리를 실망하게 하고 싶지 않아서였을 거란 거 잘 알아."

로리의 두 눈에서 눈물이 주르륵 흘렀다. 로리는 아빠 말에 고개를 끄덕였다. 아빠가 덧붙였다.

"로리, 만약 네가 너 자신에게 해가 되는 짓을 했다면, 우리는 꽤 실망할 거야. 하지만 네가 어떻게 하든 우리가 너를 얼마나 사랑하는지 네가 알았으면 좋겠구나."

로리는 아빠를 꼭 껴안았다. 둘은 그렇게 잠시 있었다.

그들은 흡연과 거짓말과 같은 문제를 직접적으로 토론하지는 않았다. 약 1년이 지난 후, 로리는 자신이 스스로 가치에 반하는 무언가를 하고 싶은 유혹에 저항할 때마다 엄마와 아빠가 매번 그것을 알게 되는 것이 기뻤다. 로리는 또한 자기가 친구들에게 좋은 영향을 미치는 것이 자랑스러웠다.

아이를 일단 믿어주자

아이들은 모두 성공을 원한다. 아이들은 모두 다른 사람들과의 멋진 인간관계를 원한다. 아이들은 모두 어딘가에 속해 있고 자신이 중요한 존재라는 느낌을 받고자 한다. 이것을 기억하며 그릇된 행동을 하는 아이들을 믿어보자. 아이들이 힘들어질 거라고 가정하지 말고, 아이들이 긍정적인 결과를 원한다고, 다만 그것을 어떻게 이룰지 혼란을 겪고 있다고 가정하자. 아이들은 소속감과 중요성을 찾는 긍정적인 방법에 대한 지식과 기술이 없거나, 아직 성숙해 있지 않다. 아이들이 자신이 원하는 것을 배우도록 돕는 것이 우리 몫이다. 우리는 '난 네가 성공하고 싶어 한다는 거 알아. 어떻게 하면 내가 도와줄 수 있을까?'라는 태도를 바탕에 두고 접근해야 한다. 우리가 이런 태도를 취할 때, 아이들은 우리의 무조건적인 사랑을 훨씬 더 잘 느낄 것이다.

무조건적인 사랑을 표현하자

아이는 자신이 무엇을 하든 자신의 행동보다 자신이 더 소중하다는 것을 알아야 한다. 아이는 우리 삶에서 물질적인 부 보다 자신이 더 소중하다는 것을 알아야 한다. 프레드의 엄마는 몇 가지 실수를 저질렀다. 그러다 이 중요한 것을 기억해냈다.

프레드는 엄마가 아끼는 꽃병을 깨뜨렸다. 엄마는 너무 마음이 아파 그 자리에 앉아 눈물을 흘렸다. 프레드는 기분이 몹시 나빴다. 하지만 마침내 이렇게 엄마에게 물었다.

"엄마, 만약 나한테 무슨 일이 생겨도 엄마가 이렇게 슬퍼할 거예요?"

아이는 자신이 얼마나 소중한 존재인지, 얼마나 사랑받고 있는지 때때로 알지 못한다. 교사와 부모는 그릇된 행동에 지나치게 초점을 맞춰서 종종 아이를 놓쳐버리고 만다.

한 가족을 상담한 일이 있다. 그 가정의 딸은 자기가 홀딱 반한 친구의 옷을 훔쳤다. 엄마와 언니는 너무 화가 났다. 그래서 그 아이를 도둑이라 부르고, 아이에게 뭔가 근본적으로 잘못된 게 있지는 않은지 의심했다. 나는 그들에게 왜 그렇게 화가 났는지 물어봤다. 그들에겐 무엇이 진짜 관심사였나? 엄마가 대답하기를, 자기 딸이 결국 감옥에 가는 게 아닐까 하고 두려웠다고 했다. 나는 왜 그게 문제인지 물어봤다. 엄마는 만약 그렇게 되면, 그것이 딸아이에게 너무나 큰 상처가 될 것이기에 걱정스럽다고 했다. 그래서 나는 그 엄마에게 또 물었다. 자기가 도둑이라고 불리고 뭔가 문제가 있는 아이라고 비난받으면 딸아이가 어떤 기분일지 생각해봤느냐고. 그러자 엄마는 자신이 이미 얼마나 큰 상처를 딸아이에게 주었는지를 인정했다.

나는 그 아이에게 감옥에 가는 것과 지금 자기 엄마의 말과 행동 중 어떤 것이 더 큰 상처로 다가오는지 물었다. 딸이 대답했다.

"이게 더 마음 아파요."

딸이 십대이기에 엄마가 딸아이를 통제할 수 있는 방법은 없다. 이 아이는 자신의 행동이 가져올 결과를 경험할 필요가 있다. 그리고 엄마의 사랑과 전폭적인 지지가 필요하다.

퇴보하기는 쉽다. 이 엄마는 자기 딸에게 수치심을 안겨주었다. 자신이 딸아이를 사랑하고 딸아이가 상처받지 않도록 구해주고 싶었기 때문이다. 그런데 딸아이가 엄마로부터 들은 말은 모두 수치심을 불러일으키는 것이었다. 엄마의 말은 이런 뜻으로 해석되었다.

'엄마는 분명 날 미워해.'

난 당신이 자녀를 얼마만큼 사랑하는지 알고 있다. 그리고 당신은 당신이 아이를 사랑한다는 걸 잘 안다. 하지만 아이는 그 사랑을 정말 알까? 이렇게 물으면 당신은 분명 깜짝 놀랄 것이다.

어떤 엄마가 세 살짜리 딸에게 물었다.

"엄마가 너를 얼마나 사랑하는지 알지?"

대답은 이랬다.

"그래요. 제가 착하게 굴면 엄마는 저를 사랑한다는 거 알아요."

십대는 똑같은 질문에 이렇게 답했다.

교사와 부모를 위한 긍정 훈육

"제가 성적을 잘 받아오면 절 사랑하는 거 알아요."

우리는 종종 아이에게 더 잘하라고 잔소리를 한다. 우리는 아이가 더 잘하기를 원한다. 아이를 사랑하고, 아이가 행복했으면 좋겠다고 생각하기 때문이다. 그런데 아이에게 이로울 거라고 생각해서 하는 행동들을, 아이는 그 뜻을 모르는 경우가 많다. 아이는 오히려 이렇게 생각한다.

'내가 잘할 수 있는 것은 하나도 없어. 난 부모의 기대를 충족시킬 수 없어. 부모는 내가 더 잘하기를 원하지만, 그건 나를 위한 게 아니야.'

아이는 기분이 좋을 때 더 잘한다는 것을 기억하자. 무조건적인 사랑보다 더 멋지게 느껴지는 건 없다. 그런데 대부분의 부모는 자신이 아이에게 벌을 줄 때 사랑을 의심하게 만든다는 걸 깨닫지 못한다. 사실 대부분의 부모는 사랑이라는 이름으로 아이에게 벌을 준다. 『현명한 부모는 넘치게 사랑하고 부족하게 키운다 Parents Who Love Too Much』에서 우리는 다음의 사례를 활용해 부모가 어떻게 벌을 사용하는가를 보여주었다. 다른 방법들이 훨씬 더 효과적임에도 불구하고 말이다. 얼마나 많은 어른이 이렇게 생각하는가?

"나도 벌을 받았어요. 그래서 괜찮아진 거라고요."

그렇다. 설령 우리가 벌을 받았다 할지라도 우리들 대부분은 결국 그냥 '괜찮다.' 우리는 어릴 때 받은 어떤 벌에 대해서는 그냥 웃어넘길 수 있다. 그리고 벌을 받을 만했다. 하지만 만약 우리가 실수로부터 배울 수 있었다면, 우리는 '괜찮은 것' 이상이 되어 있을 수 있지 않을까?

다음의 이야기에서 스탠은 처벌과 비처벌적인 훈육 사이의 차이점을 이해하게 된다. 처벌은 그를 그냥 괜찮은 사람으로 만들어주었고, 비처벌적인 훈육은 그 이상이 될 수 있도록 도와주었다.

스탠은 5학년 때 시험에서 부정행위를 저질렀던 경험을 모임에 참석한 사람들에게 들려주었다.

"저는 어리석었어요. 손바닥에 답을 적어 넣었으니까요. 그런데 선생님이 제가 주먹을 펴고 커닝하는 모습을 보고 말았어요."

선생은 스탠의 답안지를 움켜쥐고 반 아이들이 모두 보는 앞에서 그걸 찢어버렸다. 스탠은 F 학점을 받았고, 모든 사람이 그가 커닝한 것을 알게 되었다. 선생은 부모에게도 이 사실을 알렸다. 스탠의 아빠가 스탠에게 매를 들었고, 한 달 동안 외출 금지령을 내렸다. 스탠이 말했다.

"전 다시는 커닝하지 않았어요. 분명 F 학점을 받을 짓을 저질렀어요."

모임을 이끄는 사람이 스탠의 경험을 토대로, 이런 상황에 대처할 수 있는 보다 생산적인 방법이 있었다면 어떻게 되었을지 탐구하도록 도와주었다.

강사: 모두 스탠이 F 학점을 받을 만했다고 생각하나요?

모임 참가자: 네.

강사: 스탠에게 자신의 선택이 어떤 결과를 가져오는지 가르치는 데 F 학점만으로 충분했을까요? 아니면 처벌도 필요했을까요?

모임 참가자: 글쎄요.

강사: 스탠 씨, 당신 생각은 어때요? 커닝해서 F 학점 받으니까 기분이 어땠어요?

스탠: 죄책감을 느꼈어요. 물론 당혹스럽기도 했고요.

강사: 그래서 어떻게 하기로 결심했지요?

스탠: 다시는 커닝하지 않기로요.

강사: 매를 맞고는 어떤 결심을 했나요?

스탠: 제가 부모님을 실망하게 해드렸다고 생각했어요. 전 여전히 부모님을 실망하게 해드릴까 걱정스러워요.

강사: 그럼 그 벌로 인해 당신은 어떤 도움을 받았나요?

스탠: 글쎄요, 전 이미 다시는 커닝하지 않기로 결심했었어요. 사람들 앞에서 걸린 죄책감과 당혹감은 충분히 저한테 교훈이 되었어요. 사실 부모님을 실망하게 해드린 것이 진짜 부담이 되었어요.

강사: 만약 당신이 마법의 지팡이를 갖고 있고 그 사건을 바꿀 수 있다면, 어떻게 바꾸겠어요?

스탠: 글쎄요, 커닝하지 않았겠지요.

강사: 그리고요?

스탠: 잘 모르겠는데요.

강사: 누구, 스탠 씨한테 아이디어를 줄 사람 있나요? 스탠의 선생님 또는 부모님이 부드러우면서도 단호한 훈육법을 확실하게 보여주는 말이나 행동을 어떻게 할 수 있었을까요?

모임 참가자: 저는 교사입니다. 저는 이 이야기에서 많은 것을 배우고 있어요. 그때 선생은 스탠을 따로 불러내 왜 커닝했는지 물어볼 수 있었습니다.

강사: 스탠 씨, 만약 그랬다면 당신은 어떻게 대답했을 것 같아요?

스탠: 시험에 통과하기 위해서라고 답했을 겁니다.

모임 참가자: 만약 제가 그 선생이었다면, 저는 시험에 통과하려는 스탠 씨의 열정을 이해해줬을 겁니다. 그리고 시험에 통과하기 위해 커닝한 데 대해 어떤 느낌이 들었는지 물었을 겁니다.

스탠: 다시는 하지 않겠다고 약속했겠지요.

모임 참가자: 그러면 저는 말할 겁니다. 이번 시험에서는 F 학점을 받을 수밖에 없다고. 하지만 커닝을 하지 않는 법을 배웠기에 기쁘다고. 그리고 나서 다음번 시험에 통과하기 위해 무엇을 어떻게 할지 계획을 세워서 알려달라고 부탁할 겁니다.

스탠: 저는 제가 커닝한 사실에 대해 여전히 죄책감을 느끼고 당혹스럽습니다. 하지만 저는 또한 부드러우면서도 단호한 태도에 대해 이해할 수 있습니다. 그게 무슨 뜻인지 알 것 같아요.

강사: 자 그럼, 당신 부모님이 당신한테 한 행동에 대해 당신의 마법 지팡이를 어떻게 사용할 수 있을까요?

스탠: 만약 부모님이 제가 얼마나 죄책감을 느끼고 당혹감을 느꼈는지 이해해줬다면, 멋졌을 겁니다. 부모님은 제가 얼마나 힘들게 교훈을 배우고 있는지 말씀해주셨을 수도 있어요. 그러고는 저에 대한 믿음을 강조할 수 있었습니다. 제가 경험을 통해 배울 수 있다고, 앞으로는 올바르게 행동할 수 있다고 말이에요. 부모님은 저에게 기운을 북돋아 줄 수 있었겠죠. 어떤 일이 있어도 저를 사랑한다고, 하지만 앞으로는 저 자신을 실망하게 하지 않았으면 하고 바란다고 말이에요. 와, 멋진 개념이군요. 부모님보다 저 자신을 실망하게 하는 것을 더 걱정하다니. 저는 꽤 힘을 얻었을 것 같습니다.

이 토론을 통해 비처벌적인 양육에 대해 몇 가지 요점을 정리해보겠다.

1. 비처벌적인 육아법은 아이의 행동을 '벌을 모면하게' 내버려 둔다는 뜻이 아니다.

교사와 부모를 위한 긍정 훈육

2. 비처벌적인 육아법은 아이의 선택이 가져온 결과를 자세히 들여다본다는 뜻이다. 이건 아이에 대한 지지와 격려의 분위기 속에서 이루어져야 한다. 그래야 지속적인 성장과 배움이 가능하다.
3. 대부분의 사람은 설령 그들이 벌을 받았다고 할지라도 '괜찮은' 것으로 밝혀졌다. 하지만 실수로부터 배우기 위해 부드러우면서도 단호하게 대우받았다면, 더 많은 것을 배웠을 것이다.

스탠의 아버지는 자신의 육아법이 가져올 장기적인 효과를 이해하지 못했다. 아이의 세계로 들어가는 것이 얼마나 중요한지 이해하지 못했다. 아이가 기분 좋을 때 더 잘 해낼 수 있다는 것을 알지 못했다. 무조건적인 사랑이 부드러우면서도 단호한 태도와 결합할 때 얼마나 큰 힘을 발휘하는지 알지 못했다. 만약 이런 것들을 제대로 이해했다면, 스탠은 '서로가 승리하는 협력 전략 4단계'를 통해 보다 더 강한 힘을 얻었을 것이다.

서로가 승리하는 협력 전략 4단계

∙ ∙

'서로가 승리하는 협력 전략 4단계'(2장 참조)는 아이의 세계로 들어가는 걸 도와주는 훌륭한 도구다. 아이와의 의사소통에서 한계를 느낄 때마다 이 단계를 적극 활용하자. 이런 한계는 적대감과 분노를 불러일으킨다. '서로가 승리하는 협력 전략 4단계'의 과정을 활용하고 나면 어른과 아이 모두 이해받고 있다는 느낌을 받을 것이다.
대부분의 부모는 자녀가 좋은 성적을 받기를 원한다. 아이는 흔히 이런 부모의 바람을 성적이 자신보다 더 중요하다는 뜻으로 해석한다. '서로가 승리하는 협력 전략 4단계'는 아이가 부모의 제안이 가져올 장점에 대해 의구심을 드러낼 때 유용하게 쓰일 수 있다.

1. 아이의 감정을 이해하고 있다는 것을 표현하자.
   ▶ "네가 좋은 성적을 받았으면 하는 게 나를 위한 거라고 생각하니? 아니면 너를 위한 거라고 생각하니?"
2. 감정이입을 보이자. 그렇다고 용서하라는 건 아니다.
   ▶ "네 기분을 이해할 수 있어. 우리 부모님이 나한테 더 잘하기를 바랐을 때, 내가 마치 그분들을 위해 사는 것처럼, 그분들의 기대를 위해 사는 것처럼 느꼈으니까."
3. 당신의 진짜 감정을 들려주자.
   ▶ "솔직히 네가 점수를 더 잘 받으면 좋겠어. 그래야 너한테 이익이니까. 지금은 따분하기 짝이 없는 일처럼 보일 거라는 거 알아. 하지만 교육을 착실히 잘 받아야 앞으로 너한테 보다 많은 기회가 생겨. 그래야 네가 더 많은 선택을 할 수 있고."
4. 아이가 해결 방법에 초점을 맞추도록 해주자.
   ▶ "우리가 어떻게 하면 널 도와줄 수 있을까?"

의사소통과 문제 해결 기술을 가르칠 때는 협력의 분위기를 만들어주는 것이 핵심이다. 의사소통 능력과 문제 해결 기술을 습득하면, 인간관계와 삶의 환경이 엄청나게 향상된다. 이런 기술을 가르쳐주는 최고의 방법은 아이에게 모범을 보이는 것이다. 본보기는 최고의 교사이다.

교사와 부모를 위한 긍정 훈육

의사소통 능력과 문제 해결 기술을 가르치고 모범을 보이자

• •

가족회의와 학급회의는 의사소통 능력과 문제 해결 기술을 함께 실천할 수 있는 기회를 어른과 아이 모두에게 준다. 만약 당신이 이 과정을 활용하고 있다면, 아이가 회의의 과정에서 자신이 배운 기술을 삶의 다른 영역에 적극 활용하고 있다는 걸 분명 알아차렸을 것이다.

긍정 훈육에는 의사소통과 문제 해결을 위한 수많은 선택이 포함되어 있다. 애정 어린 질문은 '서로가 승리하는 협력 전략 4단계'와 마찬가지로 의사소통과 문제 해결을 위한 든든한 발판을 제공한다. 또 하나, 아이에게 다음의 '문제 해결의 4단계'를 가르치는 방법이 있다.

문제 해결의 4단계

1. 무시하자(그 자리에서 싸우는 것보다 갈등의 순간에서 빠져나오는 것이 더 큰 용기를 필요로 한다).
   ▶ a. 뭔가 다른 일을 하자(다른 게임이나 활동을 찾아보자).
   ▶ b. 냉각기를 위해 충분한 시간을 갖자. 그리고 다음의 단계들을 따르자.
2. 서로를 존중하는 태도로 대화를 나누자.
   ▶ a. 당신 기분이 어떤지 상대방에게 말하자. 조금 전의 일이 썩 유쾌하지 않았다는 걸 그 사람이 알게 하자.
   ▶ b. 상대방이 뭐라고 말하는지 귀담아듣자. 그 사람 기분이 어떤지, 그 사람이 뭘 싫어하는지.
   ▶ c. 그 문제에 당신이 어떻게 이바지했다고 생각하는지 이야기해

주자.

▶ d. 당신이 어떻게 할 것인지 상대방에게 말해주자.

3. 해결 방법에 합의를 보자. 예를 들어,

▶ a. 차례대로 이야기하자.

▶ b. 사과하자.

4. 만약 해결 방법을 찾을 수 없다면, 도움을 요청하자.

▶ a. 그 문제를 의제로 올리자(이것이 첫 번째 선택이 될 수 있다. 이것이 최후의 수단이라는 뜻은 아니다).

▶ b. 부모, 선생 또는 친구와 그 문제를 논의하자.

이런 방법들을 토론하고 난 후, 다음 가상의 상황을 정해 아이들이 역할놀이를 하도록 하자. 아이들이 각각의 상황을 해결하도록 하자('문제 해결의 4단계'를 거친다).

- 테더볼을 갖고 놀 차례로 싸운다.
- 자꾸 뒤에서 민다.
- 별명을 부르며 놀린다.
- 서로 창가에 앉겠다고 싸운다.

아이들이 책임감을 키우도록 돕자

이 책에서 다룬 모든 개념은 아이가 책임감을 키우도록 돕는다. 만약 어른이 아이 일을 대신한다면, 스스로 해야 할 일임에도 불구하고 아이는 책임감을 배울 수 없다.

당신 스스로 끝까지 책임을 지자

· ·

그렇다면, 어른의 책임은 어떤가? 자신을 자책하고 죄책감을 느끼는 건 도움이 되지 않는다. 실수를 인정하는 것이 도움이 된다. 그래야 실수를 고치기 위해, 그리고 우리가 원하는 결과를 얻기 위해 무엇을 어떻게 할지 알 수 있다.

어른이 아이의 행동에 끝까지 책임을 진다면? 교사와 부모가 아이의 그릇된 행동뿐만 아니라 자신의 그릇된 행동을 제대로 안다면 어떻게 될까? 비난이나 모욕 없이 모두가 책임을 지고 나면 해결 방법에 초점을 맞추는 게 훨씬 쉬울 것이다.

어른이 힘겨루기나 보복의 악순환으로 빨려 들어가고, 아이의 세계로 들어가지 못하고, 훈련의 시간을 갖지 못하고, 부드러우면서도 단호하게 행동해야 한다는 것을 잊고, 상대방을 배려하지 못하고, 처벌을 이용하면, 그것은 분명 아이의 '의기소침한' 행동을 불러일으킬 것이다.

자신에게 여유를 갖자

· ·

실수는 배움의 멋진 기회라는 걸 기억하자. 당신이 실수를 했을 경우, 당신 자신에게 여유를 갖자. 그리고 실수로부터 배우자. 나는 지난 25년 동안 육아의 실수로부터 많은 것을 배웠다. 설령 내가 많은 실수를 저질렀어도, 나는 이 원칙을 사랑한다. 이 원칙들은 내가 길을 잃고 헤맬 때마다 매번 나를 도와 제자리로 돌아올 수 있게 했던 정말 멋진 지침이었기 때문이다.

나 자신을 동정하는 법을 배우기 전만 해도, 나는 매우 힘들었다. 내가 가르치는 내용을 나 자신이 제대로 실천하지 못할 때마다 나는 남편의 어깨에 기대어 울곤 했다.

"나도 제대로 못 하면서 어떻게 교사와 부모에게 좀 더 효과적으로 아이들을 가르치라고 떠들어댈 수 있겠어?"

남편은 내가 가르쳤던 개념들을 상기시켜주었다.

- 실수는 배움의 멋진 기회다.
- 긍정적인 측면에 초점을 맞추자.
- 불완전할 수 있는 용기를 갖자. 이 세상에 완벽한 인간은 없다.
- 냉각기를 갖자. 그리고 나서 고쳐나가자.

자신에게 여유를 갖는다는 것은 이 개념들을 잘 기억하라는 뜻이다. 그리고 지속적으로 당신과 당신 삶을 사랑한다는 것을 의미한다. 사랑의 태도로 나아갈 때, 언제나 모든 것이 더 좋아진다.

배우고 익히자

• •

지금까지 제시한 개념들이 마음에 든다면, 나는 이 책을 처음부터 다시 읽어보라고 권하고 싶다. 장담하건대, 두 번째 읽으면 적어도 열 배의 효과를 얻을 것이다. 배움을 익히는 데 있어 언제나 복습이 중요하다. 또한, 처음에 놓친 개념이 있다는 것을 깨닫게 될 것이다. 처음에 제시한 많은 개념은 더욱더 가슴에 와닿을 것이다. 당신은 이제 긍정 훈육법에 익숙해 있기 때문이다. 그리고 이제 긍정 훈육의 개념들을 하나로 그러모을 수 있을 것이다.

내 개인적인 경험을 통해, 그리고 수백 명의 교사와 부모의 이야기를 통해 개념들 모두 효과가 컸다는 것을 알고 있다. 물론 올바로 사용할 때 그렇다는 말이다. 긍정 훈육은 효과적이고 긍정적으로 현재의 문제를 해결하는 방법이다. 더욱 중요한 것은, 이것이 아이들 각자 자신의 삶을 효과적이고 긍정적인 방향으로 구축해나갈 때 필요한 든든한 버팀목이 된다는 점이다.

어른은 아이가 행복하고 생산적인 삶을 살 수 있도록 올바른 인격 형성을 이끌어줄 책임이 있다. 아이에게 튼튼한 토대를 제공해주는 것이 우리가 할 일이다. 그 위에 아이는 자신만의 집을 지을 수 있다. 아이에게 자기수양, 책임감, 협력, 문제 해결 기술을 가르치면, 아이는 훌륭한 기초를 확립할 수 있다. 아이가 이런 개성과 기술을 드러낼 때, 아이는 소속감과 중요성을 충분히 느낀다. 그리고 이것은 긍정적인 행동을 통해 드러난다.

긍정 훈육은 완벽하지는 않다. 그러나 부모가 이렇게 말하는 걸 들으면 나는 정말로 기쁘다.

"내 아이는 아직 완벽하지는 않아요. 나 또한 마찬가지고요. 하지만 우리는 분명 즐거운 시간을 보내고 있답니다."

선생이 이렇게 말하는 걸 들으면 정말 환상적이다.

"아이들이 예전과 확실히 달라졌어요. 통제가 아닌, 오늘날 아이들에게 효과적으로 작동하는 방법들을 배울 수 있다는 게 기쁩니다."

이 원칙들은 완벽함을 보장하지는 못한다. 하지만 그 과정에서 사랑과 기쁨이 함께한다.

교사와 부모를 위한 긍정 훈육

긍정 훈육의 도구들

01. 행동 뒤에 숨어 있는 감정이 당신의 행동보다 더 중요하다.

02. 실수를 배움의 기회로 바라보자.

03. 같은 일을 반복해서 익혀야 할 때 스스로 인내하자. 반복은 배움의 과정
    에서 중요하다.

04. 무조건적인 사랑을 표현하자.

05. 아이를 우선 믿어보자.

06. '서로가 승리하는 협력 전략 4단계'를 활용하자.

07. 의사소통 능력과 문제 해결 기술을 가르치고 모범을 보이자.

08. 아이들이 책임감을 기르도록 도와주자.

09. 갈등에서의 당신 몫에 끝까지 책임을 지자.

10. 당신 자신에게 여유를 갖자.

11. 이 책을 반복해 읽으면서 배움을 갈고 닦자.

질문

01. 긍정 훈육의 최우선 목표는 무엇인가?

02. 무엇을 하는가보다 어떻게 하는가가 더 중요하다. 왜 그런가? 당신의 개인적인 경험을 이야기해보자.

03. 같은 실수로부터 몇 번이나 배울 수 있을까?

04. 어떤 방법이든 그 뒤에 적절한 감정과 태도가 없이 적용한다면 어떤 일이 생길까?

05. '벌을 받았기에 괜찮아진 것이다'라는 개념은 어떤 문제점을 안고 있을까?

06. '문제 해결의 4단계'는 무엇인가? 이것을 배움으로써 아이들은 어떤 이익을 볼 수 있을까?

07. 어른이 끝까지 책임을 짊어짐으로써 무엇을 배울 수 있을까?

08. 당신이 자신에게 여유를 갖지 않을 때, 무슨 일이 일어날까? 당신이 자신에게 여유를 가질 때, 무슨 일이 벌어질까?

09. 모든 것에서 긍정적인 측면을 바라보면 어떤 장점이 있을까?

10. 무조건적인 사랑을 드러내는 것이 중요한 이유가 무얼까? 어른이 하

교사와 부모를 위한 긍정 훈육

고자 하는 말과 아이가 이해하는 것의 차이에 대해 생각해보자.

11. 왜 사람들은 이 책을 한 번 이상 읽고자 할까?

옮긴이 김선희

한국외국어대학교를 졸업하고 대학원에서 '외국어로서의 한국어교육'을 전공했다. 단편소설 「십자수」로 근로자문화예술제 대상을 수상했으며, 뮌헨국제청소년도서관^{IJB} 펠로십^{Fellowship}으로 아동 및 청소년 문학을 연구했다. 현재 '김선희's 언택트 번역교실'을 운영하며 그동안 『웜피키드』『드래곤 길들이기』『구스범스』시리즈 『두리틀 박사의 바다 여행』『팍스』『베서니와 괴물의 묘약』 등 200여 권을 우리말로 옮기고, 『얼음 공주 투란도트』『우리 음식에 담긴 12가지 역사 이야기』 등 10여 권의 책을 썼다.

교사와 부모를 위한 긍정 훈육

초판 1쇄 인쇄 2022년 8월 22일
초판 1쇄 발행 2022년 9월 05일

지은이 제인 넬슨
옮긴이 김선희
펴낸이 하인숙

기획총괄 김현종
편집 권지숙
디자인 본문 섬세한곰 본문 김정연

펴낸곳 ㈜더블북코리아
출판등록 2009년 4월 13일 제2009-000020호
주소 서울시 양천구 목동서로 77 현대월드타워 1713호
전화 02-2061-0765 팩스 02-2061-0766
블로그 https://blog.naver.com/doublebook
인스타그램 @doublebook_pub
포스트 post.naver.com/doublebook
페이스북 www.facebook.com/doublebook1
이메일 doublebook@naver.com

ⓒ 제인 넬슨 2022
ISBN 979-11-91194-64-7 (03370)